舵手汇

www.duoshou108.com

聪明投资者沟通的桥梁

笑傲股市实践版

【美】马修·盖尔格尼 著

刘 欢 译

山西出版传媒集团
山西人民出版社

图书在版编目(CIP)数据

笑傲股市实践版／(美)盖尔格尼著；刘欢译. --太原：山西人民出版社，2016.7
ISBN 978-7-203-09485-2

Ⅰ.①笑… Ⅱ.①盖… ②刘… Ⅲ.①股票投资—基本知识 Ⅳ.①F830.91

中国版本图书馆 CIP 数据核字(2016)第 081073 号

Matthew Galgani
How to Make Money in Stocks Getting Started
0-07-181011-0
Copyright©[2010] by McGraw-Hill Education.
All Rights reserved. No part of this publication may be reproduced or transmitted in any form or by any means, electronic or mechanical, including without limitation photocopying, recording, taping, or any database, information or retrieval system, without the prior written permission of the publisher.
This authorized Chinese translation edition is jointly published by McGraw-Hill Education and SHANXI PEOPLE'S PUBLISHING HOUSE.This edition is authorized for sale in the People's Republic of China only, excluding Hong Kong, Macao SAR and Taiwan.
Copyright©[2016] by McGraw-Hill Education and SHANXI PEOPLE'S PUBLISHING HOUSE.

版权所有。未经出版人事先书面许可，对本出版物的任何部分不得以任何方式或途径复制或传播，包括但不限于复印、录制、录音，或通过任何数据库、信息或可检索的系统。

本授权中文简体字翻译版由麦格劳-希尔(亚洲)教育出版公司和山西人民出版社合作出版。此版本经授权仅限在中华人民共和国境内(不包括香港特别行政区、澳门特别行政区和台湾)销售。
版权©[2016]由麦格劳-希尔(亚洲)教育出版公司与山西人民出版社所有。

本书封面贴有 McGraw-Hill Education 公司防伪标签，无标签者不得销售。

著作权合同登记号 图字：04-2016-005

笑傲股市实践版

著　　者：	(美)马修·盖尔格尼
译　　者：	刘　欢
责任编辑：	孙　琳
出　版　者：	山西出版传媒集团·山西人民出版社
地　　址：	太原市建设南路 21 号
邮　　编：	030012
发行营销：	0351-4922220　4955996　4956039　4922127(传真)
天猫官网：	http://sxrmcbs.tmall.com　电话:0351-4922159
E-mail：	sxskcb@163.com　发行部
	sxskcb@126.com　总编室
网　　址：	www.sxskcb.com
经　销　者：	山西出版传媒集团·山西人民出版社
承　印　者：	三河市京兰印务有限公司
开　　本：	710mm×1000mm　1/16
印　　张：	16
字　　数：	230 千字
印　　数：	8001-11000 册
版　　次：	2016 年 8 月　第 1 版
印　　次：	2019 年 9 月　第 2 次印刷
书　　号：	ISBN 978-7-203-09485-2
定　　价：	58.00 元

如有印装质量问题请与本社联系调换

推荐序

对于所有投资者而言,《笑傲股市实践版》都是一本非常重要的书。

如果你初涉股市,对如何开始投资还没有把握,或是有些紧张,马修·盖尔格尼的这本书能为你消除不安。你会发现书中提供了详尽的分步骤计划以及各种检查表和例行程序,帮助你从一开始就找对方向。如果你是经验丰富的投资者,书中提及的策略和工具同样能为你提供参考,简化投资流程,进而提高投资回报。

自1984年创办《投资者商业日报》(IBD)以来,我们一直把重心放在教育上,因为我们知道任何一个求知若渴的人都能成为成功的投资者。自那时起,各行各业数不胜数的人都开始使用IBD和CAN SLIM投资系统,并取得了显著成效。

我第一次遇见马修是在10年前。那一次他来找我们,希望我们帮忙把IBD引荐给更多的投资者,同时他也期望通过CAN SLIM系统构建自己的金融期货。那时他在全国参加了几十个IBD研讨,紧接着又开始创办和拓展早期的IBD网下会面项目。

从那时开始,他一连参与了好几个关键教育产品,包括合作主办IBD每周电台秀,编辑IBD号外通信以及创建IBD电视视频。此外,马修还帮助我开发了IBD网下会面投资教育课程系列。这是一套专门为网下会面成员建立的13期的课程。每个月,全国各地的网下会面团体都能共享这些互动课程。这已经成为帮助投资者建立清晰计划并在股市中盈利的最好办法之一。

马修的《笑傲股市实践版》可以说是对我多年前的作品《笑傲股市》的一份补充。这本书能帮你踏出关键的前几步，养成正确的投资习惯，不断积累财富。没有人一夜之间就能成为成功的投资者。正如其他所有技能，投资的学习也需要时间和精力，但只要你拥有耐心和毅力，就必定能做好投资——关键在于找到正确的方法，并坚持下去。

我已经仔细读过这本书，因此可以负责任地对即将开始阅读的朋友说，你会从书中找到一套行之有效的投资计划，剩下的则完全看你自己了。我完全相信，如果你能学习并坚持《笑傲股市实践版》一书中总结的规则，就一定能大获其益。

完成这些并不仅靠你自己一人。IBD为每一阶段的投资学习者都提供了免费的教育资源，包括IBD网下会面项目、产品培训及IBD电视节目。如果你还有其他问题，可以拨打免费教育热线（800-831-2525）获取帮助。

祝你的投资之旅一路顺风。

《投资者商业日报》创始人兼主席

威廉·欧尼尔

前　言

这是一本有关如何采取行动的书，告诉你如何通过切实有效的步骤踏上股市盈利之旅。

在此之前，先来看看我的投资之路是如何启程的吧。

我是从 20 世纪 90 年代中期开始接触投资的。在那之前，我读了几本有关股市的书籍。这些书对于决定买入无疑是有帮助的。

但没多久我就意识到缺了点东西。

这些书并没有解答另外一些同样重要的问题：买入和卖出的时机。

但那会儿，我刚好是在盈利的。当一个人正在盈利之时，哪里会想到遵循交易法则呢。

个人计算机、互联网以及手机的发展带来了行情飞速上涨的牛市。有一年我的股票上涨了 35%，而另一年甚至上涨了 40%。如同成千上万其他投资者，我的策略基本上就是买入，并抓住看涨的行情。

但事实上我没有意识到自己的无知。

我那时并不知道绝大部分股票在牛市都是上涨的，在我对这份新发现的投资天赋洋洋自得之时，真实的情况仅仅是运气太好而已。我恰好在合适的时间买入，这一切纯属巧合——我对于正确和错误的投资时机全然不知。

这些也直接导致我接下来惨痛的顿悟：我完全不懂交易法则。当2000年互联网泡沫发生时，我手足无措，因为我根本不了解股市是如何运作的。我不知道自己的主要目标应该是在股市行情好的时候增加收益，而在股市行情不好的时候保护资产。我那时只是干等着，眼睁睁看着自己的大笔收益一点点化为乌有。

经历了这个插曲之后，我加入了《投资者商业日报》（IBD），并发现自己完全可以通过做到以下几点而不受市场的摆布。

- 了解正确和错误的投资时机。
- 通过掌握规则来锁定收益。
- 使用简单的交易规则来避免重大损失。

这对于我而言是一次具有颠覆性意义的顿悟，并在之后10年的股市生涯中一次次被证明其宝贵价值。无论是制作"每日股票分析"和"两分钟投资小窍门"视频，编辑IBD号外通信，还是和艾米·史密斯共同主持IBD每周电台节目，我一直都牢记着这三点启示。

所以当有机会写下这样一本书时，我先问了自己一个简单的问题：如果你是一名初涉股市的新手，会希望看到一本什么样的书？

很快，我就归纳出以下三点：

1. 简单

聚焦基本概念，让那些从零开始的投资者也能了解如何在保持盈利和保护利润的基础上开始投资。

2. 互动性和可行性

提供一些实际操作的行动步骤和视频，帮助读者领会关键点，并快速学以致用。

3. 易学的规则和检查表

提供分步骤的行动方案，让任何人都能通过此行动方案赢得并维持丰厚利润。

如果我从一开始投资时就能看到这本书中包含的各种检索清单和行动步骤，一定能极大地受益。如果你能从一开始投资时就坚持这些经时间证明的黄金定律，就相当于踏上了一条不断扩大收益的康庄大道。

如你所见，IBD的一切都围绕着一条简单的概念：要找到明日牛股，你必须了解过去的股市赢家在获得巨额利润之前的状态，以及他们的股票在封顶之后下跌之前的预警卖出信号。

换言之，如果你想大幅增加自己的投资回报，就要开始研究最佳股票以及最佳投资者。

有一位投资界的传奇人物值得每一个投资者学习，他就是我有幸与之共事10年的IBD主席兼创始人——威廉·欧尼尔。

看到这个名字，你可能要问下面一个问题……

《笑傲股市实践版》和威廉·欧尼尔的《笑傲股市》有什么不同？

《笑傲股市》是威廉·欧尼尔所著的经典投资书籍，累计卖出超过200万册，这本书无疑对几十年前他所开发的CAN SLIM投资系统提供了最好的说明。

我强烈建议你阅读威廉·欧尼尔的《笑傲股市》。

这本书透过股市130多年的历史，向我们详尽展示了表现优异的股票在盈利之前和盈利之后的状态，以及一整套清晰地买入和卖出规则。

我的这本《笑傲股市实践版》是对威廉·欧尼尔的《笑傲股市》的一份补充，但绝不是替代。

换句话说，威廉·欧尼尔的《笑傲股市》为你展示了整体的大策略，而我的这本《笑傲股市实践版》则告诉你应用这个大策略的各种基本规则。

投资是一种技能，如同其他所有技能，投资最好是分阶段学习，但从何开始呢？

这就是《笑傲股市实践版》这本书的切入点。这本书也提供了一些具体的行动步骤，你可以按照这些步骤学习如何挑选股票，以及如何在买入股票之后妥当处理。

无论你是初涉股市的新手，还是经验丰富的投资者，采用这些规则和检查表都能为你赢得可观利润，奠定坚实的基础，有了这份基础，你就能胸有成竹地开始投资之旅，并且随着时间的累积增强投资技能。

再次强调，这是本有关如何采取行动的书。你能从书中找到简单周末常规，帮助你从当天的热点股票中瞄准目标；你也能从书中找到买入和卖出检索清单，为你确定进出股市的合适时机。

除此之外，采取贯穿全书的行动步骤还能为你带来一些实际经验。按照书中的这些行动步骤操作，并坚持应用各种检索清单，你一定能大大提高在保持盈利的前提下买卖股票的技能。

读完这本书并按照书中的行动步骤练习之后，你将学习到以下几点：

- 如何保护资金。
- 如何快速识别潜力股。
- 如何使用简单的规则和检索清单找到买卖股票的正确时机。

几年前，我和威廉·欧尼尔用了数月的时间共同创建了IBD网下会面投资教育系列课程，这是一套为免费的IBD网下会面项目的会员量身定做的分为13部分的系列课程。

这套课程重在互动。在IBD网下会面团体的每月聚会中，成员们可以共同学习一节课，并将平日在家中自学的内容运用到课程学习中。

同样，这本入门书籍也强调互动。正如IBD一句老话所言：不要仅仅停留在阅读，用起来吧！

如果看到你的这本书上布满荧光笔的标记、各种笔记以及带有咖啡渍的卷边，我会非常开心。（真应该让你看看我的《笑傲股市实践版》中琳琅满目的标记和印记）

我建议你在看这本书时放慢节奏。

首先，第1章"从这里开始"会给你带来一份全局展示，这里有如何在股市中盈利的基本规则。

其次，要一章一章地阅读。每一章后面都有行动步骤，试着按照这些行动步骤进行练习。然后花一点时间消化，并采用简单规则（见第4章）实践你所学到的东西。

你并不需要一次性阅读和记住所有的内容。分步骤来。慢慢地，你会

前 言

发现点滴汇成了江河。此时这盏投资之灯已经点亮,而你也能方向正确地开始股市盈利之旅。

想要了解如何检查任务表的每一个项目,请登录www.investors.com/GettingStartedBook。

1. 采取行动步骤

一定要确保采取贯穿全书的行动步骤。

每个人都有不同的学习方法,但我倾向于学以致用。我建议你在读完一章时,要确保完成这一章的行动步骤,之后再进入下一章的阅读。这样有助于你更深入地了解基本概念。

观看"如何应用投资策略"的免费视频。

在我们为这本书专门创建的网页中,你会看到一些视频,里面针对性地涵盖了在接下来的章节中涉及的关键规则。一定要记得看这些视频!这样能轻松地为你强化并拓展书中所学。

你会发现行动步骤在不同章节中反复出现。这是有意为之。重复是学习的关键。在不同的章节中反复学习这些行动步骤,有助于你正确地踏上投资之旅。

2. 激活 IBD 免费试用

本书讲述的是如何应用你所学到的策略,因此许多行动步骤都是基于当下股市中正在发生的事实,比如:

- 今天的"IBD 50"或"股票聚光灯"中出现的是哪些股票?
- 现在是买入的正确时机,还是应当采取防御性措施?
- 你正在关注的股票在"IBD 股票检查"工具中的评级是"通过"还是"失败"?

如果你还没有订阅《投资者商业日报》,那么在按照行动步骤实践之前,你需要激活一些工具和特性的试用功能。

3. 利用 IBD 的免费投资者培训

学习一门新的技能总是需要一些帮助,投资也不例外。不要认为自己可以单枪匹马地学习。下面提供了两种免费的学习方法,帮你踏出投资的第一步——你提出的任何和投资相关的问题，都能通过这两种方法得到解答：

（1）加入当地 IBD 网下会面团队

我过去运营过 IBD 网下会面项目，所以我可以就个人经验告诉你，这是将书中所学的各种规则用于实践的一个极好的方法。

我们在国内外有超过 250 个当地团队，大家每个月聚在一起谈论股市，创建观察清单，帮助彼此提高技能。

为了积极支持这些独立运营的团体，我和威廉·欧尼尔共同开发了 IBD 网下会面投资教育系列课程，并分派一些 IBD 演讲者为这些团队举行免费研讨。

（2）注册免费 IBD 培训课程

在电话或网络在线课程中，IBD 培训者会向你展示如何通过《投资者商业日报》和投资者网站（Investors.com）来应用本书提及的投资策略。你可以在自己的电脑上跟着培训老师的节奏，学习工具和特性。有任何问题，可随时提问。

请登录 www.investors.com/GettingStartedBook 网站了解如何采取行动步骤，如何开始免费试用，如何注册免费培训课程，以及如何查找离你最近的 IBD 网下会面团队。

现在就开始吧。

让我了解你的进展！

我一直很想听到来自投资者的声音，我希望能了解你在入门阶段的学习状态。如果你有任何问题或反馈，请发送邮件至 GettingStartedBook@investors.com 联系我。

期待你的回音，预祝投资之旅成功！

目 录

第 1 章　从这里开始 ……………………………………………… 1
如何保护资产 …………………………………………………… 1
股市盈利的基本方案 …………………………………………… 3

第 2 章　CAN SLIM 投资系统 ………………………………… 13
CAN SLIM 投资的三个大石头 ……………………………… 13
CAN SLIM 案例学习 ………………………………………… 22

第 3 章　买入检索清单 ………………………………………… 31
买入检索清单 ………………………………………………… 31
使用"IBD 股票检查"工具判断股票是通过还是失败 ……… 33
第一个大石头：只买呈上升趋势的股票，一旦股票有下跌趋势，立即
　　　　　　采取防御行动 …………………………………… 35
买入检索清单 ………………………………………………… 35
第二个大石头：关注收益大幅增长并推出新的创新产品或服务的公司
　　　　　　 ………………………………………………… 51
买入检索清单 ………………………………………………… 52

第三个大石头：购买机构投资者大幅买入的股票，避免买入机构投资
　　　　者大幅卖出的股票 …………………………………………… 66
　买入检索清单 ………………………………………………………… 67
　双股记：价格在线 vs. 艾派迪 ……………………………………… 74
　你来决定：哪只股票表现更强劲？ ………………………………… 79
　如果股票既有通过的项目又有通不过的项目，该怎么办？ ……… 82
　财报季要当心，但也要继续寻找 …………………………………… 86

第 4 章　寻找牛股的简单常规 …………………………………… 89
　想要好结果，坚持好习惯 …………………………………………… 89
　简单周末常规 ………………………………………………………… 91
　每日 10 分钟常规 …………………………………………………… 93
　白天没时间？使用自动交易触发器 ………………………………… 95
　使用简单周末常规找到牛股 ………………………………………… 98
　接受简单的两周挑战 ………………………………………………… 102

第 5 章　卖出检索清单 …………………………………………… 103
　卖出检索清单 ………………………………………………………… 103
　想要成功投资？学习卖出技能！ …………………………………… 104
　八大成功卖出的法宝 ………………………………………………… 105
　简单卖出法则 ………………………………………………………… 110
　进攻性卖出用于锁定收益 …………………………………………… 112
　卖出检索清单 ………………………………………………………… 113
　防御性卖出用于止损和保护收益 …………………………………… 123
　卖出检索清单 ………………………………………………………… 124
　卖出检索清单 ………………………………………………………… 125
　卖出检索清单 ………………………………………………………… 134

目 录

第 6 章　避免盲目投资：通过识图发现买入和卖出的最佳时机 143

为什么使用线图 143

识图基础：线图中有什么？ 146

识图基础：什么是趋势？ 150

识图基础：随时检查股价和交易量 151

识图基础：股票正在获得支持还是遭遇阻力 157

价格波动的三大形态 161

带柄茶杯价格形态 163

双重底 174

平底形态 179

仅仅有形态还不够 185

发现价格形态了吗？ 192

替代买点 198

使用线图分析检索清单 204

买入检索清单 204

使用线图分析卖出检索清单 209

第 7 章　其他入门建议和工具 217

你应该拥有多少只股票？ 217

如何构建和维护行动观察清单 220

如何做出带来盈利的事后分析 222

通过做记录来改善结果 225

更多寻找牛股的方法 228

第1章　从这里开始

在进入下面的章节之前，首先要确定你了解投资的主要目标，也就是整体情况。

让我们首先快速浏览"投资森林"，接着才是检查各种"投资树"。

如果你在后面的学习中对书中出现的各种检索清单和线图感到有些无所适从，请先做个深呼吸，然后回到这里。你也许还会想在这里加一个书签或是做一个页面折角作为提醒。

这一章聚焦的是最重要的内容：使用基本规则来增加和保护你的资产。

如何保护资产

开始讨论如何积累财富时提到如何保护财产，或者说如何避免重大损失，不算是个让人激动的话题，但这点却至关重要。

任务1　股市盈利的关键在于保护你所拥有的资产

你可以遵循两条基本准则来做到保护财产，这两条基本准则能帮助你在股市不稳定甚至是滑落谷底时依然稳健地锁定收益。

在浏览后面章节中的卖出检索清单时，你会发现一些共同的信号。这些信号提醒你当下是锁定盈利或减少损失的时机。一段时日之后，你对发现这些信号会越来越熟练。不过现在，你还得坚持这两条准则。在你不断学习新的盈利方法时，这两条准则能帮你保护财产。

如果股价比你买入时下降了7%到8%，毫不犹豫地卖出

无论市场如何波动，采纳这条简单的准则都能为你控制可能的损失，就像是为你投了一份保险。这是一条简单而有用的准则。

如果你遵循这条准则，就会发现盈利远比你想象的要简单。你的财富只会不断累积，而无须遭受损失。这条准则的重要性无法用语言来形容。

每一个投资者，包括威廉·欧尼尔这样传奇性的交易大师，都有可能犯错。但是成功的投资者会很快意识到这些错误，并及时地避免损失。你也应该同样处理，而要做到这般，则应该遵循以上这条简单的准则。

有关这条准则的更多内容以及我是如何经历一番艰苦才掌握它，请参见第6章"卖出检索清单"。

只在大盘呈"确认上升"趋势时买入股票

IBD对自19世纪80年代以来的每个市场周期的研究显示，大盘中3/4的股票是处于相同趋势的：不是上涨就是下跌。

大盘，或者说股市，参照的是各大关键指数，主要指的是纳斯达克指数、标准普尔500指数和道琼斯工业指数。

当市场呈下跌行情时，大约75%的股票会最终随之下跌。

这看上去是不是买入的好时机？要想更轻松地增加收益，你要做的是只在市场呈上升趋势时买入。

在下一节"股市盈利的基本方案"中，你将学习到如何通过《投资者商业日报》"大盘分析"专栏中的"市场脉搏"，来确定大盘的上升或下

降趋势。

只在"当前态势"呈"确认上升"趋势时买入。

> **市场脉搏**
>
> 当前态势：确认上升

有关这条关键准则的更多内容以及使用方法，请参见第3章"买入检索清单"。

保护和增值

大部分人一开始会关注买入哪只股票，却忽略了同样重要的另一点：什么时候卖出。

通常一名股市新手不会意识到他需要了解一些卖出准则，直到遭受巨大损失时才恍然大悟——千万不要让这样的不幸在你身上重演。

坚持这两条基本准则能让你正确地开始投资。在你学习如何挑选牛股时，这两条准则能帮你保护现有资产。

股市盈利的基本方案

我们在下一章中会提到CAN SLIM投资系统，但现在，你只需了解使用这个强大的系统后达到的以下两个目标：

了解大盘趋势的变化。这能让你知道什么时候应该买入，什么时候应该采取防御措施。

识别潜力股。要做到这点，你只需观察牛股在大的价格波动之前所展现的七大特性。

接下来，你就可以运用书中的各种规则和检索清单，从以下类型的股票中盈利：

- 个股
- 遵循纳斯达克和标准普尔 500 指数的交易所交易基金（以下简称 ETF）
- 个股和交易所交易基金的组合

这本书的内容聚焦于个股。大牛市中的牛股可以上涨 100%、300%、1000% 甚至更高。从 2009 年 3 月开始的牛市中，苹果、旅游在线、露露柠檬、美国 Ulta 化妆品公司、绿山咖啡、墨西哥烧烤餐厅、托管服务公司、3 维系统公司、迈克尔科尔斯及其他一些公司都获得了巨大盈利。换言之，巨大收益增加都集中于真正的领军股。你可以使用简单周末常规和买入检索清单来识别领军股。也就是说，你可以通过遵循接下来将要提到的 ETF 方法快速增加收益。

投资个股？ETF？还是两者皆有？

决定权在你自己。没有所谓正确或错误的答案。你可以同时投资个股和指数型 ETF。

许多 CAN SLIM 投资者都采用融合的投资方法。我认为这个方法很好，尤其是对于刚入门的投资者。

ETF 盈利的基本方案

你会从这本书中多次看到，无论是购买个股还是 ETF，和大盘趋势同步，是保持盈利关键的第一步。接下来我们就将看到个中原因。

什么是 ETF？

ETF 是由一系列股票组成的一种基金。和个股一样，ETF 可以买入或卖出。ETF 分为两类：行业型 ETF 和指数型 ETF。行业型 ETF 聚焦于某一产业，如能源和房地产。指数型 ETF 遵循标准指数，如标准普尔 500 指数。

三大简易步骤

IBD 提供了一种简易的跟踪大盘趋势的方法（详情参见第 3 章"买入

检索清单")。

每一天,你都能通过观察《投资者商业日报》"大盘分析"专栏中的"市场脉搏",来了解当前的大盘趋势。

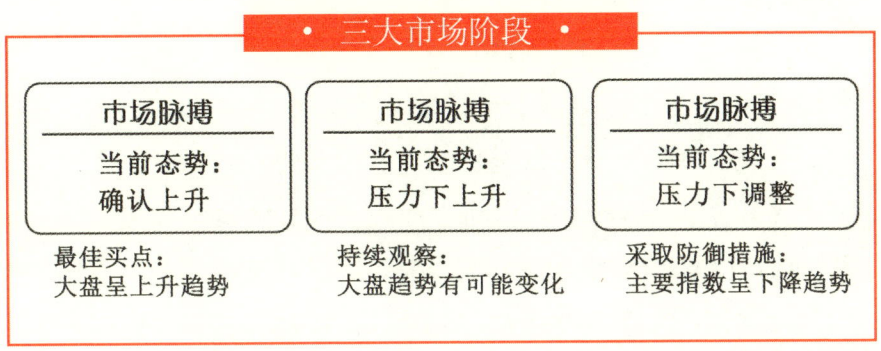

基于此,你可以判断当下应该买入、卖出,还是持有指数型ETF。具体如下:

指数型ETF盈利的基本方案

确定你能分配多少资产投入到此ETF市场策略,然后遵循以下步骤:

步骤1:如果当前趋势变为"确认上升"或"重新开始上升"时,将你为此ETF市场策略准备的资产100%用于买入。

步骤2:如果当前趋势从"确认上升"变为"压力下上升"时,卖出50%的股票。

步骤3:如果当前趋势从"压力下上升"变为"市场调整"时,卖出另外50%的股票。

• 注意：在波动幅度较大的市场中，大盘趋势可能会直接从"确认上升"变为"市场调整"，而不经过"压力下上升"这个阶段。在这种情况下，在"市场调整"阶段应该卖出所有指数型ETF。

用止损规则保护你的资产

为了在急速下跌的股市中保护自己，你要跟你的经纪人提前设定好一套止损指令（详见本书第4章）。下面给出的一些简单的规则，是与上述3个步骤相关的，你可以作为ETF交易计划的一部分遵照执行。

• 如果指数以此确认日收盘价低于0.5%或更多的程度收盘，卖掉你指数型ETF50%的头寸。确认日是确认大盘见底的一个重要指标，能触发一轮新的市场上升趋势，使大盘表现由"调整"变为"确认上升"。

• 如果指数比确认日收盘价低2.5%（一天之内），卖掉你所有剩余的指数型ETF头寸。

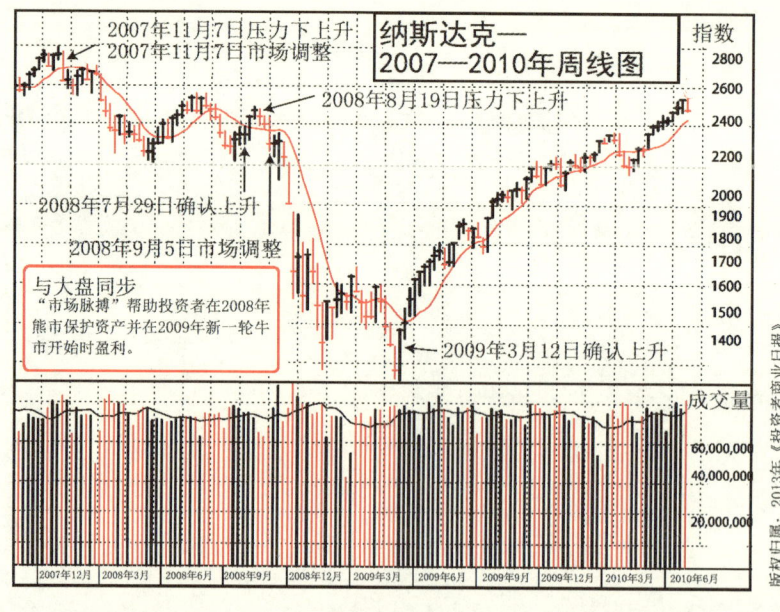

"市场脉搏"如何帮助投资者在2008年的熊市中保护资产并在2009年的牛市反弹中回归

图1-1 纳斯达克—2007—2010年周线图

图 1-1 展示了如何使用此简单方法获得巨大收益。这个例子说明了 2007 年底开始的惨痛熊市后,"市场脉搏"是如何提醒读者市场趋势的变化,以应对 2009 年 3 月开始的新一轮牛市。

IBD 的方法如何使纳斯达克指数几乎翻倍

在使用上述三部曲方法之后,从 2006 年 8 月 5 日(新一轮上升趋势的开始之日)到 2013 年 3 月 28 日(第一季度的最后一个交易日),IBD "市场脉搏"策略的使用带来了 97% 的上涨。相比起纳斯达克指数上升的 54% 和标准普尔 500 指数上升的 55%,97% 是一个惊人的数字。虽然这并不意味着你可以在任何一个市场周期都能获得这般收益,但这个例子确实证明三部曲方法可以为你带来巨大的盈利。

要强调的是,即使是在由房地产和金融危机导致的 2008 年大熊市,收益增长依然是可能的。

你知道在 2006 年到 2012 年中有多少人获得了 97% 的投资收益吗?这么说吧,如果你在 2006 年 8 月 15 日,即市场脉搏变为"确认上升"这天之后,投入股市 10000 美元,只要你遵循 IBD "市场脉搏"策略,到 2012 年时,你的这笔投资就会增值为 19000 美元。

所以,无论你的目标是为孩子建立一个大学基金、还完房贷,还是为衣食无忧的退休做好准备,IBD 的三部曲方法都能帮助你逐步实现梦想。

个股盈利的基本方案

前面已经介绍了指数型 ETF 的盈利方案,现在我们来看看如何通过买卖个股赚取更大的收益。

切记:在强大的上升趋势中,排名靠前的 CAN SLIM 股票通常会比纳斯达克指数或标准普尔 500 指数的上涨幅度更大。

以从2009年3月12日开始的牛市为例。在2010年5月4日，当大盘开始进入下降趋势时，纳斯达克指数上升了70%，而同时期的市场领军股上升势头更为猛烈，如露露柠檬上升522%；美国Ulta化妆品公司上升322%；百度上升309%；价格在线上升231%。

当然，我们要做的是从实际出发对预期进行管理。

即使是最优秀的投资者，也不会对一只牛股孤注一掷（事实上，强行这么做只会让你陷入更麻烦的境地）。你可以锁定一部分收益明显的股票。这样，其中若有一只上升300%，就已能大大增加你的收益。

但是这也意味着你将耗时耗力地挖掘个股中的潜力股，而这本书的重要性也由此再次体现。一旦你熟练掌握了书中提到的规则和检索清单，就会惊喜地发现，在坚持分步骤方法的过程中，你能够找到自己想要的潜力股（有关选股的具体内容，请参见第4章中的"简单周末常规"）。

在本书后面的章节中，我们会学习如何通过简单易学的检索清单一步步地走上投资之路。下面，让我们先快速浏览基本的三部曲方案。

股市盈利的基本方案

步骤1：只在大盘呈上升趋势时买入。

步骤2：识别具备CAN SLIM七大特征的股票，并在股票突破价格形态时买入。

步骤3：在股价上升20%—25%时卖出可以增加利润。在股价下跌7%—8%时卖出可以止损。

第1章 从这里开始

在后面介绍买入和卖出检索清单的章节中,我们会学习到每一步骤的详细内容。但现在,我们只需大致看一看这三个步骤的原理。

步骤1:只在大盘呈上升趋势时买入

你可以通过查看《投资者商业日报》"大盘分析"专栏中的"市场脉搏"来判断当前大盘是呈上升还是下降趋势。图1-2介绍了"市场脉搏"如何帮助投资者找在2010年到合适的时机买入和卖出。

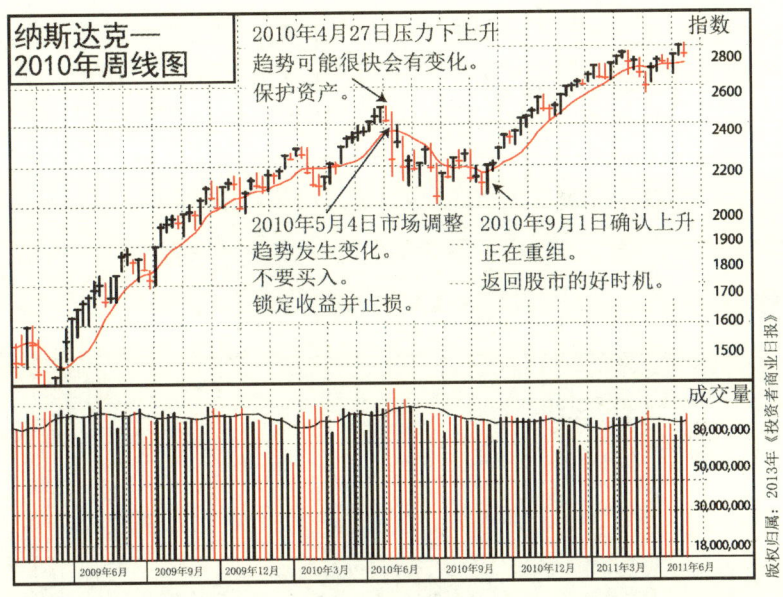

"市场脉搏"的三阶段分析方法帮助投资者发现买入时机以及采取防御型措施的时点

图1-2 纳斯达克—2010年周线图

步骤2:识别具备CAN SLIM七大特征的股票,并在股票突破价格形态时买入

就算你对线图并不熟悉,也依然可以在"IBD 50"、"每周评论"、"领军行业"等专题中发现领先股以及潜在买点的提示。

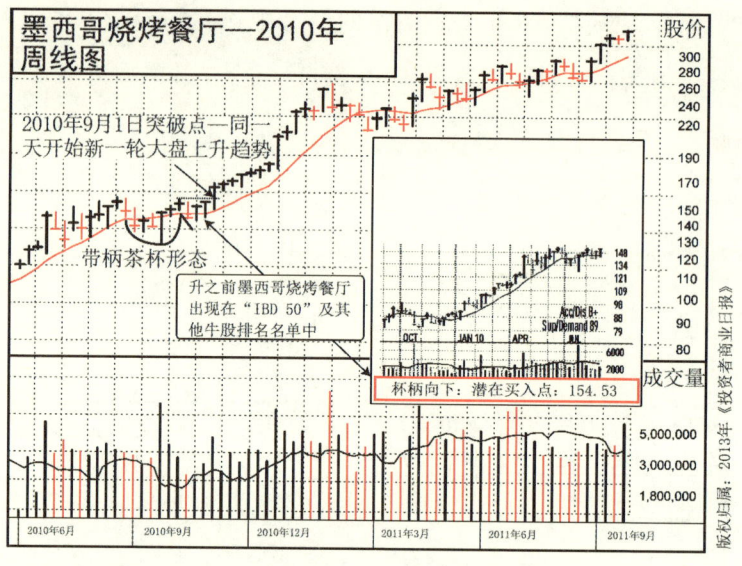

墨西哥烧烤餐厅从 2010 年 9 月至 2012 年 4 月股价上升 186%

图 1-3 墨西哥烧烤餐厅——2010 年周线图

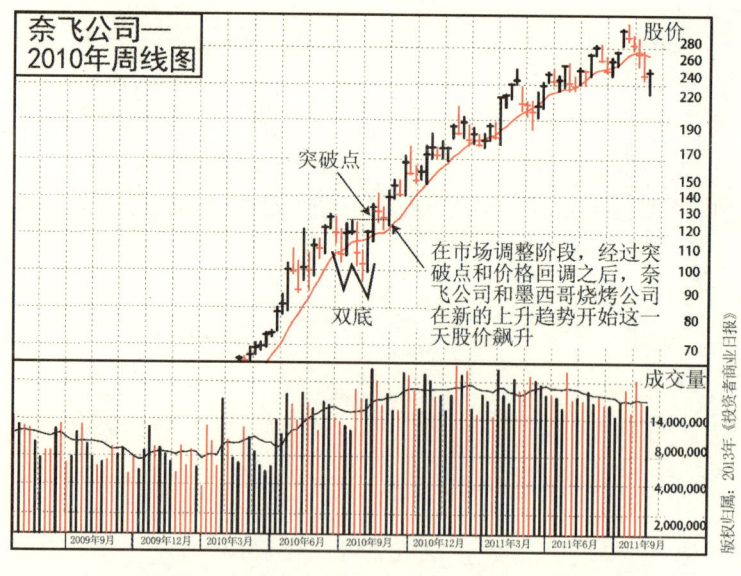

奈飞公司从 2010 年 9 月至 2011 年 7 月股价上升 150%

图 1-4 奈飞公司——2010 年周线图

第1章 从这里开始

步骤 3：在股价上升 20%—25% 时卖出可以增加利润。在股价下跌 7%—8% 时卖出可以止损

这个简单的卖出规则能为你锁定收益并避免重大损失。

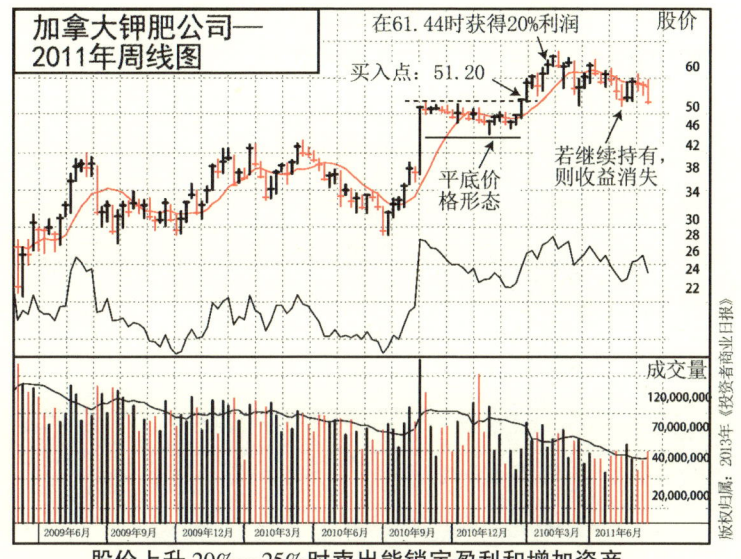

图 1-5　加拿大钾肥公司—2011 年周线图

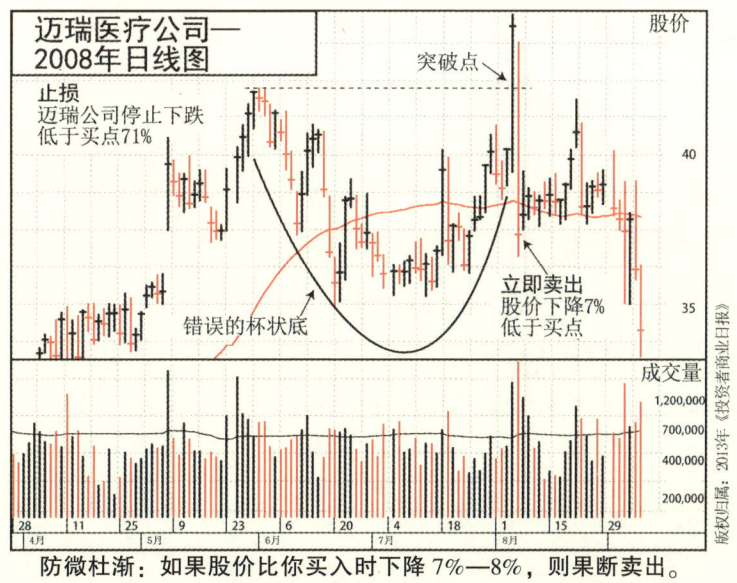

图 1-6　迈瑞医疗公司—2008 年日线图

— 11 —

> 世上本无事，庸人自扰之。
>
> ——孔子

很大程度上而言，这句话同样适用于投资。

在接下来的章节中，我们会学习到能反映牛股特征的检索清单，以及在线图中应该观察哪些买入和卖出信号。只有掌握这些重要的内容，你才能成为一名成功的投资者。

一定要关注股市的整体情况，以及我们刚刚学习的基本方案。在面对股市中各式各样的消息和声音时，你会很容易对投资过度思考，没有方向感，成为"前照灯下的麋鹿"。

所以，如果你刚刚踏入股市，请遵循书中提供的简单易学的方案和规则，这些法宝能让你聚焦于决定股票上涨或下跌的关键点。

在下一章中，我们将进入这些关键点的世界。

☞ 行动步骤

完成以下几个任务能帮你强化并开始实践本章所学内容。有关完成这几个任务的具体步骤，请登录 www.investors.com/GettingStartedBook。

1. 观看以下小视频：
   - 简单周末常规
   - 如何通过交易指数型 ETF 盈利

2. 查看《投资者商业日报》或投资者网站中的"大盘分析"专栏。
   - 大盘当前处于确认上升趋势还是市场调整趋势呢？

第 2 章　CAN SLIM 投资系统

CAN SLIM 投资的三个大石头

本书中列出的买入和卖出检索清单，以及你从 IBD 可以找到的所有股票筛选器和工具，都是基于《投资者商业日报》创始人兼主席威廉·欧尼尔于 20 世纪 60 年代开发的 CAN SLIM 投资系统。

这些年来，我有幸通过各种方式帮助人们学习如何使用 CAN SLIM 投资系统，比如专题研讨会、视频、IBD 网下会面团队、"IBD 号外"每月通信以及我主持的电台节目。

对于那些初涉股市的新手，我要给出一条中肯建议：不要将股票复杂化，保持简单。

是的，投资中总会有重要的细节和一些花费时日才能了解的事物，比如学会识图。但是，所有这些都可以被分解为简单的概念。你可以借助检索清单分步骤学习这些概念。这就是贯穿于这本书的学习方法。

我很喜欢一句话，"优先处理大石头"，你可以在后面添加小圆石，也就是具体细节，但在初始之时，你要做的是优先处理最重要的事情。

如果要了解 CAN SLIM 投资系统为什么使用效果显著，以及如何正确使用 CAN SLIM 投资系统在股市中盈利，你必须先了解以下三个大石头：

- **大石头 1**：只买呈上升趋势的股票。一旦股票有下跌趋势，立即采取防御措施。
- **大石头 2**：关注取得大幅收益增长并推出新的创新产品或服务的公司。
- **大石头 3**：购买机构投资者大幅买入的股票。避免买入机构投资者大幅卖出的股票。

当你看这本书时，尤其是刚开始使用书中的检索清单和简单周末常规进行投资时，一定要谨记以上三个大石头。

这三个大石头可能现在对你意义还不大（不久它们的作用就会显现出来），也可能一开始看上去过于简单，但 IBD 自 20 世纪 80 年代以来对每一只领军股的研究结果是：遵循这三条规则是在股市中盈利的关键所在。

CAN SLIM 基本概念

CAN SLIM 投资系统基于以下两个简单的理念：

- 要发掘明日牛股，就要明白过去的牛股在价格大幅增长之前所具备的特点。
- 要了解卖出时机，就要寻找过去的牛股在价格攀升到最高点以及开始下跌时所显现的警告信号。

牛股在价格大幅上升之前和之后的状态

在 20 世纪 50 年代后期，当威廉·欧尼尔还是一名年轻的股票经纪人时，他曾问自己一个简单的问题：牛股在价格大幅上升之前具有什么共同特点呢？

为了解答这个问题，威廉·欧尼尔开始研究各个时期的牛股——这些牛股都在一两年之内快速上涨了 100%、300%，甚至更多。

那时，个人电脑和互联网尚未出现。威廉·欧尼尔只得在他办公室的墙壁和橱柜上贴满各种线图和印刷海报。他专心研究每一种可能的性能度量指标，希望找出起到关键作用的指标，以及牛股在继续上涨前的提示。他的研究结果是：

所有的牛股在盈利之前具有七大共同特征。

CAN SLIM 的每一个字母都代表其中一大特征，这七大特征构成了买入检索清单的基础。

威廉·欧尼尔还研究了牛股在价格上涨之后的状态。同牛股在价格上涨之前表现出来的共同特征一样，牛股从最高点下跌之前，也会显现出相似的信号。这些信号是卖出检索清单的基础。

130 多年的股市历史

威廉·欧尼尔从 20 世纪 60 年代开始的研究一直持续到今天，研究对象是自 19 世纪 80 年代以来的每一个市场周期和当时表现突出的牛股。

无论是 1914 年的伯利恒钢铁、1963 年的施乐公司、2004 年的谷歌和苹果、2010 年的价格在线、2011 年的太阳风公司，还是 2012 年的 3 维系统公司，所有牛股在价格大幅上涨之前都具备 CAN SLIM 七大特征。

不同市场周期中牛股的公司名不一样，新的技术和产业也会不断兴起，但牛股的基本特征和属性却从未改变。所以，一旦你了解牛股的特点，就不再会仅凭预感或广告宣传来寻找下一只写入史册的股票。你拥有的是总结出来的历史经验和一份目标清晰并包含提示信号的检索清单。

所有股票中，只有 1% 到 2% 的股票具备 CAN SLIM 投资系统的七大特征，但正如美国个人投资者协会的一份独立研究结果所指出的，在投资时挑剔些是有好处的。如果你按照规则寻找具备 CAN SLIM 七大特征的股票，就能在发生价格波动的早期发现这些最具潜力的股票。

1998—2012 年的增长策略

自 1998 年以来，美国个人投资者协会致力于对 50 多个领先的投资策略进行不间断的实时研究。从 1998 年到 2012 年，美国个人投资者协会发现 CAN SLIM 系统一直是排名第一的增长策略——带来了 24.7% 的年度化回报。

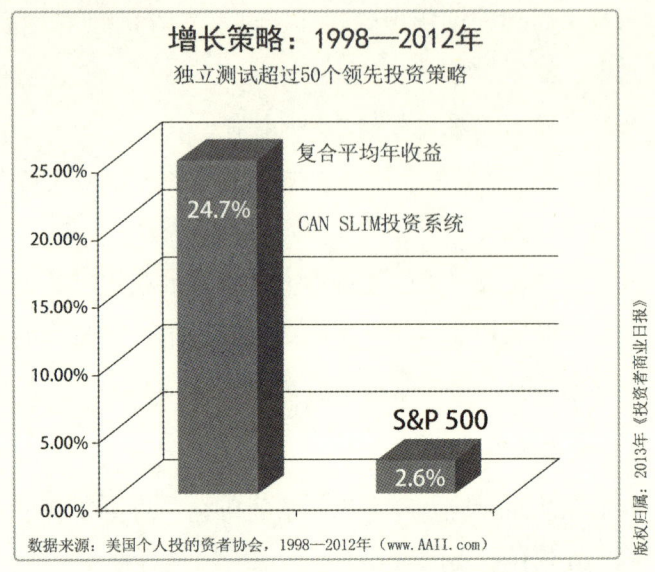

图 2-1　增长策略：1998—2012 年

想一想这 15 年中股市经历的所有巨大波动：网络泡沫、2003 年牛市、2008 年的房地产和金融危机以及 2009 年的牛市反弹。

CAN SLIM 系统对所有这些周期进行的独立测试结果表明：如果你坚持使用这本书中提供的买入和卖出检索清单，就能在任何类型的股市中获取或保持巨额盈利。

股市盈利的七大特征

在《笑傲股市》一书中，威廉·欧尼尔对 CAN SLIM 投资系统七大特征的每一点都进行了详细的介绍，并引用了许多真实的例子来证明牛股都具备这七大特征。《笑傲股市》这本书的作者和 CAN SLIM 投资系统的创办者都是威廉·欧尼尔，所以我要向你强烈推荐这本书。

《笑傲股市实践版》一书的目的是让读者快速了解如何开始使用 CAN SLIM 投资系统。因此《笑傲股市》和《笑傲股市实践版》这两本书的重点自然会有所不同。

第2章 CAN SLIM投资系统

贯穿于《笑傲股市实践版》一书的思想是：保持简单，聚焦于真正重要的事情。

首先，《笑傲股市实践版》简要描述了 CAN SLIM 投资系统的七大特征，并展示了这七点和前面提到的三个大石头之间的关联。我们还提供了 CAN SLIM 投资系统的案例学习。通过这些案例，你可以了解到 2009 年到 2012 年的牛市中牛股在价格上升之前是否具有相同的特点。

在接下来的章节中，我们会分步地看到一些规则和检索清单。这些内容能帮助你系统化地发现今天的 CAN SLIM 股票，并找到买入和卖出的最佳时机。

7 大特点和 3 个大石头

查看买入检索清单，了解具备 CAN SLIM 七大特征的牛股所需的一些基线数据和评级。

大石头 1：只买呈上升趋势的股票。一旦股票有下跌趋势，立即采取防御措施

CAN SLIM 中的 M 指的是大盘方向。M 虽然是 CAN SLIM 的最后一个字母，但从许多角度而言，这是最重要的一点。很大程度上，盈利和损失的区别就在于是否和大盘方向保持同步（比如标准普尔 500 指数和纳斯达克指数）。

> **M 市场方向**
>
> 历史证明有 3/4 的股票走势和大盘方向相同，不是上升就是下降，所以务必要学会跟随而不是对抗当前的大盘趋势。

本书后面的内容会详细介绍如何应对市场方向的变化，不过在此之前，你得了解以下的内容：

你不需要在股市投资中满仓操作，你要做的是在大盘呈上升趋势时获得盈利，在大盘呈下降行情时保护好收益。

这听起来顺理成章，对不对？

但事实是，很多人完全无视大盘方向，只是盲目地买入并持有，因为他们压根儿不明白市场是如何运作的，他们也不明白当大盘趋势的下降超过了一定的周期，75%的股票也将随之下跌。

遵循"买入并持有"的投资者，在大盘上涨的情况下也许能够盈利，但是在大盘呈下跌趋势时，他们会最终把所有之前的盈利都赔回去（后续还会继续亏损）。

这时你应该做的是，基于市场周期的运行情况，使用买入和卖出检索清单，远离过山车般的投资方式。

对此，这本书提供了以下帮助：

- 买入检查表指出进入股市的最佳时机。
- 卖出检查表指出锁定收益并离开股市的时机。

大石头2：关注取得大幅收益增长并推出新的创新产品或服务的公司

在寻找牛股的道路上，巨额收益增长永远是排在第一位的要素。爆炸性利润通常都来自那些推出对行业有革新意义产品的创新型公司。这也解释了CAN SLIM前三个字母所指代特征的重要性。

C 当前季度每股收益

牛股最近几个季度的收益应该是持续上涨的，同时，证明公司有实力继续增长趋势的数据，还包括稳健的销售额、高净资产收益率以及业界领先的利润率。

A 年度每股收益

为了确保当前季度的增长并非侥幸而来，还要查看过去3年中每一年的收益增长。

N 新公司、产品/业务、行业趋势或管理

关注那些带来新东西的公司，可以是热门的创新性产品或服务、新CEO，或者是颠覆性的行业趋势。

第2章 CAN SLIM投资系统

试想，如果一只股票的价格上升了100%、200%甚至更高，必然有其原因。一定有一些因素推动了共同基金经理人和大户继续投资，将股价推向更高点。历史证明，主要原因是收益增长。这一点在2009—2012年的牛市再次得到证明。那几年最大的领军股所在的公司都获得巨大的利润，包括百度、F5网络、苹果、价格在线、太阳风、托管服务公司、瑞颂医药公司、露露柠檬、墨西哥烧烤餐厅以及迈克尔科尔斯公司，等等。这些公司的收益增长不仅当时表现突出，而且还随着股价上升而继续增加。此外，他们也都推出了新的创新性产品或服务，这让他们得以在业界保持领军者的地位。

大石头3：购买机构投资者大幅买入的股票。避免买入机构投资者大幅卖出的股票

机构投资者构成了所有投资中的绝大部分来源，主要指的是共同基金，也包括对冲基金、银行、养老基金、保险公司以及其他大型机构。机构投资者能提供一只股票要开始持续性的大幅上升所需要的强大购买实力。一旦机构投资者卖出某只股票，股票份额的大幅减少将导致该只股票的下跌。因此这也是观察机构投资者的动态至关重要的原因。在使用买入检索清单时，你可以通过IBD智能排名和线图来了解机构投资者的动态。

你必须紧紧跟随机构投资者的步伐。你想要买入的是基金经理人和其他大户正大幅买入的股票，因为这些是最有可能带来巨大盈利的股票。同样重要的是，当你发现基金经理人开始卖出某些股票时，你也应该卖出这些股票，因为这些股票将很可能大幅下跌。

以下三个CAN SLIM字母概括了机构投资者的买入类型，这些是你在投资某只股票前需要了解的信息。

S 供需

在关键买点上，最好股票的成交量会高于平均水平，比如交易的股票份额大幅上升。这也显示了基金经理人和其他专业投资者正大幅买入该股票。

L 领军股还是落后者

关注排名前列的行业组中表现突出的股票。A 股绝对是真正的领军股，因为他们展示了强大的收益和创新（也就是 CAN SLIM 中的"C"、"A"和"N"），也证明是机构投资者正在投资的股票。

I 机构投资的支持

机构投资的支持指的是大型机构对某只股票的拥有，主要指的是共同基金。我们要寻找的是在近几个季度中持股基金数正在上升的股票，也就是在过去一两年中的市场表现突出的少数顶级基金经理人所持有的股票。如果看到这些顶级投资者正买入某只股票，你就可以放心地买入该股。

跟随基金的脚步

关键在于要购买共同基金经理人正买入的股票，而避免购买他们大幅卖出的股票——反其道而行之只会损失你的收益。

——威廉·欧尼尔（《投资者商业日报》创始人兼主席）

底线：确保待买入的股票是一些共同基金经理人正大幅购买的对象——当这些股票正被基金经理人大幅卖出时，停止购买。

什么是市盈率？

你可能会发现在牛股的七大特点中并没有包括市盈率，原因很简单，我们的研究证明，市盈率（股价和每股收益的比率）并不是股票价格变动的重要因素，对股票的买入和卖出影响甚微。

这一点会让很多投资者大吃一惊，因为他们一直被提示要关注市盈率低的股票，并避免购买市盈率高的股票；但过去130多年的历史证明，关注低市盈率股票的投资者往往会失去成为大赢家的机会。

原因如下：

低市盈率通常是弱势的象征，而非实强势的象征。表现最突出的股票都拥有巨大收益增长和其他 CAN SLIM 特点，而这些股票通常都有较高的市盈率。为什么？因为投资机构者愿意购买快速增长的高质量的股票。如下表所示，大盘情况也是如此，你的付出就是你所得到的。

2009—2012 牛市中领军公司的市盈率

公司名	股价上升开始时间	股价上升时的市盈率	后续收益（%）
百度	2009	69	322%
绿山咖啡	2009	36	1104%
价格在线	2010	29	183%
露露柠檬	2010	33	196%
太阳风	2011	28	137%

如果你仅仅关注低市盈率的公司，无异于远离最好的商品，而将自己局限在特价区域。与之相反，你要关注的是那些具有大幅收益增长的股票，这些股票才是真正的潜在牛股。

CAN SLIM 案例学习

每一次的牛市周期中，都会有一批新的领军股，为你带来新的盈利良机。

有一些股票的名字是家喻户晓的，但更多的是一些你可能闻所未闻的名字。你也许对他们的产品或服务并不熟悉，但现在有了 CAN SLIM 的七大特征，你能够识别牛股，并了解如何使用简单周末常规（详情参见第 4 章）找到牛股。

以下是三大 CAN SLIM 牛股的背景信息。

我们首先要看到的是一家所有人耳熟能详的公司：苹果。但是回到 2004 年，那时的苹果才刚开始大幅价格增长，并使之成为 2012 年世界上最有价值的公司。那时的苹果是否会出现在你的关注股票范围清单呢？

你可能听过甚至用过 ipod 和 itunes，但作为一名投资者，你是否会将这个具有划时代意义的新产品（CAN SLIM 中的 N）和未来的大牛股联系起来呢？

iPod 带来了巨额收益增长，随之而来的是更加成功的 iPhone。这两大具有划时代意义的创新改变了音乐和手机产业，让苹果的股价在不到四年的时间里上升了 1418%。

不过，即使你错过了这段价格飙升期，也没关系。苹果在 2009—2012 年的牛市依然带来了新的机会（在学到本书后面的内容时，你会发现很少会有股票能在连续两个牛市中表现优异，这也是为什么我们寻找新的领军股的重要性。详情参见后面的内容）。

如同大多数股票，苹果在 2007—2008 年的金融危机中也受到重创，但是当市场 2009 年开始复苏时，苹果就强势回归了。这样的实力从何而来？

第2章　CAN SLIM投资系统

在下面的案例分析中你会发现，还是 CAN SLIM 的七大特征在起作用，包括巨额收益和销售，全新的产品以及基金经理人源源不断的需求，而正是这些带来了下一个创新产品 iPad。

和苹果不同，另外两个案例中的绿山咖啡和美国 Ulta 化妆品公司，在发起大幅价格上升时并不为大家所熟知。在这两家公司进入 IBD 股票列表之前，我本人就从未听过它们的名字。直到我 10 来岁的女儿告诉我美国 Ulta 化妆品公司受欢迎的程度，我才知道原来这是一家以折扣价格卖出品牌化妆品的公司。

这带来了另外一个重要的启示：关注孩子们关注的商店，你有可能会从中发现零售产业的新的领军股，而这一点也是这么多年来 CAN SLIM 股票的一个极好的来源。

让我们回到这些案例本身。你可能没有尝过绿山的 K-cup 美味咖啡，也可能没有去过 Ulta 商店，但是作为一名 CAN SLIM 投资者，你应该关注这些公司良好的收益表现。这两家公司都有我们所寻找的特质，那就是它们能够出现在一些股票列表中的原因，如"IBD 50"（那时被称之为"IBD 100"）和"每周评论"等。

当你在浏览这些背景材料时，要注意这几大股票在开始巨大价格波动时三个大石头是否全部就绪：

- 大盘呈上升趋势。
- 每个公司都有爆炸性的收益增长并推出了创新性产品。
- 共同基金经理人正大幅买入该股票。

这些类型的盈利机会出现在每一个牛市周期。通过研究这些案例并使用我们在书中学习到的检索清单和规则，你会很清晰地了解为从中获益应当采取什么行动。

如何寻找并拥有威廉·欧尼尔的专栏"美国好机会"

威廉·欧尼尔每周都会亲自写一篇短评，带你浏览牛股的全生命周期。你会从中发现在大幅价格飙升之前牛股所具有的 CAN SLIM 特征，以及在价格下跌之前所显现出的卖出信号。威廉·欧尼尔在每周短评中深刻的见解能帮你发现明日牛股，并在投资这些牛股时获得盈利。你可以登录 www.investors.com/GettinStartedBook，阅读该专栏中的文章。

CAN SLIM 案例学习：苹果

2009 年 7 月至 2012 年 9 月盈利 381%。

股票突破之前，三个大石头和关键 CAN SLIM 特征都已具备。

在大盘呈上涨行情时买入股票。

大盘走势：在 2008 年房地产和金融危机之后，2009 年 3 月进入新的牛市周期。

关注巨大收益增长和推出新的创新产品或服务。

当前收益：股价上涨之前的三季度中每股收益增长：37%→47%→61%

年度收益：三年中平均每年的每股收益增长 48%。

新产品/服务：苹果的 iPod、iPhone、iTunes 和 APP 市场使得苹果公司的股票成为音乐和手机产业的领军股。此外，Mac 电脑系列也带来了新的盈利和市场份额。

购买机构投资人大幅买入的股票。

供需：苹果的吸筹/出货评级为 B+（具体参见第 3 章"买入检索清单"）显示机构投资者在过去 3 个月内一直在购买该股票。

领军股还是落后者：综合评级分数为 98 分，这显示出苹果就关键 CAN SLIM 特征的表现优于 98% 其他股票。

机构投资支持：在开始大幅价格上涨之前的三个季度中，持有苹果股票的基金数量：286→316→321。

第2章 CAN SLIM投资系统

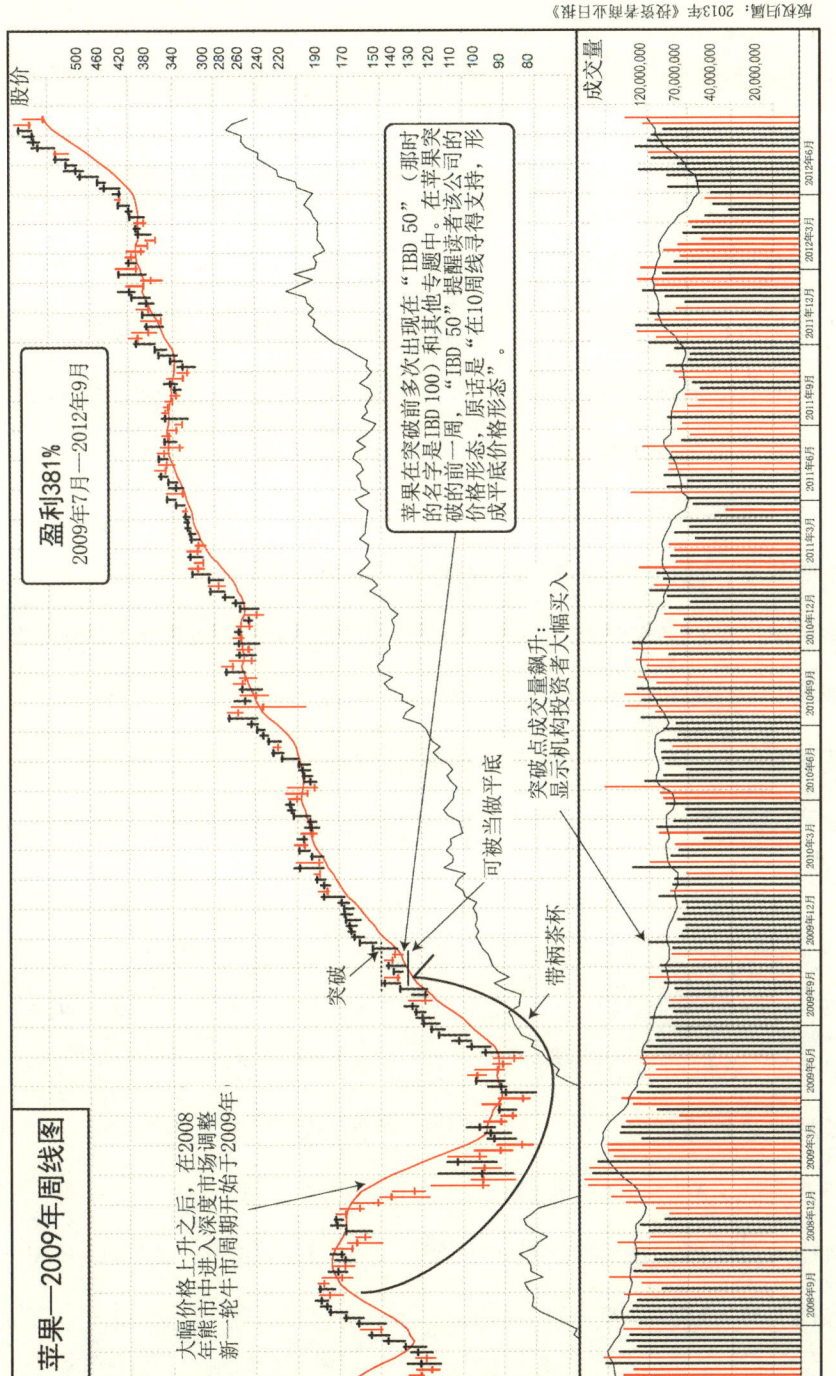

图2-2 苹果—2009年周线图

CAN SLIM 案例学习：绿山咖啡

2009 年 3 月至 2011 年 9 月盈利 1104%。

股票突破之前，三个大石头和关键 CAN SLIM 特征都已具备。

只在大盘呈上涨行情时买入股票。

大盘走势：2009 年 3 月 12 日的新一轮牛市开始后不久，绿山咖啡就开始价格上升。看涨信号：价格大幅上涨的股票，通常会在新一轮大盘上升趋势开始后不久发生价格波动。

关注巨大收益增长和推出新的创新产品或服务。

当前收益：绿山咖啡的每股收益排名分数为 93（详情参加第 3 章 "买入检索清单"），这说明该公司的当前和年度收益增长高于 93% 的股票。销售额在上一个季度上升 56%。

年度收益：三年中平均每年的每股收益增长 43%。

新产品/服务：绿山咖啡推出的克里格 K-cup 单杯美味咖啡引起业界巨大反响。

购买机构投资人大幅买入的股票。

供需：绿山咖啡的相对强度排名分数为 97（具体参见第 3 章 "买入检索清单"），这说明该公司的价格表现优于 97% 的股票。

领军股还是落后者：绿山咖啡的综合评级分数为最高分 99 分，这说明该公司就关键 CAN SLIM 特征位于 1% 的顶级股票之列。

机构投资支持：在突破之前的三个季度中，持有绿山咖啡股票的基金数量大幅上升：183→197→219

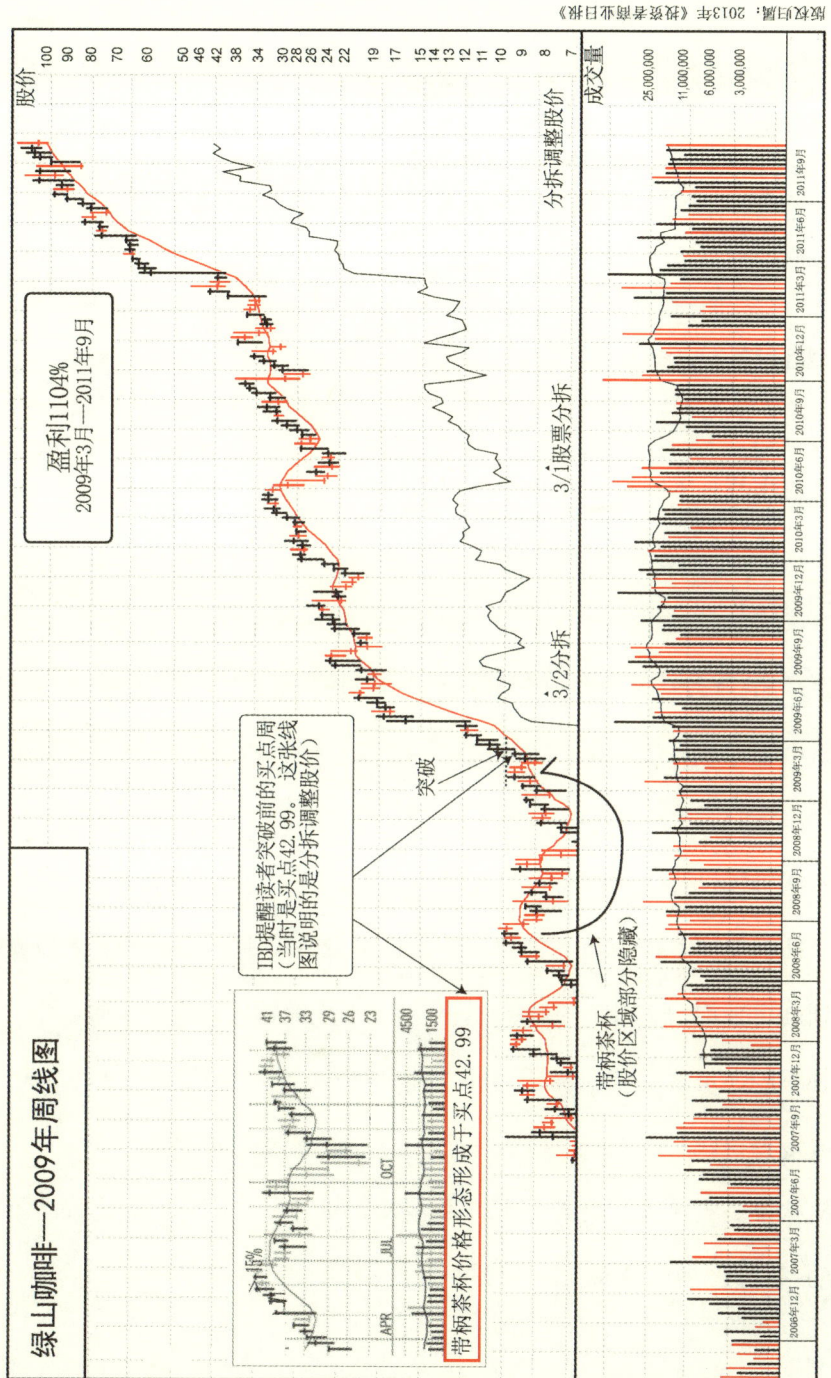

图2-3 绿山咖啡—2009年周线图

CAN SLIM 案例学习：美国 Ulta 化妆品公司

2010 年 9 月至 2011 年 7 月盈利 165%。

股票突破之前，三个大石头和关键 CAN SLIM 特征都已具备。

只在大盘呈上涨行情时买入股票。

大盘走势：新的上升趋势提早两周开始。

关注巨大收益增长和推出新的创新产品或服务。

当前收益：美国 Ulta 化妆品公司的每股收益增长在价格飙升前的三季度中为：56%→62%→188%。

年度收益：三年中平均每年的每股收益增长 31%。

新产品/服务：美国 Ulta 化妆品公司推出了家得宝大卖场模式，以打折价格出售大量最受欢迎的品牌化妆品。这一创新服务对化妆品零售页产生了变革性的影响。

购买机构投资人大幅买入的股票。

供需：美国 Ulta 化妆品公司在开始价格上升的那一周，每周交易成交量达到高出平均的 207%，这说明基金经理人正大幅买入该公司股票。

领军股还是落后者：美国 Ulta 化妆品公司的综合评级分数为 96 分，这说明该公司就关键 CAN SLIM 特征的表现超过 96% 的股票。

机构投资支持：在突破之前的四个季度中，持有美国 Ulta 化妆品公司股票的基金数大幅上升：197→223→231→315

第2章 CAN SLIM投资系统

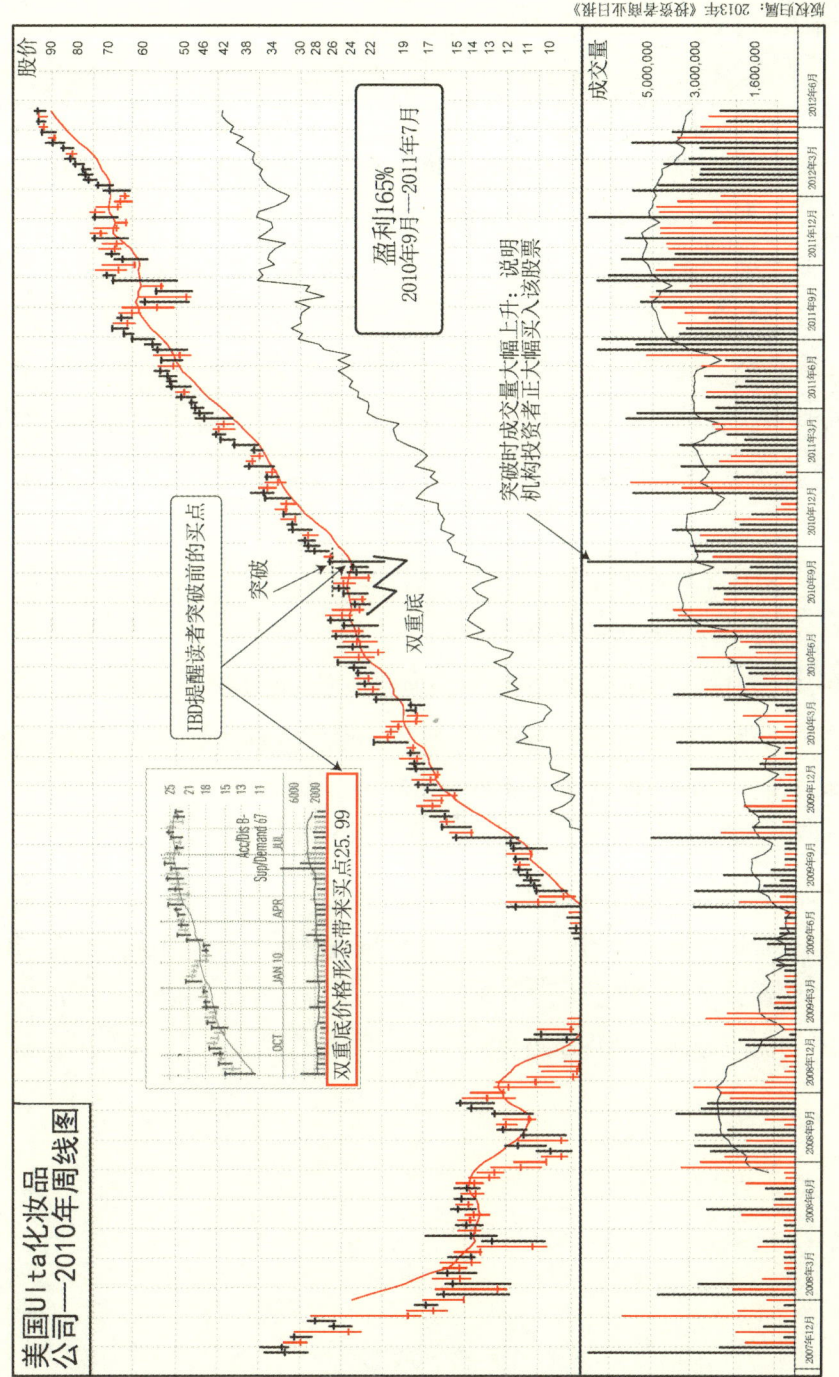

图2-4 美国Ulta化妆品公司—2010年周线图

下一步：如何寻找今日 CAN SLIM 牛股

既然你已经明白如何选择具备怎样特征的牛股，现在让我们来学习如何寻找拥有 CAN SLIM 特征的牛股。我们要用到买入检索清单，这份清单中包含了你所投资的股票所应符合的具体特征。

在这之前，让我们操作以下的行动步骤，巩固本章所学的内容。

☞ 行动步骤

完成以下几个任务能帮你熟悉并开始使用 CAN SLIM 投资系统，有关完成这几个任务的具体步骤，请登录 www.investors.com/GettingStarted-Book。

1. 观看以下小视频了解 CAN SLIM 投资动态：
- 如何发现表现好的股票？
- 什么时候应该进入股市？什么时候应该退出股市？

2. 了解当天排名前列的 CAN SLIM 股票有什么新动态：
- 查看"IBD 50"中排名前 5 名到前 10 名的股票。
- 你也可以登录投资者网站，从"筛选中心"专栏的"CAN SLIM 选择"列表中选择股票进行观察。
- 查看这些股票公司的网站，并在投资者网站中阅读有关这些公司的文章，了解这些公司是否推出了新的产品或服务，以及促进这些公司的收益增长的行业趋势。

第3章　买入检索清单

买入检索清单

在投资某只股票之前,确保 CAN SLIM 系统的三个大石头全部就绪。

你可以使用以下检索清单,来确定你的股票是否拥有牛股在大幅价格上升之前所具备的 CAN SLIM 特征。

大石头 1:只买呈上升趋势的股票。
　　　　　一旦股票有下跌趋势,立即采取防御行动。
　□ 市场呈确认上升趋势

大石头 2:关注取得大幅收益增长并推出新的创新产品或服务的公司。
　□ 综合排名分数为 90 分或更高
　□ 每股收益(EPS)排名分数为 80 分或更高
　□ 近几季度 EPS 增长率为 25%或更高
　□ 加速的收益增长

- ☐ 近3年中平均每年EPS增长率达25%或更高
- ☐ 上季度销售额增长率达25%或更高
- ☐ 净资产收益率（ROE）达17%或更高
- ☐ SMR排名（销售额+利润率+净资产收益率）为A或B
- ☐ 新产品、服务或经营手段
- ☐ 行业组中排名前列的股票
- ☐ IBD197大行业组中排名前40至50位

大石头3： 购买机构投资者大幅买入的股票。
　　　　　避免购买机构投资者大幅卖出的股票。

- ☐ 近几季度中持有该股的基金数上升
- ☐ 吸筹/出货（A/D）排名为A或B
- ☐ 相对强度排名达80或更高
- ☐ 股价达15美元以上
- ☐ 平均每日成交量达400 000股或更高

线图分析： 在股票发生价格波动并从普遍形态中突破时果断买入

- ☐ 从合理的价格形态或可选买入点中突破
- ☐ 成交量比突破点时的平均成交量高出至少40%到50%
- ☐ 相对强度线进入新高
- ☐ 理想买入点5%以内

请登录www.investors.com/GettingStartedBook，下载并打印以上买入检索清单。

使用"IBD 股票检查"工具判断股票是通过还是失败

在认真学习买入检索清单的每一项目之前,首先要确定你能够使用投资者网站上的"IBD 股票检查"工具来快速识别股票的通过状态。你会发现大部分项目都有三种颜色的标识:绿色(通过)、黄色(中立)以及红色(失败)。

一切挑剔都是值得的

在仔细浏览买入检索清单的每一项目之前,牢牢记住检索清单背后的概念。

在前面的章节中,我们掌握了牛股在大幅价格波动之前通常会展现的几大 CAN SLIM 特征,而本章的买入检索清单则会帮助你了解什么样的股票拥有这几大特征。

那些通过买入检索清单的股票大多上升了 50%、100%、200% 甚至更多。仔细核对下来,你会发现无数牛股都符合买入检索清单上每一点。

使用买入检索清单很快就能成为你识别牛股的第二大法宝。你使用过几次后就会发现,自己很快就能评估股票,而当你能够明确识别牛股的特点时,也就不难分辨领军股和落后者了。

练习如何使用"IBD 股票检查"工具

如果你正坐在电脑旁,建议你在浏览买入检索清单的各项之前先下载使用"IBD 股票检查"工具,该工具能帮你快速掌握检查流程。有关详细信息,请登录 www.investors.com/GettingStartedBook。

忘掉各种宣传造势、直觉预言及小道消息

有太多投资者在选择股票时要参考各种建议、意见甚至是流言。你可能曾听某一位权威人士说股价一旦下降 30% 则该股票被低估了,或者某一

投资通讯媒体宣传了某家公司在管道业具有某项潜力无穷的新产品,却没有报道任何有关该公司销售额或利润的信息。许多人在投资时都会听信这样一些并不客观的意见,或是看上去有趣的小故事。

但是,如果投资依赖于过于主观和冲动的推测,结局往往都不太好。幸运的是,这完全是可以避免的。

只有遵循并坚持使用规则和检索清单,才是盈利真正的秘诀。

所以,在选择股票时请参考实际数据,而不是宣传造势或直觉预言。在购买股票前,使用买入检索清单来证明你的选择是正确的。

使用买入检索清单就好比给房子搭建根基。如果你想建一座坚固的房子,不要一开始就抄近路,并选择一些低廉的材料。首先得花点时间思考正确的方法。如果你关注的都是具备CAN SLIM七大特征的股票,就已经是为成功奠定了坚实的基础,而不至于搭建一个劣质的构架,如同空中楼阁。

保持原则性并精挑细选。只有1%—2%的股票能达到标准,而这正是关键所在。你要寻找的是那些万里挑一的A股公司。买入检索清单能帮你构建这样一个盈利阵容。

买入前检查线图

在你买入股票之前,确保该股票通过了检索清单中的"线图分析"。我们在第6章"避免盲目投资:通过线图发现买入和卖出的最佳时机"中,会详细描述如何使用线图。

读懂线图将是你学到的最重要的投资技能。一旦你知道应该购买什么样的股票,接下来的事情就很简单了。你还会发现一些专题已经搜集了很多数据信息供你参考,如"IBD 50"和"每周评论"。这些专题重点介绍临近潜在买点的股票,并指明这些股票正在形成的线图形态。

所以,即使当下你才刚开始了解线图,也可以使用IBD投资列表和简单周末常规(详情参见第4章)找到潜在盈利股票。

第一个大石头：只买呈上升趋势的股票，一旦股票有下跌趋势，立即采取防御行动

买入检索清单中的第一条对应的是大盘方向，这一点绝非偶然。

原因很简单：一只股票如果具备 CAN SLIM 中的前六大特征，可能会取得很好的成绩，但如果这只股票不具备 M 特征（大盘走势），那就得当心了。

我们在前面的章节中讨论过这个话题，但还会一次次地重申这一点的重要性。请谨记在心。

有 3/4 的股票走势和大盘走势相同，不是上涨就是下跌。

这会带来怎样的影响呢？

- 如果你在大盘上涨时买入，你有 75% 的机会盈利。
- 如果你在大盘下跌时买入，你有 75% 的机会亏损。

显然你会同意：只有当大盘上涨时，才应该根据买入检索清单买入股票。

但问题是，你如何能快速了解当下的大盘走势呢？

让我们用检索清单找出答案。

买入检索清单

大石头 1：只买呈上升趋势的股票，一旦股票有下跌趋势，立即采取防御行动。

☐ 大盘呈确认上升趋势

☑ 大盘呈确认上升趋势

正如我们前面所提到的，大盘走势无非是以下三个阶段中的某一个："确认上升"、"压力下上升"、"市场调整"。

你只需每天关注IBD"大盘分析"一栏中的"市场脉搏"，就可以了解当前所处阶段（有关在大盘呈"压力下上升"和"市场调整"阶段下如何操作的具体内容，请参见第5章）。

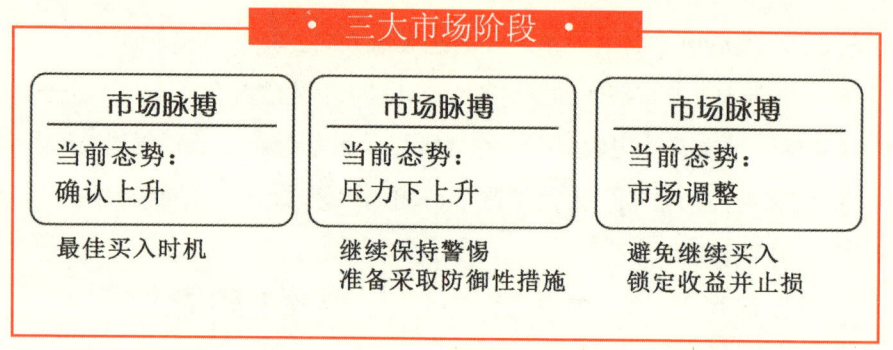

你真的能抓住大盘时机吗？

传统观点会说"No"，而真实市场经验会说"Yes"。

每次大盘趋势发生大的变动时，都会带来相应的信号，而"市场脉搏"中的"当前状态"针对这些信号会做出相应的调整。

请记住：你能抓住大盘时机，并不代表着你能在最高点卖出、在最低点买入；同样，这也不意味着你可以预测大盘在六个月后的态势。

但可以确定的一点是，你如果能抓住大盘时机，就一定能发现新一轮大盘上升已经开始，也一定能识别大盘什么时候开始低迷并下跌。

这无关预测未来，这只是因为你了解当下的主要指数，机构投资者是在继续买入而使得指数升高，还是在大幅卖出把大盘拉低？

这里完全不需要水晶球的预言，你只需要了解当前大盘走势，光这一点就足够为你保证未来的经济安全。正如下面两幅图所示，遵循"市场脉搏"中的三个步骤，能帮你在大盘上升时盈利，并在卖出压力骤增且大盘开始下跌时保护好收益（可回到第1章"从这里开始"查看相关图例）。

第3章 买入检索清单

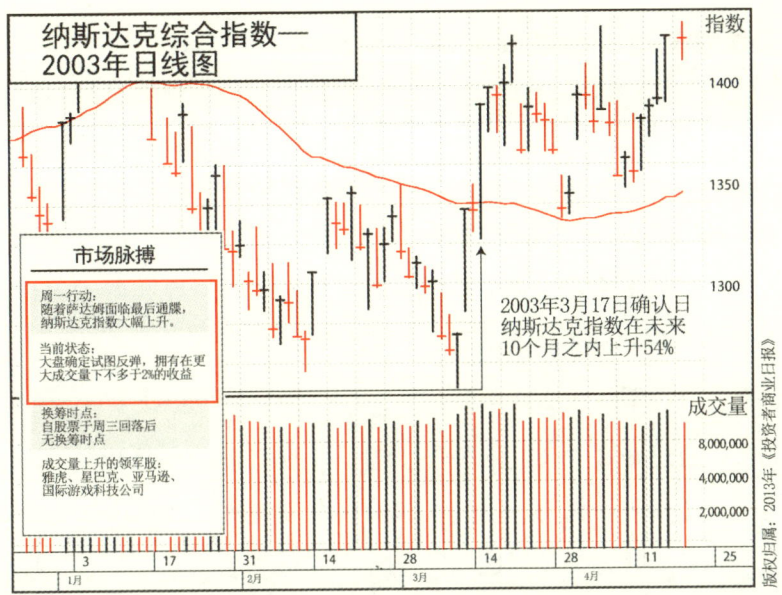

数月波动之后,"市场脉搏"显示 2011 年 12 月开始新一轮的上升,这为投资者带来盈利机会,因为领军股正发起新一轮价格上涨。

图 3-1　纳斯达克综合指数—2003 年日线图

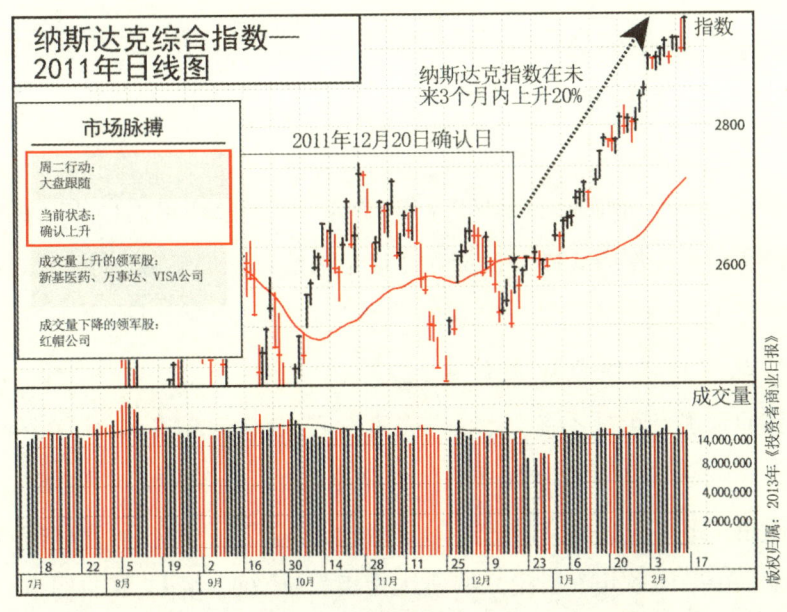

图 3-2　纳斯达克综合指数—2011 年日线图

大盘走势变化的两大信号

下面简要解释大盘走势发生变化的两大信号：确认日说明正在开始新一轮大盘上升，换筹日提醒你大盘正处于低迷状态。

这本书的重点在于如何帮助你入门，所以我再次仅介绍基本概念和元素。你可以通过采取这一章最后列出的"行动措施"以及在"前言"中探讨过的"必做步骤"来了解更深层次的信息。

你无需自己跟踪大盘走势变化

你可以通过查看"市场脉搏"专栏，了解当前大盘趋势是从市场调整变为上升，还是正好相反。虽然了解确认日和换筹日背后的基本原理作用重大，但如果一时无法掌握这些信息，也完全不必担心。记住：投资是一门分阶段学习的技能，你可以在后面的学习中了解更多高深的内容。

确认日标志着新一轮大盘上升

当大盘呈调整状态时，你如何获知大盘趋势发生变化，正开始新一轮上升趋势？

答案是找到确认日。

基于IBD自19世纪80年代以来对每一个市场周期的研究，每一个持续的上升趋势都始于一个确认日。

所以，如果当前大盘正处于下跌时期，你正想知道返回市场的时机，不要仅凭猜测。你需要做的，是等待这个久经试验的信号发生，并且"市场脉搏"的"当前状态"从"市场调整"变为"确定上升"。

确认日的工作原理是什么？

在回到这个问题之前，让我们先来看看2009年3月12日这个确认日是如何标志着2008年美国惨重熊市的结束以及新一轮牛市的开始的。

回想一下那时美国举国上下的情绪：在2007到2008年，房价市场坍塌，整个金融体系几近崩溃。纳斯达克指数自2007年11月的熊市开始下降了超过一半，数不胜数的投资者遭受类似的重创（当然，那些遵循了本

第3章 买入检索清单

书中卖出检索清单的投资者能免于惨重损失)。

所以到2009年3月时,许多遭受打击的人都没有心思重回股市,报道中各式前景暗淡的标题只会增加他们的恐惧。

但是对于那些了解市场周期运行规律的投资者而言,新一轮上升趋势的信号也正在这里潜伏着,因为每一个新一轮牛市的开始都孕育着无数盈利的机会。

这引出了另一个重要的事实:**在不好的经济和其他新闻背后,潜藏着新一轮市场上升趋势。**

这也解释了为什么确认日具有重要的价值:在面对最新的令人沮丧的经济新闻时,你无需失望地干等,也不必试图猜测大盘回转的时机,你要做的,只是等待确认日——所有新一轮上升趋势的开始都有一个确认日。

我们在第6章"避免盲目投资:通过线图发现买入和卖出的最佳时机"中会学习如何识图,但现在,我们要做的是看一看这个例子中,纳斯达克指数变化如何标志着市场的反弹。

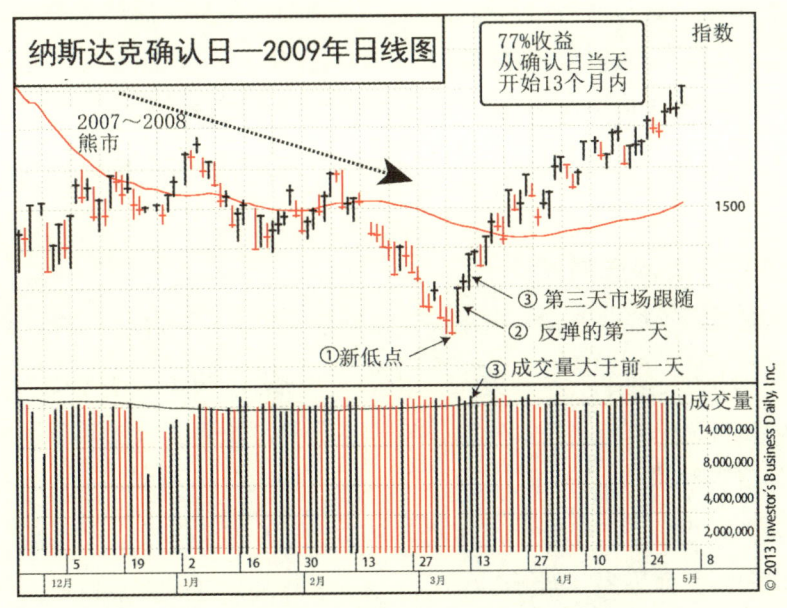

保护收益:当换筹日的天数开始上升时采取防御性措施

图3-3 纳斯达克确认日—2009年日线图

以下内容解释了第一点到第三点，以及确认日如何预示着新的大盘上升。

1. **新低**：当大盘处于下跌状态时，用至少一个主要的标准指数（标准普尔500、纳斯达克或道琼斯工业指数）来找到价格新低。如图3-3第一点所示，纳斯达克指数在2009年3月9日出现价格新低。

2. **反弹**：在找到价格新低之后，寻找指数收盘时高涨的那一天，这一天意味着指数已经停止下跌，生成新的"触底"，并开始反弹。

如图3-3第二点所示，纳斯达克指数在3月10号显示出高于平常的成交量。这一点意义何在呢？这意味着一个好迹象——机构投资者正在买入。但是，仅仅一天的成交量上升还不足以说明大盘趋势是否真的有所改变，我们只是把这一天记为反弹的第一天。

3. **确认日**：一旦反弹正在进行中，我们可以开始寻找确认日，确定新一轮上升已经开始。以下是几个确认日的基本条件：

- 通常在反弹的第三天之后。许多确认日都生成于反弹的第四天到第七天，也可以更晚。如图3-3第三点所示，在2009年3月12日，确认日生成于反弹日第三天，这是非常少见的。
- 指数在一天之内大幅上升，通常是1.5%或更高，成交量也大大高于前一天。

确认日之后逐渐恢复

不是每一个确认日都会带来大幅持续的上升。大概1/3的确认日不会带来任何上升，而且大盘会很快回到"市场调整"状态。这就是为什么在一次确认日发生之后，你需要慢慢回到大盘中，等待"市场脉搏""市场调整"变为"确认上升"。

如果上升趋势已经确定，且CAN SLIM股票在机构投资者大幅买入之后呈现大幅上升势头，你可以积极买入。如果没有出现上升趋势，使用卖出检索清单，保险地置身于股市之外。

换筹日提醒你，大盘正处于低迷状态

当大盘处于上升趋势时，你应该知道在某一时刻大盘又会下跌，之后又会有新一轮的上升。要了解这些变动的发生时间点，你可以找到我们所说的换筹日，也就是主要指标大幅卖出的时间点（换筹日是卖出的另一种说法）。

换筹日指的是当某一主要指数收盘时，比前一天的成交量高出至少0.2%的时点（上涨乏力也被认为是换筹日的特征，也就是说，虽然交易成交量上升，但收盘价几乎没有改变）。

在第5章"卖出检索清单"中我们将学会如何应对低迷市场，现在我们只需了解一个关键点：**换筹日数量的上升，说明机构投资者正开始大幅卖出**。通过这个关键点我们可以看出，正是共同基金和其他牛户的买入（和卖出），最终决定了大盘以及个股的趋势是上升还是下降。

当然，基金经理人的卖出幅度肯定不会明显到所有人都能一眼看出，但是他们的卖出规模和交易成交量是难以隐藏的。这就是跟踪换筹日的重要性：帮你评估卖出的程度，并了解是否真的有趋势变化。

随着换筹日天数的上升，"市场脉搏"会从"确定上升"变为"压力下上升"。这是一个警告信号，表明接下来也许会面临更多的问题。

卖出数量可能会慢慢减少直至没有，这让大盘得以继续上升，但如果下降压力不断加速，你必须要当心了！

如果在任意4周或5周之内发现6个换筹日，上升趋势必然已经变为下降趋势。

你可以在"市场脉搏"中发现当前的换筹日的天数。如果时间足够，"当前状态"还会变为"市场调整"。

如下标准普尔500线图举例说明换筹日的天数如何上升，以及"市场脉搏"是如何从"确认上升"变为"压力下上升"直至最后的"市场调整"。

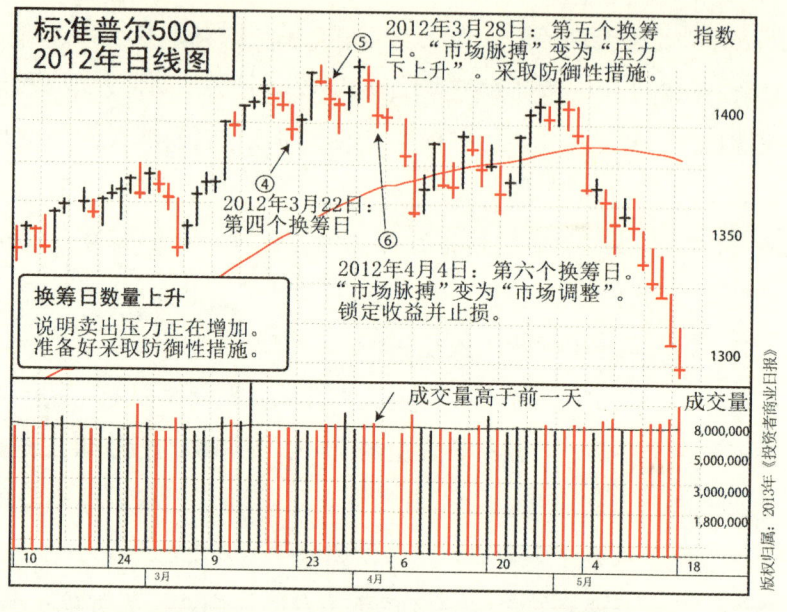

图 3-4　标准普尔 500—2012 年日线图

我们将在第 5 章 "卖出检索清单" 中学习如何应对股市低迷时期。

感到有些不知所措？

我并不是在责怪你，要吸收的东西确实太多了，但是不要忘记，你无需单凭自己的力量完成这一切——通过查看 "市场脉搏" 就可迅速了解当前的大盘趋势。

有关市场周期不得不知的 5 件事情

1. 你的目标是在大盘呈上升趋势时盈利，在大盘呈下跌趋势时保护收益

在前面的内容中，我提到过自己学会这一点花费了怎样惨重的代价。正如成千上万其他投资者，我在 20 世纪 90 年代的牛市中大赚了一笔，但在 2000 年网络泡沫结束时，以前挣来的钱大部分打水漂了。

甚至更早的时候，我就发现股市是有"周期性"的，但是我不知道这些股市周期会对我的资产带来怎样的影响。我不知道：

- 如何识别大盘趋势的变化？
- 在面对大盘趋势变化时，应当如何应对？

大部分人也都不知道这两点，所以我们常被告知以下两点也就不足为奇了：一是股市时机是难以识别的，二是"买入和持有"是一种"安全"的投资策略。那些股市神话让很多人损失惨重。

但现在你能了解股市究竟是如何运行的。持"买入和持有"策略的投资者也许能在大盘呈上升趋势时盈利，但他们很可能在大盘下跌时把以前的盈利全部（至少一部分）输回去。

通过使用本书中的买入和卖出检索清单，你能对如过山车一般的股市了如指掌，坚持采用这些基本法则，能帮助你在股市呈上升趋势时赢得稳定收益，并在股市呈下降趋势时锁定大部分收益。

2. 了解当前所处市场周期的阶段

我们都知道，所谓"牛市"指的是市场股价上升，而"熊市"指的是股价下降。但还有一点也很关键，那就是即使在牛市，你也会碰到所谓"暂时性调整"。各大指数都需要稍做休息，在几周或几个月后下跌，然后继续上升。这些暂时性调整的力度会有所不同，但纳斯达克和标准普尔500指数一般都会下跌到10%到15%左右。这算是非常轻微的下跌，尚不足以改变潜在牛市的上升趋势。

低于20%的股价下跌意味着暂时性调整，这已经是一条众所周知的规则，而20%或更高的股价下跌则会带来熊市。

下图举例说明了这一点的基本原理。

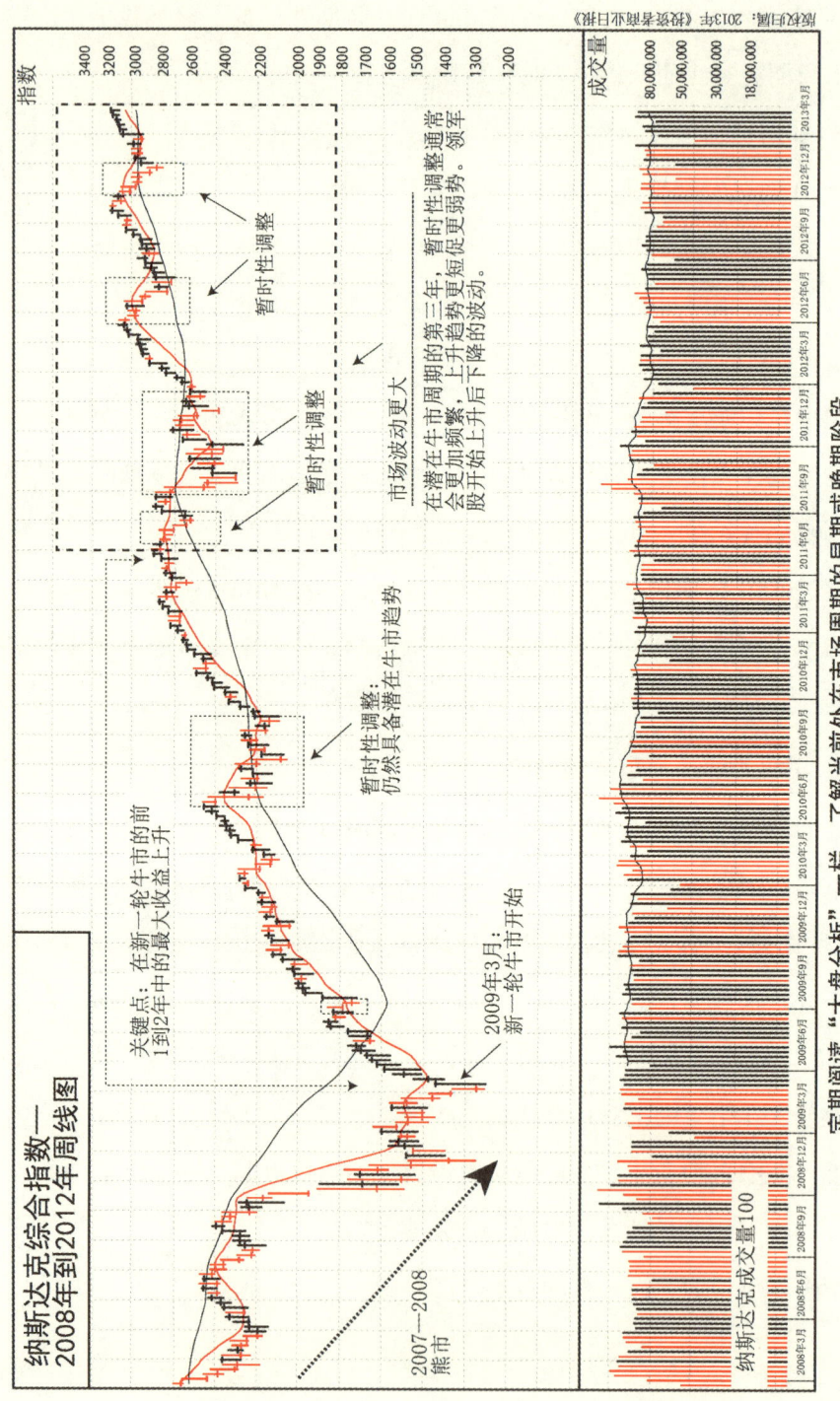

定期阅读"大盘分析"一栏,了解当前处在市场周期的早期或晚期阶段

图3-5 纳斯达克综合指数—2008年到2012年周线图

熊市和牛市通常持续多久？

持续时间各不相同，但遵循以下两条通用规则：

- 牛市通常持续2到4年。
- 熊市通常持续8到9个月。

为什么要关注当前所处牛市周期的阶段？

因为巨额盈利通常都发生于牛市最初两年内。

当进入牛市的第三年时，可能会发生两件事情：

- **股市波动不止**。这标志着牛市开始疲软，市场周期刚开始的激情渐退。短暂性调整可能更加频繁，影响更加深远。但只要牛市依然保持上升的趋势，你还是可以发掘大量盈利机会。当你了解熊市必然在某一点发生，那么就随时等待着，并坚持遵循买入和卖出检索清单。

- **领军股开始暴涨和转跌**。常言道，花无百日红。在牛市的后期，机构投资者会开始远离领军角色，当他们开始卖出时，股票就会开始下跌。

一旦出现这种情况，无论公司的盈利增长是如何惊人或产品是如何成功，你都应该保护来之不易的收益。无论是苹果、谷歌、奈飞、墨西哥烧烤餐厅还是其他牛市中的领军股，你都需要从某一点开始保护收益，尤其在熊市开始之时（有关这一点的更多内容，参见第5章"卖出检索清单"）。

找出"大盘分析"中股市所处阶段

如果你定期关注"大盘分析"专栏，就能良好掌握股市当前所处市场周期的阶段，以及应当采取的措施。

3. 在股市低迷时期依然保持参与状态

仅仅因为当前股市在市场调整状态而停止日常工作并忽视股市，这是投资者很容易犯的一个大错。即使在股市大幅下跌的惨淡时期，我们离新一轮反弹最多也不过四天之隔：四天之后会出现确认日，"市场脉搏"的"当前状态"会从"市场调整"变为"确认上升"。

在第五点中你将会看到，如果你没有在股市下跌时及时更新观察清单，很可能会错失下一轮上升趋势中的盈利良机。

股市的下降趋势就如同棒球赛的淡季，这个时候你不会买入股票，但如果你想要在新的旺季到来时能有更好的结果，就必须在淡季坚持参加培训课程。到新一轮上升趋势到来时，没有人会希望自己在"开幕日"上状态不佳。

4. 在新的牛市中寻找领军股

在每一个牛市周期，都会有新一批的领军 CAN SLIM 股票把股市带到更高，这些股票通常在 1 到 2 年之内价格翻了两倍、三倍甚至更多。

无论是新产品或产业在推动牛市，这些股票都是创新性的领军股。在 20 世纪 90 年代，是互联网革命和手机及个人电脑的兴起，将股市推向新的高度——下面这些公司推动了这样的创新：美国在线公司、高通、雅虎、亚马逊、思科，等等，这些公司成为股市赢家。

但是对于领军股，你还必须了解另外两件事：

- 当领军股最终登上最高点继而开始下跌时，平均下跌 72%。
- 在某一牛市的领军股中，只有 1/8 能继续成为下一个牛市的领军股。

我们在第 5 章 "卖出检索清单" 中会学习到更多相关内容，现在要记住的是：当新一轮牛市开始时，不要仅仅关注过去的牛股，同时也要寻找新的领军股。只有这样你才能赢取巨额利润。你可以通过定期执行简单周末常规找到下一批牛股，尤其是在大盘呈"市场调整"状态时。

5. 巨额盈利来自于新一轮上升势头的前期

我们可以把股市调整比喻成森林火灾，这并不是美好的现象，但这是循环中必不可少的一个部分。

森林火灾会烧毁大树，腾出空间留给新的树木。火的热度还能让新树的种子生根发芽。股市也是一样。在"市场调整"时期，大部分过去的领军股都不复存在，新一批的 CAN SLIM 创新者应运而生。

但是，正如火势若一直蔓延新树无法生长一样，领军股在市场呈调整状态时无法升至更高。

然而，一旦股市之"火"熄灭并且新一轮上升势头开始出现，新一轮的领军股便会产生。在此情形下，你会发现：

牛股通常立即或者在确认日之后，开始大幅涨势。

在每一个强势的新的上升势头的开始之时，都会发生大幅涨势。下面几幅图解释了牛股如何在 2003 年、2010 年和 2011 年的确认日之后发迹。在以下图中，注意这些新的领军股是如何在"市场脉搏"从"市场调整"变为"确认上升趋势"后的几天或几周之内，开始大幅上涨的。

切记："IBD 50"或"每周评论"中重点突出的股票通常不久后会开始大幅上涨。你可以使用简单周末常规，把将要发起涨势的股票加入自己的观察清单。

在新一轮大盘上升趋势之始，业绩领先的股票如何开始大幅上涨

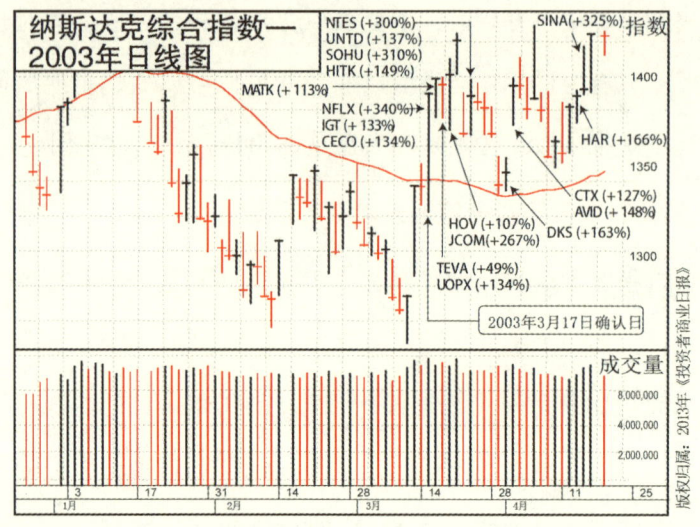

AVID：爱维德	HAR：哈曼国际	JCOM：JZ 全球通信	SOHU：搜狐
CECO：职业教育	HITK：高科医药	MATK：马泰克	TEVA：梯瓦制药
CTX：桑达克斯	HOV：霍夫纳尼安	NFLX：奈飞公司	UNTD：联合在线
DKS：迪克体育用品公司	IGT：国际游戏科技公司	NTES：网易	UOPX：凤凰城大学
		SINA：新浪	

图 3-6　纳斯达克综合指数—2003 年日线图

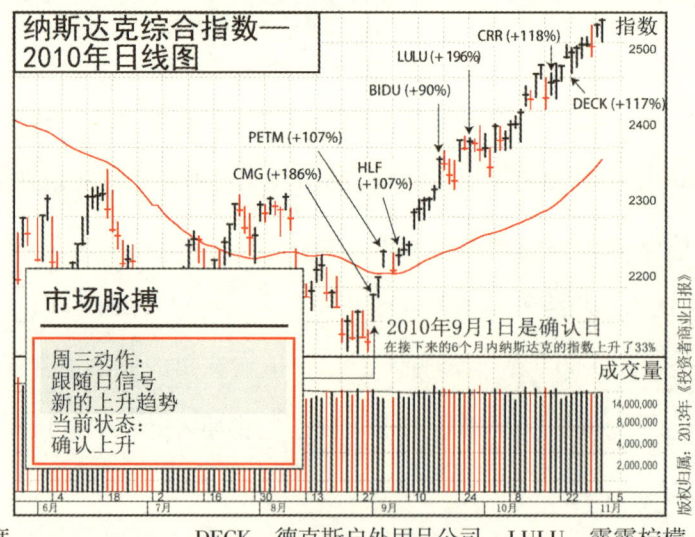

BIDU：百度	DECK：德克斯户外用品公司	LULU：露露柠檬
CMG：墨西哥烧烤餐厅	HLF：康宝莱	PETM：宠灵公司
CRR：卡波陶瓷		

图 3-7　纳斯达克综合指数—2010 年日线图

第3章 买入检索清单

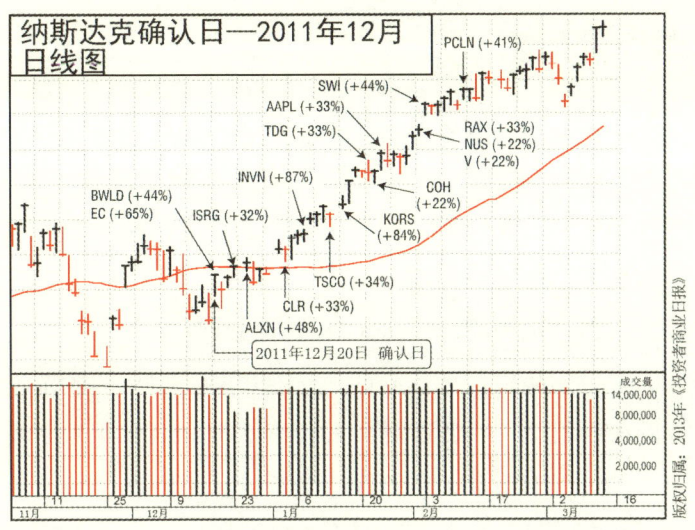

AAPL：苹果公司	ESRG：直觉外科公司	RAX：托管服务公司
ALXN：亚力兄制药	INVN：微传感器公司	SWI：太阳风公司
BWLD：布法罗鸡翅烧烤吧	KORS：迈克尔科尔斯	TDG：泛图集团
CLR：大陆能源	NUS：如新集团	TSCO：拖拉机供应公司
COH：寇驰	PCLN：价格在线	V：维萨国际组织
EC：哥伦比亚国家石油		

图3-8 纳斯达克确认日—2011年12月日线图

让我们再重温一遍市场周期中各个需要关注的环节：

- 在股市呈上升趋势时盈利，呈下降趋势时保护收益。
- 关注新的增长股，而非过去的领军股。
- 在股市低迷时期坚持使用规则构建观察清单。
- 如果在股市下跌时期，没有保持参与状态，很可能会错失下一轮上升趋势中的盈利良机。

我希望以上内容能让你明白为什么必须了解股市的运行原理，以及与趋势同步其实是很简单的事情。你要做的只是定期检查"市场脉搏"，并关注"大盘分析"。

一旦你了解什么时候使用简单周末常规，就可以通过定期检查"IBD 50"、"每周评论"及其他突出当下符合CAN SLIM特征的牛股，来发现下一批潜在牛股。

趋势是你的朋友

这是一句老话,但也是这么多年来一直深受大家认可——原因只有一个:说得对。

如果你在股市呈上升趋势时买入,并在股市呈下降趋势时卖出,就是为在股市中盈利建立稳定的基础。

一切都源自对市场周期和当前大盘趋势的理解。

在强大的上升趋势中表现优异的、符合 CAN SLIM 的股票,会为你带来许多巨大的盈利机会。只要遵循买入检索清单和简单周末常规,你就能把这些股票添加进观察清单,准备着迎接新机会的到来。

下一步:让我们看一看下一个上升趋势中的牛股有什么具体特征。

☞ 行动步骤

下面是一些快速待做任务,帮助你了解更多有关市场周期运行股则,并发现当下大盘趋势。请登录 www.investors.com/GettingStartedBook 获取这些步骤。

1. 查看《投资者商业日报》或 Investors.com 网站中"大盘分析"一栏。

- 当前大盘呈上升趋势还是调整状态?
- 对当前大盘状态和领军股的表现有怎样的描述?

2. 在 Investors.com 网站的 IBD TV 页签下,观看"市场总结"的最新视频。

第二个大石头：关注收益大幅增长并推出新的创新产品或服务的公司

选股的首要因素是巨大盈利增长

这一点是吸引基金经理人和其他机构投资者（驱动股票大幅上涨的大户）最主要的股票特征。

那么，是什么带来爆炸性的收益增长呢？通常是颠覆性的产品、服务或管理方式、新的产业趋势，或者是前面几种元素的组合。

让我们回顾一下过去100多年来的一些大牛股吧。

IBM：在20世界90年代，IBM的高科技打孔卡片机改变了大型企业保存记录的方式。从1926年开始，IBM的股票在168周内上升了1992%。

宾士域：随着保龄球在20世纪50年代大受欢迎，宾士域公司为保龄球馆推出了一种颠覆性的产品：自动排瓶机。自此之后，宾士域的收益飙升，股票在162周内上升了1500%。

家得宝：新型的"大卖场"永久性地改变了硬件和DIY产业。在1982年，家得宝的股票在64周内上升了892%。

美国在线：在20世纪90年代早期，网络还只是科技牛人的专属地。在美国在线推出一种有趣便捷的方式之后，人人都能上网。从1994年开始，美国在线的股票在75周内上升了570%。

卡骆驰：在2006年，是什么使得这家鞋业公司的股票在59周内上升了431%？是独一无二的、似乎无处不在的由专用树脂制作而成的新款鞋，正是这款鞋，在当时引起了一股"卡骆驰"风潮。

当然也有谷歌、苹果、价格在线、奈飞、百度、F5网络、直觉外科公司、云计算领军托管服务公司和太阳风，打印创新者3维系统公司和斯特塔西公司等，在此就不一一列举了。

这些股票在开始大幅价格波动之前都有什么共同特征呢？大幅收益增长是由新产品或产业趋势带来的。

不是每一只买入的股票都会称为牛股，但是每一个新的牛市周期都会产生一批创新者。这些创新者就是真正的领军股，股票价格可能会上升100%、300%、500%甚至更高，因为这些股票都具备 CAN SLIM 特征，所以你可以从"IBD 50"、"领军行业"、"每周评论"等类似的专题中找寻这些股票的踪迹。

试想一下，在下一个大盘上升趋势中找到一两只这样的牛股，该对你的资产起到怎样的影响？

下面的内容介绍了你该如何使用买入检索清单在下一个大盘上升趋势中找到牛股。

买入检索清单

大石头 2：关注收益大幅增长并推出新的创新产品或服务的公司。
- ☐ 综合排名分数为 90 分或更高
- ☐ 每股收益（EPS）排名分数为 80 分或更高
- ☐ 近几季度 EPS 增长率为 25% 或更高
- ☐ 加速的收益增长
- ☐ 近 3 年中平均每年 EPS 增长率达 25% 或更高
- ☐ 上季度销售额增长率达 25% 或更高
- ☐ 净资产收益率（ROE）达 17% 或更高
- ☐ SMR 排名（销售额+利润率+净资产收益率）为 A 或 B
- ☐ 新产品、服务或经营手段
- ☐ 行业组中排名前列的股票
- ☐ IBD197 大行业组中排名前 40 至 50 位

第3章　买入检索清单

IBD 智能排名

买入检索清单中很大一部分内容是确保你的股票通过了 IBD 智能排名的分数，这个分数能显示一个公司达到 CAN SLIM 标准的程度。你可以在 Investors.com 网站中的"IBD 股票检查"和《投资者商业日报》的"财运亨通"专栏中的"IBD 智能纽约证券交易所和纳斯达克市场的行情表"（详情见第 7 章）中找到这些数据。

一切都是相对的

除了吸筹与出货比率之外，每一种评价都是相对的；换言之，这些评级是把你的股票和股市中其他股票相比较。

这是个很大的优势，能立即将领军股和落后者区分开来。

举个例子，每股收益（EPS）排名按照 1 到 99 分的标准。1 分表示最差，99 分表示最好。如果每股收益排名分数为 95 分，说明从当季收益增长和年度收益增长两方面而言，该公司的股票比 95% 的股票表现更优异。如果综合排名分数为 99 分，说明该公司的整体实力是所有股票中的第一名。

想想看，这种方法是多么简单，且省时省力。

假如在选股时发现大幅收益增长是第一个要素，只需瞄一眼每股收益排名，你就能了解该只股票的收益增长是否高于股市中其他公司股票的收益增长。

当浏览买入检索清单时，你会发现每一种排名的度量标准以及最低分数标准。你肯定不会仅仅因为一只股票的排名分数高就选这只股票，但这些分数能在识别该股票是否具备 CAN SLIM 特征时为你节省大量时间。

除非有特别说明，否则排名都是按照 1 分（最差）到 99 分（最好）的标准。

总体强度

☑ 综合排名分数为 90 或更高

综合排名融合了所有 IBD 智能排名，重心放在每股收益排名和相对价格强度排名。90 分或更高意味着从总体基础和技术实力而言，该股票优于股市中 90% 的股票。90 分是一个底线。你会发现真正的领军股的综合排名都高于 95 分，通常都会达到最高分 99 分。

收益增长

☑ 每股收益排名分数为 80 分或更高

我们从前面的内容中学习到，选股时要关注当季收益增长（CAN SLIM 中的 C）和年度收益增长（CAN SLIM 中的 A）。每股收益增长排名既要关注当季收益增长，也要关注年度收益增长。

如果每股收益增长排名为 80 分，意味着该公司的每股收益增长率位列所有股票中前 20%。你会发现牛股在开始大幅价格波动之前，每股收益排名分数通常都有 95 分或更高。

☑ 近几季度中每股收益增长率达到 25% 或更高

这应该是一个最低标准，不过你会经常发现，牛股在开始大幅价格波动之前的每股收益增长率，会远远高出 25%。

举个例子，谷歌从 2004 年开始的三年之内，股价飙升了 558%。在前两季度中，谷歌的每股收益增长率高达 155% 和 143%。在 2006 年，鞋业公司卡骆驰在前两季度中显示了巨幅收益增长，分别为 122% 和 330%。在仅仅一年多的时间内，卡骆驰的股价飞涨了 431%。

☑ 加速的收益增长

理想情况下，每股收益增长应该是加速且大幅度的（比如每季度逐步加速涨幅），这说明公司正持续盈利。

如果股票的每股收益增长率开始下降，这就是一个警告信号。股市是向前看的，而机构投资者也只会寻找收益增加的股票，绝非下降的股票。

举一个关键的例子。正如我们在前面 CAN SLIM 案例学习中看到的，美国 Ulta 化妆品公司从 2010 年 9 月到 2011 年 7 月股价飙升了 165%，而前三个季度的每股收益增长比率分别是 56%、62% 和 188%。

第3章 买入检索清单

☑ 前三年中平均年度每股收益增长率为25%或更高

公司可以通过降低成本或采取其他措施来提高一两个季度的每股收益。这会掩盖一些更严重的潜在的问题。这些问题可能关乎对产品的需求、下降的利润率或不良行业趋势。

这就是为什么你也需要了解公司稳定的年度每股收益增长率。

此外，过去三年中25%的年度增长率是一个底线。牛股的年度增长率通常会远远高于25%。回到2004年的谷歌，谷歌在开始5倍价格增长之前三年内的年度每股收益增长率高达293%。

销售额增长和净资产收益率

你的股票是否拥有推动收益增长的关键元素？

因为大幅加速的收益增长是选股的第一要素，所以要确保公司拥有带来巨额收益绩效的基本元素：**大幅增长的销售额、高净资产收益率以及行业领先的利润率**。

销售增长显示了市场对公司的产品或服务的需求，利润率和净资产收益率可用来评估公司带来销售收入的有效性，所有这三点要素最终决定公司的收益增长。

☑ SMR排名为A或B

SMR排名：销售额、利润率和净资产收益率

识别一只股票是否有能力带来收益盈利的最快捷的办法，就是使用SMR排名。SMR排名评估公司的销售额增长、利润率（包括税前和税后）以及净资产收益率。通过将评估结果与其他股票的绩效进行对比，最终给出一个从A（最好）到E（最差）的评级分数。

如果SMR排名为A，意味着公司从销售额、利润率和净资产收益率三个方面都位居所有股票中的前20%。

需要牢牢记住的是，SMR排名的精确度比你单独使用这三点中的任意一点要高。比如，某公司也许销售额是上升的，但是利润率却在下降，这可能对每股收益增长排名有消极影响。通过更全面的SMR排名，你能得到一张纵览全局的大图。

如果某只股票拥有良好的收益增长，但销售额、利润率及净资产收益率均不佳，你要当心了！每股收益增长率有的时候并不如它表现出的那么有影响力和可持续性。

总体而言，你希望购买的股票一定是 SMR 排名为 A 或者 B 的股票，不要买 SMR 排名为 D 或者 E 的股票。下面这张表说明了 SMR 排名的重要性。

在 2012 年上升趋势的第一季度中领军股的 SMR 排名

自 2011 年 12 月 20 日开始的为期四个月的上升趋势中，以下股票均有突破。

SMR 排名是基于每只股票的突破日。

公司	开始波动时的 SMR 排名	收益增长率
微传感器公司	A	11 周内 87%
迈克尔科尔斯	A	8 周内 84%
怪物饮料	A	22 周内 60%
儒格-斯特姆	A	18 周内 58%
拖拉机供应公司	A	15 周内 34%

☑ 上季度销售额增长率达 25% 或更高

如果销售额增长率低于 25%，该股票至少在过去三个季度之内是呈加速增长态势的。

以 2009 年 3 月到 2011 年 7 月股价飙升 683% 的奈飞为例。我们会发现奈飞在股价飙升 683% 之前的销售额增长率低于 25%，但它的确是在加速增长的。

奈飞在开始 683% 的股价飙升之前加速的销售额增长率

季 度	销售额增长率
2008 年第二季度（4 月~6 月）	11%
2008 年第三季度（7 月~9 月）	16%
2008 年第四季度（10 月~12 月）	19%

理想化地说，你会希望无论是销售额还是收益在这三个季度内都是不断增长的。

☑ 净资产收益率（ROE）达17%或更高

净资产收益率能区分绩效好的公司和绩效不好的公司。

这些年在与数不胜数的投资者的沟通中，我发现净资产收益率是最容易被忽视的元素之一（IBD通过将过去两年内的净收入除以平均股东权益得到净资产收益率）。在选股的过程中，净资产收益率发挥着非常重要的作用。良好的净资产收益率说明绩效好的公司正充分利用资本，而这最终会带来更大的盈利和收益增长。

17%的净资产收益率是底线。那些价格大幅上升的股票通常拥有25%、35%甚至更高的净资产收益率。净资产收益率越高，则股票表现越好。下面这张表解释了具体原因。

2009—2012年牛市中领军股的净资产收益率

公司名	价格上升之前的净资产收益率	价格开始上升的年份	收益增长率
绿山咖啡	21%	2009	30个月之内1104%
苹果	27%	2009	38个月之内381%
露露柠檬	30%	2010	10个月之内196%
价格在线	42%	2010	21个月之内182%
康宝莱	69%	2010	21个月之内173%
墨西哥烧烤餐厅	19%	2010	20个月之内186%
太阳风	43%	2011	11个月之内137%

☑ 新产品、服务或经营手段

"旧的不去，新的不来"，这句话可以算是股市的官方教义，股市总是在寻找拥有具有颠覆性意义的新产品或服务。

每一个牛市周期都会出现这样一些拥有新产品或服务的领军股。以下列出的几个办法，能帮你迅速识别股票是否具备 CAN SLIM 中的 N 特征：

- 检查公司的网站和新闻报道。
- 在投资者网站上阅读有关该股票的 IBD 报道，重点关注"今日美国"（详情见第 7 章），这里有每一天创新公司的简要介绍。
- 了解 IBD 列表中突出展现的公司真正的动作，尤其关注"IBD 50"和"领军行业"中对该股票的描述。

正如我们在前面 CAN SLIM 案例学习中所看到的，苹果是一家通过新的创新性产品为公司和股票带来活动的最好的例子。

通常，开创性的创新都来源于年轻的创业型公司，大多是那些在过去 15 年之内（有许多甚至在 7~8 年之内）首次公开募股的公司。

在每一个大幅上升趋势面前，这些具有革新精神的公司会引领市场趋势，而源头正是一些对普罗大众的工作和生活带来彻底变革的产品或服务。

你可能对这样一些公司闻所未闻，但当你开始寻找具备 CAN SLIM 特征的股票时，这些股票会自动出现在电脑屏幕上。

在亚力兄制药、F5 网络、斯特塔西公司、露露柠檬、太阳风、迈勒罗斯科技公司、泛图集团或拖拉机供应公司出现于 IBD 股票列表之前，我从未听说过这些公司，但这些公司都有新的产品或服务，而正是这些新的产品或服务驱动大幅收益增长和销售额增长。这就是为什么这些公司能出现在电脑屏幕上，并且在 2009 年开始的牛市中获得巨额收益的原因。

不要忽略一只你未曾听说过的股票

如果这样一只股票具备 CAN SLIM 中的 N 和其他特征，你需要了解更多的内容：浏览该公司的网站，从 IBD 和其他途径阅读有关公司的文章和简要描述。你也许会发现一只价格呈双倍或三倍增长的股票。

在 2009 年，大部分美国人都没有听说过百度。我相信直到现在，很多人也没有听说过。

百度被称为中国的谷歌，随着不断增多的互联网用户，百度成为中国搜索引擎领域的龙头老大。百度是迅速发展的新产业的强势领军企业，从 2009 年 9 月到 2011 年 4 月股价上升了 401%（通过使用简单周末常规，你会发现在"IBD 50"、"每周评论"及其他 IBD 专题中曾多次提到百度股价上升）。

新的产业趋势

CAN SLIM 中的 N 也可以指新的产业趋势，这对于该领域的公司而言可以是一个福利，尤其是对于那些正在引领该变化的创新者而言。

云计算的兴起就是一个最好的例子。云计算对运行程序和存储数据到本地计算机带来了巨大的变化，把相应功能都放到在线云上运行。这对于该行业的领军公司，如托管服务公司、太阳风和亚马逊，意味着巨大的收益和股价增长。

这仅仅是举了个例子。公司名和行业趋势总是在变化，所以无论最新的技术和创新是什么，有一个关键的问题是不会变的：你在关注的股票公司是否从新的行业趋势中获利？该公司本身就是引领行业变化的领军公司之一吗？

价格新高

下面是另一件你应该了解的有关牛股的"新"事物：通常牛股在收盘创出新高时（比如在过去 52 周内创出股价新高），会开始大幅价格波动。我们在第 6 章"避免盲目投资：通过线图发现买入和卖出的最佳时机"中会看到更详细的内容，现在你要记住的是：

创下股价新低的股票会持续走低，创下股价新高的股票会持续走高。

注意：不要因为贪便宜而买入价格下跌的股票，这些股票极有可能继续下跌。你要关注的是那些彰显出实力的正在创出新高的股票。

新事物并不等同于未经证实

你要寻找的不是那些承诺将要研发出创新性产品或服务的公司，这些创新产品也许会成功，但公司不一定成功。

你要寻找的是那些已经将新产品推出到市场的公司，并且新产品具有强大的市场需求。我们在前面提到了以下几点，这些都可以反映公司的基本状况：上升的销售收入、高利润率以及加速收益增长。

不管是首次公开募股的新公司，还是推出新产品的上市公司，你在买入股票之前，一定要确保该公司的股票拥有 CAN SLIM 特征。

脸书的惨败

让我们看一看2012年脸书在股市首秀时的情形。那是蓬勃发展的新产业——社交媒体，它是首次公开募股。在此领域，脸书占据着主导者的角色。脸书的股票在 N 这一 CAN SLIM 特征上得分很高，但是依然没有通过买入检索清单的其他项。

你是否还记得我们在前面提到大幅加速的收益增长是选股的第一要素？你要选择的股票应该在过去三个季度中拥有强劲的每股收益增长，而脸书的状况刚好相反，就在首次公开招募之前，脸书前三季度的收益一直在下降，分别是83%、17%和9%，销售额也是持续下跌。

脸书在2012年首次公开募股的收益和销售增长比率

季度	收益增长	销售增长
2011年第3季度	100%	104%
2011年第4季度	25%	55%
2012年第1季度	9%	45%

所以，尽管在脸书首次公开募股之前有各种造势的声音，你都应该客观地看待这家公司，并认清一个事实：销售额和收益增长都在不断下降。接下来发生了什么呢？从2012年5月上市开始一直到8月，脸书的股票下跌了50%。

如果你使用了买入检索清单，就能很清楚地发现，即使在首次公开募股之前，脸书的股票并没有通过检索清单的各种排名。在公司上市后的前两季度报表中，收益增长为0%。

切记：不要因为某人的推荐或是周边的各种声音而购买一只股票。要有自己的主见，选择股票时要遵循以下准则：该股票通过了买入检索清单。

☑ **行业组中排名前列的股票**

成功投资有一条经验之谈：**重点关注优势行业组中的优势股**。买入检索清单中的这一条，正能说明你的股票是否符合这个要求。

IBD股票检查工具基于IBD智能排名，显示出每一行业组的前5名股票。总体而言，你希望关注的是在行业组中综合排名位居第一或第二的股票。

切记：一流的股票不一定是众所周知的。

举一个极端的例子，大家都知道抵押贷款的巨头范妮梅，但是范妮梅的股票在2008年房地产危机中彻底崩盘。在2012年8月，范妮梅已经推出纳斯达克综合指数，股票下跌到仅仅一股25美分左右，但是在IBD跟踪的197大行业组中，范妮梅所在的行业组依然是位居第一。

那么，该行业组（金融—抵押贷款和相关金融服务）中排名第一的股票是哪一只呢？

答案是很少有人知道但收益却好得多的国星抵押贷款公司。该公司固然不像范妮梅一样家喻户晓，但在2012年3月上市时，该公司在前两季度的收益增长是爆炸式的：600%和999%。从2012年5月到8月，国星抵押贷款公司在仅仅14周之内跃升了88%。

你的股票是否是行业组的领军股？

国星抵押贷款公司 vs. 范妮梅

国星抵押贷款公司行业组最佳的表现和99分的综合评级都表明，该公司是抵押贷款和相关金融服务行业真正的领军股。

☑ **IBD197大行业组中排名前40至50位**

正如IBD创始人威廉·欧尼尔所说，关注新行业动态的重要性怎么强调都不为过。

基本上股价的一半是基于行业和行业组的实力而波动：

行业	= 12%
行业组	= 37%
合计：	= 49%

这意味着如果股票所在的行业组有优势，股票也就更有可能上升。

我们会从后面的章节中了解到，机构投资者的买入和卖出，是最终决定大盘和个股上升或下跌的驱动力。

所以当机构投资者把钱投入到某一个行业或行业组时，该行业或行业组的排名一定会上升。你要做的是跟随机构投资者的步伐，着眼于相同的行业投资。另一方面，当行业或行业组的排名位置有所下降时，你要当心了！这意味着大户正在卖出股票，该行业的股票很有可能下跌，你要随时准备采取防御性措施。

如何跟踪行业→行业组→行业领军股

你可以定期观察 IBD 对 33 个行业和 197 个行业组的排名，来了解机构投资者的资金动向。接下来，按照我们前面所学，你可以通过检查"IBD 股票检查"中排名前 5 位的股票了解哪些公司是领军股。图 3-9 说明了基本流程。

我们基于行业把股票分为大的类别，如零售、建筑、计算机、能源、医药，等等。每一天，这 33 大行业会基于股票的股价表现进行排名。

这是重要的第一步，但这不是全部。要更清晰地定位出机构投资者正在投资的股票，你需要检查行业组的排名。

IBD 197 大行业组将宽泛的行业分为更小的元素，这些元素与具体的业务紧密结合。

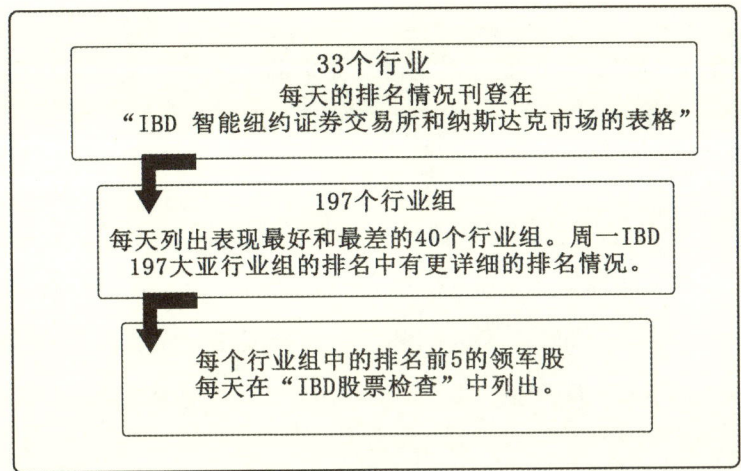

图3-9 IBD如何对行业、行业组以及行业领军股进行排名

这一点非常重要。例如，零售业可能是排名第一的行业，但具体是哪一个行业组带来上升趋势呢？又是哪一个行业组在拖后腿呢？

在零售业行业中有18个不同的行业组，包括消费类电子产品、折扣连锁、互联网、休闲产品、餐馆，等等。你会想知道究竟是哪一个行业组显示出最强的实力，因为你想知道机构投资者把钱投向何处。

折扣商店的兴起

下面举例说明为什么检查行业组排名对于选股如此重要。

在2010年2月和3月，零售行业持续位居前五大行业。在零售行业中，折扣连锁行业组表现特别突出：3月中旬，该行业组在197大行业组排名中位居第25名。在7个月前，该行业组的排名仅仅是第176位。

那时的经济情形很糟糕。财政紧张的人们都在折扣店买东西。这就是为什么机构投资者开始把钱投入折扣连锁行业组。在折扣连锁行业组中排名前列的股票表现突出也就不是巧合了。这些股票因为机构投资者的青睐而加速上涨。

达乐公司　　　　　　29个月之内上涨124%

美元树商店　　　　　30个月之内上涨了225%

通过检查排名表，你能发现零售行业中的另一大行业组表现突出：服装/鞋/配饰。2010年2月24日，该行业组的排名在过去7个多月的时间里从第117名一跃升至第19名。

该行业组中有两大领军股刚好也是折扣零售商，他们是罗斯百货和TJX公司（该公司拥有T. J. Maxx和马歇尔连锁百货）。这进一步说明大户正在投资这两只领军股。TJX公司和罗斯百货都在一周之内突破，并且在未来两年多为投资者带来巨大收益。

罗斯百货　　　　29个月之内上涨176%
TJX公司　　　　 30个月之内上升了125%

一切只是巧合吗？不尽然。随着时间的推移，数不胜数的例子会让我们更加明白一个简单的规则：**重点关注优势行业组中的优势股**。

既然明白有此规则，为什么还要买入弱势行业组中的弱势股，而让自己限于劣势之中呢？

行业组排名在哪儿

你可以在"IBD股票检查"中找到股票所处行业组的最新排名。

特别关注前40大行业组中的股票，切忌买入表现最差的40大行业组中的股票。

你可以在《投资者商业日报》和投资者网站中找到每一天表现最佳和最差的前40大行业组。每周一发布的IBD 197大亚行业组排名会提供更详尽的信息（注意：亚行业组和行业组的概念可互换使用）。

三大关键点

我们已经学习了很多内容，现在让我们花几分钟回顾之前的内容，总结3大关键点：

第3章 买入检索清单

- 关注收益大幅增长并推出新产品或服务的公司。
- 寻找优势行业组中的优势股。
- 使用"IBD股票检查",快速了解股票是否通过买入检索清单。

通过实践以下操作步骤开始使用买入检索清单,确定已吸收这些关键知识点。

切记:你可以通过执行简单周末常规(详情参见第4章)发现今天的优势 CAN SLIM 股票。

下一步:让我们看一看机构投资者是否正在大幅买入或卖出你所挑选的股票。

☞ **行动步骤**

以下快速待做任务帮你强化选股技能,请登录 www.investors.com/GettingStartedBook,操作这些步骤,并开始使用买入检索清单。

1. 观看以下小视频了解如何浏览买入检索清单:你的股票通过了吗?通过"IBD股票检查"选股。
2. 检查 IBD 行业组排名,并查看目前排名前 40 的行业组。
   - 你可从《投资者商业日报》的"财运亨通"版块中找到每一天的排名情况。
3. 找出今天"领军行业"中的推出新的创新产品或服务的行业。
   - 查看《投资者商业日报》"财运亨通"版块里"领军行业"(参见第7章)中的股票,并阅读《投资者商业日报》中有关这些股票的文章。
   - 阅读"智能表回顾"专栏。此专栏涵盖了领军行业的最新动作信息。你可以在投资者网站或《投资者商业日报》的"财运亨通"版块找到"智能表回顾"专栏。

第三个大石头：购买机构投资者大幅买入的股票，避免买入机构投资者大幅卖出的股票

一只股票如果上升了50%、100%甚至更高，一定有人持续以更高的价格买入，而且买入的份额很大，可能是成千上万，甚至是数以百万——只有机构投资者，也就是共同基金经理人，拥有这样的购买实力。

所以，如果你想要选择价格能够翻两倍甚至三倍的股票，一定要关注这些专业投资者正在大幅买入的股票。这无法保证成功，但是如果没有机构投资者的大幅买入，股票不会持续上升。

当这些机构投资者开始卖出时，要当心了！大幅卖出很可能使股价骤跌。在这种情况下仍然继续买入如同试图在瀑布中游泳，你一定会受到重挫的。所以，你要做的是撤离股市，等待大户重新买入股票。你会发现顺流而下一定比逆流而上要省力得多（要了解更多内容，请参见第5章"卖出检索清单"和第6章"避免盲目投资：通过线图发现买入和卖出的最佳时机"）。

是的，你可以发现大户在做什么

机构投资者强大的买入实力是个巨大的优势，但他们也有劣势，而这个劣势对于个股如你和我又变为一个优势：他们阵容过于庞大，因而无处躲藏。

要了解机构投资者在做什么，最好的办法是使用股票线图。如果你之前从未看过线图，我想你一定会惊叹于识图作用之大。辨别线图中的线索如同拉开帷幕，你会看到基金经理人是在大幅买入还是卖出，抑或是静观其变。

我个人认为一张图上的几根线条就能向你展示股市的动态，这真是非

常神奇的事情。一旦你学会如何识图，发现股市动态就是轻而易举的事情。事实上，在许多情形下，线图能清晰地展示股市中的主要情况。在股票开始大幅价格波动之前，你能从图中看出股票形成的形态。此外，图中也会有一些提醒你锁定盈利的早期预警信号。

我们在第6章"避免盲目投资：通过线图发现买入和卖出的最佳时机"中会学习到更多和线图相关的内容，以及线图如何表明机构投资者的交易状况（如果对此非常好奇，不妨直接跳到第6章的内容）。

现在，我们要关注的一些快速帮你识别重要基金经理人和其他机构动态的方法。

买入检索清单

大石头3：购买机构投资者大幅买入的股票，避免购买机构投资者大幅卖出的股票。

- ☐ 近几季度中持有该股的基金数上升
- ☐ 吸筹/出货（A/D）排名为 A 或 B
- ☐ 相对强度排名达 80 或更高
- ☐ 股价达 15 美元以上
- ☐ 平均每日成交量达 400 000 股或更高

每一项的通过排名

你可以使用投资者网站中的"IBD 股票检查"，查看股票是否通过买入检索清单中这一部分的每一表项。如果你正在电脑旁，你可以看一看"IBD 股票检查"中的排名情况。

✅ 近几季度中持有该股的基金数上升

想了解机构投资者对你的股票是否需求，首先要确定最近一季度持有该股的基金数的上升情况——持有该股的基金数应该在过去3到4个季度都是上升的。

同时，查看最近一个季度中基金数的上升情况。

如果基金数没有上升，甚至在下降，这预示着什么呢？

这说明基金经理人对该股没有兴趣。除非基金经理人开始买入该股，否则该股应该不会上升。

如何了解基金持有是上升还是下降？

在"IBD股票检查"中，你会发现股票的机构赞助会有通过、中立，或失败的评级以及股票在几个季度之内基金持有是上升的。

不要当第一个出手的人

市面上流传着许多对股市运行原理的错误理解，其中一种理解是，你必须在大户行动之前选定某只股票。正确的做法正好相反：牛股在价格飙升之前一定正受到越来越多投资机构的青睐。

富达国际投资、美国先锋集团、骏利资产管理集团、德瑞福斯基金等集团的基金经理人都有专门的团队对成千上万公开上市交易的公司进行研究，了解这些公司的当前表现和未来发展。

如果某只股票的持有基金数并不大（比如50），这说明至少有10000个机构投资者已经在研究该股票，并开始准备投资。

如果把这当成碰巧发现的宝石而为之欢呼雀跃，大可不必；相反，你应该多加小心。

如果你等待机构投资者投资之后再开始动作，一点也不会晚，要知道，大户通常得花上几周甚至几个月的时间来建立该股票的份额。

例如，如果一个拥有20亿美元市值基金的经理人决定将该基金1%的资金投到某股票里，这里基金经理人必须买入2000万美元的股票。如果股票价格为每股20美元，则该基金经理人必须买入100万股。假设基金经理人试图一次性买入这100万股，股价很快就会飙升。因此，在几周或几个月之内，该基金的交易者将逐渐增加股票份额，直2000万美元的总金额所带来的平均每股成本在预定范围之内。

这还只是一只基金。如果几十、几百甚至几千基金都开始持有该股，你可以做一做这道数学题。2012年当苹果跃居股市第一的位置时，一共拥有4300只基金。

这不是一蹴而就的。在所有专业投资者建立股票份额之前，都需要花上数月持续买入。

在这段时间里，你可以借助专业投资者的力量投资。

收益增长属于那些等待确认的人

如下表所示，在买入股票之前你应该耐心等待，并确定股票持有基金数正在上升。

价格飙升之前基金数的增加

公司	开始年份	股价飙升之前股票的持有基金数在前四季度中的表现	后续收益
绿山咖啡	2009	148→187→201→227	30个月之内1104%
华生制药	2009	606→586→619→669	26个月之内154%
奈飞	2009	300→375→395→436	28个月之内683%
美国Ulta化妆品公司	2010	149→149→152→169	11个月之内165%
墨西哥烧烤餐厅	2010	327→360→436→463	19个月之内186%

在上表中，我们来看一看华生制药和美国Ulta化妆品公司在前四个季度的基金数。在前两个季度中，持有华生制药的基金数是下降的，而持有美国Ulta化妆品公司的基金数保持平稳，但是在这两只股票开始价格上涨的前一个季度里，基金数均有大幅上升。这就是你会希望看到的"实质性上升"。这种情况说明机构投资者正在加持股票。

☑ **吸筹/出货排名为A或B**

你还可以通过吸筹/出货排名（ACC/DIS RTG）来了解机构投资者当

前是在买入还是卖出股票。

吸筹是买入这个词的一种华丽的表达。出货对应的则是卖出。吸筹/出货排名是对过去13周内（大概3个月）机构投资者对某只股票的交易情况进行排名，分数从A（最好）到E（最差）。吸筹/出货排名只关注专业投资者的大成交量交易。

下表解释了吸筹/出货排名分数从A到E的情况。总体的原则是，买入吸筹/出货排名为A或B的股票，不要购买吸筹/出货排名为D或E的股票。

吸筹/出货排名

衡量过去13周内机构投资者对某只股票的买入和卖出情况。

A=大幅买入

B=中等买入

C=买入和卖出持平

D=中等卖出

E=大幅卖出

下面以奈飞公司为例，说明股票一旦通过机构投资者的标准和买入检索清单会呈现出大幅上升趋势。

奈飞公司在股价飙升683%之前机构投资者的赞助情况：

2009年3月—2011年7月

突破点的吸筹/出货排名：A−

大幅价格上涨之前的四个季度里的持股基金数：300→375→395→436

☑ 相对强度排名达80或更高

你要选择的不应只是表现好的股票，而应该是表现最好的股票，即明显优于其他股票。相对强度排名为你提供了一种识别最优股的办法。

相对强度排名着眼于过去52周内某只股票的价格表现,并将价格表现同标准普尔500指数进行对比。后者通常被认为是大盘的领导者。相对价格排名分数从1(最差)到99(最好)不等,显示出该股票与其他股票的对比情况。

如果相对强度排名为80分,这只股票的价格表现优于股市中80%的股票。

寻找在相对强度排名和每股收益排名中表现突出的股票

相对强度排名关注股票市值(技术层面),而每股收益排名衡量公司的实力(整体情况)。

这两种排名可以理解为投资者中的阴阳两极。如果你选择的股票在两种排名中都表现优异,你看到的是股票的整体框架,而不仅仅是片面的信息。

正如威廉·欧尼尔所言,如果你选择的股票在过去几十年里都表现突出,你会发现在这些股票的价格开始飙升之前,每股收益排名和相对强度排名的分数一定是80或更高。80分是一个底线。排名前列的股票通常在这两个排名中分数会更高。

85-85:盈利的组合

IBD的85-85指数跟踪的是每股收益排名和相对强度排名中均得到85分的股票的表现。你可以从《投资者商业日报》的"每周评论"中找到这些股票的相关内容。

如果说20-20是一种马后炮的做法,那么85-85则算得上是先见之明。从2000年11月13日到2013年2月5日,IBD的85-85指数上升了275%,而标准普尔500指数仅上升12%。这并不意味着每一只在每股收益排名和相对强度排名中均得到85分的股票都会股价飙升,但可以证明的一点是,这种稳健增长和相对价格强度的组合能带来巨大收益,而这也是为什么你会希望关注在这两个排名中表现优异的股票。

☑ 股价达15美元以上

我们都是普罗大众。对价格低的股票动心，并觉得这些股票能带来巨大盈利，是人之常情。但是这些股票之所以价格低一定是有原因的，那就是微弱的收益增长（或者收益增长为零）、乏善可陈的销售以及缺乏令人激动的新产品。正是这些因素使得股票难以吸引机构投资者。我们在前面的内容中已经提到过机构投资者的参与有多重要。

下面两点非常关键：

1. 不要买价格低廉的股票。

2. 不要害怕买入看上去价格很高的股票，比如每股50美元、100美元甚至更高。

你要关注的是CAN SLIM特征，而不是所谓"高"股价。

当价格在线于2010年开始182%的价格飙升时，交易价格已经达到大约每股270美元。苹果在2009年7月的股价达到每股150美元，这在当时看来已经很高。但在之后不到三年的时间里，苹果的股价跃升到每股644美元。

不是所有符合CAN SLIM特征的股票都能拥有三位数的股价。太阳风公司在2011年的股价上涨了137%，而上涨前的股价是25美元左右。这三只股票的价格各不相同，但是它们的盈利标准是一样的，都符合CAN SLIM特征。

从CAN SLIM的定义而言，CAN SLIM股票应该是股市中发展快速且收益惊人的公司。但正如你不会以雪佛兰的价格去购买奔驰汽车一样，CAN SLIM领军股通常比差一些的股票拥有更高的股价和市盈率（详情参见第2章）。

所以你应聚焦符合CAN SLIM特征的股票，而不是盯着价格低廉的股票。如果一只股票能通过买入检索清单的所有项目，你完全不用担心股价看起来太高这个问题。

☑ 平均每日成交量达400 000股或更高

成交量指的是在过去某一周期内（如一天或一周之内）股市中交易的股票数量。平均每日成交量低的股票通常交易情况都比较"贫瘠"。

你要避免买入交易量不佳的股票，同理，绕开低价格的股票，因为机构投资者不会选择这样的股票，而且这些股票都更容易波动不止。

平均每日成交量会不停变化。即使是同一只股票，平均每日成交量也会根据时间的不同而改变。在写这本书时，谷歌平均每天交易量为250万股，而美国Fleetcor科技公司的成交量则少得多，只有大概67万股。

共同基金经理人通常会买入成千上万股来增加自己的股票份额。如果一只股票的日成交量只有5万股，则很难入基金经理人的法眼。如果一只股票的平均成交量达到几百万股，增加股票份额这件事会容易许多。

同样，在卖出时，机构投资者卖出流通性股票要容易得多。流通性股票指的是大批买方和卖方之间大成交量的交易。对于交易量小的股票，基金经理人则很难快速削减股票份额：他们大成交量的卖出会快速拉低价格，而这一点带来的结果要么是减少收益，要么是增加损失。

切记：任何股票都有可能突发性地下跌。交易量不好的股票则波动性更大：相比起每日成交量300万股的股票，日成交量只有5万股的股票受到的影响要大得多。

所以，你要关注的是每日成交量至少40万股的股票。试图降低波动带来的风险的保守派投资者，会选择每日成交量达到100万或更多的股票。要找到这样的股票，请查看"IBD前20大盘股"（详情参见第7章）。

基金会决定股票的命运

现在你应该了解共同基金和其他机构投资者对于绝大部分交易的重要性，因为是他们最终决定了股票的命运。如果他们大幅买入某只股票，该股票必然上涨。如果他们大幅卖出某只股票，该股票必然下跌。

大盘情况也是一样。大户开始大幅买入到开始卖出的这段时间，正是新的上升趋势的开始时间。

人们会提到各种新颖奇特的技术指标，华尔街也流传着各式奇异的行话，但是无论有怎样新式的解读，上面这一点都是底线。这就是为什么你在投资之前要确认两点：（a）大盘是呈上升趋势；（b）你的股票通过了买入检索清单中这一节介绍的各种项目以及"线图分析"。

要做到这点并不难，而这份小小的努力会对你的股市盈利之路带来巨大的帮助。

下一步：通过使用买入检索清单中的标准来比较两只 CAN SLIM 股票。

👉 行动步骤

下面是一些快速待做任务，帮你巩固如何使用买入检索清单，并强化前面所学内容。请登录 www.investors.com/GettingStartedBook，获取这些步骤。

1. 通过买入检索清单选择 2 到 3 只股票。作为练习，你可以暂时跳过"线图分析"这一部分。但是在真正买入股票之前，务必记得观察线图。我们会在第 6 章"避免盲目投资：通过线图发现买入和卖出的最佳时机"中详细介绍有关识图的内容。

- **检查大盘走势**：通过查看"大盘分析"一栏中的"市场脉搏"，了解当前大盘是呈上升还是下降趋势。
- **回顾潜在的 CAN SLIM 股票**：如果你还没有选定股票，通过"IBD 50"、"每周评论"以及"股票聚光灯"来选定你所需要的符合 CAN SLIM 特征的股票。

2. 观看以下小视频了解如何浏览买入检索清单：你的股票通过了吗？找到 IBD 股票检查工具。

双股记：价格在线 vs. 艾派迪

时间拉回到 2009 年 7 月，进入 3 月开始的牛市才 4 个月的时间。假设这时你要选择一只股票投资，你会发现在线旅游预定行业有两大龙头企业——价格在线和艾派迪。

按照检索清单中的内容，你会希望关注表现优异的行业组中排名前列的股票。在 7 月，休闲旅游预定行业组（那时被称为休闲服务行业组）排名第 11 位。

在此基础上,我们来看一看那时价格在线和艾派迪这两家公司的关键数据。

在继续下面的内容时,先想一想,你在买入股票之前应该关注什么?你可以对自己提出以下几个问题:

- 哪一个公司更强大?
- 哪一只股票更有可能迎来大幅价格上涨?
- 你会选择把辛苦挣来的钱投入到哪一只股票?

想一想每只股票在"三个大石头"中的表现。

截至2009年7月的相关数据

公司是否有大幅收益增长?

前三个季度的每股收益增长

季度	价格在线的每股收益增长	艾派迪的每股收益增长
2008年第三季度	51%	−31%
2008年第四季度	34%	−13%
2009年第一季度	43%	−5%

艾派迪在过去三个季度中的每股收益增长为负,而价格在线的每股收益增长超过了25%的底线,并且在最后一个季度是上升的。

价格在线的年度收益增长比艾派迪高出9倍多,而后者这一项没有通过,因为低于25%的底线。

每股收益排名

价格在线	艾派迪
99	63

价格在线获得了每股收益排名的最高分99分,这说明就上一季度和年度的收益增长而言,价格在线的表现优于99%的其他股票。艾派迪只有63

分，低于买入检索清单中定义的最低分 80 分。

SMR 排名

价格在线	艾派迪
A	B

净资产收益率

价格在线	艾派迪
44%	10%

艾派迪的 SMR 排名为 B，这倒是通过了，但价格在线的排名更高。这说明价格在线在决定每股收益增长的三大要素（销售额、利润率和净资产收益率）中的表现均好过艾派迪。价格在线的净资产收益率比艾派迪高出 4 倍多，艾派迪的净资产收益率为 10%，再次低于底线 17%。

切记：大幅收益增长是选股的第一要素。在这一点上，价格在线的增长明显高于艾派迪。

公司是否推出新的创新性产品或服务？

价格在线独一无二的创新——"自己定价"系统——已经存在了很多年，但对消费者而言仍然拥有独特的吸引力。除此之外，价格在线还提供了另一些促进收益增长的新产品，如模仿威廉·夏特纳的让人捧腹的商业广告。

为了增加销售额，价格在线采取了降低预订费用的措施，这一点包括艾派迪在内的竞争对手做出类似的举动提前了两年之久。

同时，价格在线还不忘拓展欧洲这片新市场，也就是收购 Booking.com。这标志着新的增长机会，因为那时欧洲旅游者才刚刚开始在线预订酒店和机票。

艾派迪的新变化则来源于服务策略和费用，这些新措施主要是为了应对价格在线早前的动作。艾派迪希望通过减少酒店、出租车预定、乘船游览和大部分航空公司的票价来吸引旅游者。

共同基金是否正大幅买入该股？

吸筹/出货排名

价格在线	艾派迪
A	B

过去四个季度中持有股票的基金数

季度	价格在线	艾派迪
2008 年第三季度	654	761
2008 年第四季度	632	727
2009 年第一季度	716	740
2009 年第二季度	773	795

艾派迪的吸筹/出货排名为 B，股票持有基金数上升。在这一点上，艾派迪通过了买入检索清单中的标准。但是相比起来，基金经理人对价格在线的股票的购买量更大。

股票的总体实力如何？

综合排名

价格在线	艾派迪
99	95

艾派迪的综合排名分数为 95 分，这个分数已经很高，说明已经是排名前 5%的股票。但不要满足于此，因为你要寻找的是精英中的精英，也就是真正的领军股。价格在线的综合排名分数为 99 分，也就是位于前 1%的股票。

股票的市盈率如何？

市盈率（P/E ratio）

价格在线	艾派迪
21	18

在第 2 章中我们已经讨论过，在决定买入哪只股票时，市盈率并不是一个重要因素的原因。事实上，那些只买入低市盈率股票而从不买高市盈率股票的投资者，会错过真正的大户。

所以，问你自己一个问题：在分析了这么多之后，你还会仅仅因为艾派迪的市盈率更低而买入这个公司的股票吗？

接下来发生了什么？

你有没有发现在浏览了买入检索清单之后，辨别哪只股票更强大明显清晰了很多？无须猜测，只用事实说话。当你获取的事实数据越多，就越能快捷地了解股票的真实情况。

使用买入检索清单会给你的收益提升带来切实的改变，学会这一点是受用终生的。

价格在线和艾派迪的后续增长

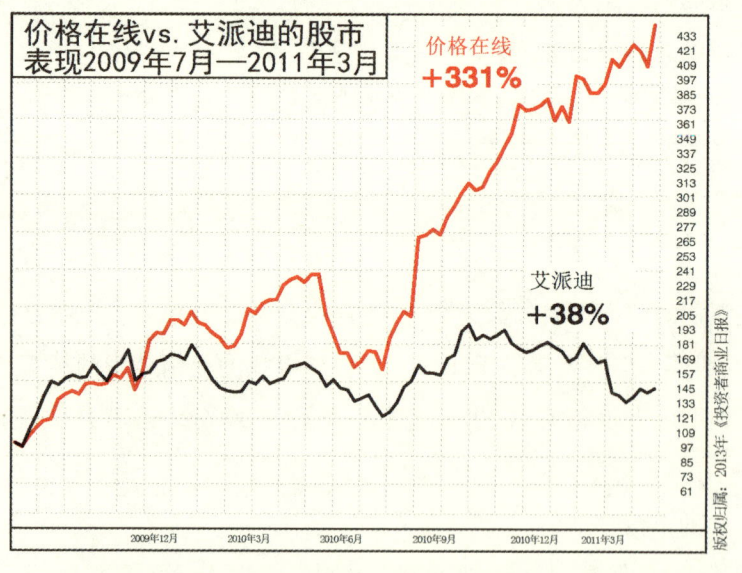

图 3-10　价格在线 vs. 艾派迪的股市表现 2009 年 7 月—2011 年 3 月

下一步：回顾这两只股票的分析，现在轮到你来决定哪一只更有潜力。

你来决定：哪只股票表现更强劲？

现在是轮到你来做抉择的时候了。

以下是处于同一个行业组的两个公司的一些重要数据，包括收益增长、排名、机构投资等。基于我们前面所学知识，请你对比这两只股票并思考一个问题：哪一只股票的表现更强劲？

在这部分内容的最后，我会揭晓这两个公司的名字以及各自股票的发展。

公司是否有大幅收益增长？

前三个季度的每股收益增长

季度	公司 A 的每股收益增长	公司 B 的每股收益增长
四季度	47%	−38%
一季度	86%	−3%
二季度	75%	20%

过去三年平均每年收益增长

公司 A	公司 B
48%	1%

每股收益排名

公司 A	公司 B
93	30

SMR 排名

公司 A	公司 B
A	C

公司是否推出新的创新性产品或服务？

公司 A	公司 B
推出的新产品使得公司在两大行业处于领军地位。	行业中的领军者，但是近几年里并没有推出改变行业面貌的新产品。

共同基金是否正大幅买入公司股票？

吸筹/出货排名

公司 A	公司 B
B+	C

过去四个季度中持有股票的基金数

季度	公司 A	公司 B
三季度	2956	1765
四季度	3097	1806
一季度	3247	1776
二季度	3512	1808

时间到：哪一只股票的表现更为强劲？公司 A 还是公司 B？

2009 年 7 月的苹果 vs. 戴尔

买入检索清单的结果很明显，苹果（公司 A）的表现强于戴尔（公司 B）。苹果创始人史蒂夫·乔布斯于 1997 年重回苹果公司后，对苹果的产品进行了一系列成效显著的创新。无论是iPod、iTunes、iPhone还是app生态系统，都给音乐和手机产业带来了巨大的变革，同时也让苹果公司拥有爆炸性的收益增长（如前表所示）。

戴尔的轨道则完全不同。戴尔仍然是计算机行业中的领军者，但是相比起20世纪90年代，戴尔的增长显著放缓。戴尔的创始人迈克尔·戴尔于2005年重任CEO之后，并没有像乔布斯回归苹果那样为公司注入新的活力。

接下来发生了什么？

苹果和戴尔的后续收益

图3-11　苹果vs.戴尔的股市表现2009年7月—2012年4月

注意这两大公司在收益上的不同。从这里你能看出为什么我们要选择必须具备CAN SLIM特征的股票。

当你在筛选股票时，你的选择有时会不那么清晰，但是100多年的股市历史会让关键点清晰。

具备以下特征的股票，才是最可能带来巨大股价收益的牛股：
- 拥有大幅收益增长并有新的创新性产品；
- 属于表现优异的行业组中排名前列的股票；
- 机构投资者正大幅买入。

如果你关注的是通过买入检索清单的股票，并且确保大盘是呈稳健上升趋势的股票，你就一定能在股市中盈利。这两点的组合已经是久经时间考验的投资法则。

下一步：如果股票在买入检索清单中既有通过的项目又有通不过的项目，该如何是好？

如果股票既有通过的项目又有通不过的项目，该怎么办？

这种情况完全有可能发生。毕竟，投资不是精密的科学。几乎没有股票在各个方面都无懈可击，即使是那些持续获得大幅收益增长的股票，也不例外。

对于那些略有瑕疵的股票，我想给出两条建议：
- 如果股票在某些项目没有通过，忽略这点，继续检查其他项目。

表现平平的股票可不是你的目标，你要找的是市场上的领军股。这些表现优异的股票可能会有一个、两个甚至三个瑕疵，但都不会是严重的问题。所以，如果某只股票在买入检索清单中的某些项目上没有通过，没关系，继续检查其他项目。

正如皮肯斯所言，如果你打猎的目标是大象，那么就别另走别路去寻找野兔。

- 关注"大石头"，也就是决定买入的最重要的因素。

公司是否拥有巨大收益增长并推出新的创新性产品或服务？
共同基金经理人是否正大幅买入该股票？
把"大石头"放在首位考虑。股票可能在检索清单的某一两个项目中不通过，但是要确保这只股票对上面两个关键的问题做出肯定的回答。

让我们来看看你可能会遇到的一些"大杂烩"情况。

情景1：股票表现突出但所属行业组表现弱势

如果你定位到的一只股票通过了买入检索清单中的所有项目，唯独该股票的所属行业组没有在前40~50位，你是否应该放弃这只股票？答案是否定的。

是的，你希望关注表现优异的行业组中排名前列的股票，但有时大牛股也会来自于排名不那么靠前的行业组。美国Ulta化妆品公司就是一个例子。正如在前面该公司的案例中（详情参见第2章）所介绍的，该公司拥有大幅收益增长，也推出了改变化妆品销售方式并大获好评的全新零售理念，同时，共同基金经理人也正在大幅买入该股。但是，当股票上升了165%时，该公司所属的专卖零售行业组却只排名第82位。

行业组的排名很重要，因为排名靠前证明基金和其他机构投资者正在购买该行业组的股票。所以，如果你所投资的股票没有处于名列前40~50位的行业组，一定要确保该股票的其他检索项目都是通过的。你还要确定共同基金经理人正在大幅买入该股票，至少一部分的原因是为了弥补排名不那么靠前的行业组。美国Ulta化妆品公司的情况是：在该股票开始价格上涨之前的四个季度里，持有基金数从197跃升到315。

此外，如果行业组的排名低于平均，要确保在该行业组中至少有一个排名前列的股票，这一点能证明机构投资者对该行业还是有兴趣的。在本案例中，同属专卖零售行业组的莎莉美容控股有限公司的综合排名为95分，和美国Ulta化妆品公司一样具有大幅价格上涨。

情景2：最近一季度中股票持有基金数下降，但是在吸筹/出货排名中表现突出

以露露柠檬公司2010年9月的情况为例。露露柠檬是否有大幅收益增长？有的。前三个季度的每股收益增长分别是43%、100%、180%。净资

产收益率也高达 30%。是否有新的创新性产品或服务？也是有的。随着瑜伽越来越受欢迎，露露柠檬的高端瑜伽服饰成为利润颇丰的业务。

共同基金经理人正在大幅买入该股票吗？是的，但是有一些警告信号。

在 2010 年第一季度，持有露露柠檬股票的基金数从 189 上升到 223。但是在第二季度中，持股基金数下降到 206。正如我们在检索清单中的"第三个大石头"中看到的，你更愿意看到在最近一个季度中持股基金数是上升的。

但是，其他一些吸引人的事实足以弥补这个瑕疵，其中一个就是虽然持股基金数在最近一个季度中有所下降，但是在过去四个季度中是上升的——从 195 到 206。

另外，当露露柠檬开始大幅价格上涨时，吸筹/出货排名为 B+，这表示机构投资者在过去 13 周内正在大幅买入。就在开始价格上涨的前几天，露露柠檬发布了最新收益报表，报表数据显示，专业投资者正在买入该公司股票，交易量的上升百分比高出平均 600%。

所以，虽然露露柠檬有一两个不足，但总体而言这个公司具备了三个最重要的元素：大幅收益增长、新的创新性产品或服务以及共同基金经理人正在大幅买入。

从那时开始，露露柠檬的股价在仅仅 10 个月之内就上升了 196%（在未来四个季度中，持有露露柠檬股票的基金数也从 205 上升到 359）。

情景 3：其他方面都表现突出，但收益增长并没有上升

在 2010 年 9 月，墨西哥烧烤餐厅的股票成为 CAN SLIM 领军者，但该公司股票也有一个瑕疵：每股收益增长在过去三个季度中在下降，分别是 90%、53%、33%。很明显，你希望看到的是截然相反的情况。

但是，在最重要的几个问题面前，墨西哥烧烤餐厅的回答总是肯定的。

是否有新的创新性产品或服务？墨西哥烧烤餐厅全新的有机美食玉米饼连锁餐厅大受欢迎：其定位清晰，这种类型的连锁餐厅是为追求健康的快餐消费者量身定做的。

共同基金经理人是否正大幅买入该股票？是的。就在墨西哥烧烤餐厅突破之前，该公司稳定的吸筹/出货排名为 B，并且持有该股的基金数也在过去四个季度中大幅上升。

是否有大幅收益增长？墨西哥烧烤餐厅的每股收益增长在过去几个季度中是下降的。这是事实，无法改变。

尽管下降并不是理想的结果，但是墨西哥烧烤餐厅的收益增长仍然高于 25% 的底线百分比——其过去 3 年中的年均收入增长率为 38%。

墨西哥烧烤餐厅的每股收益排名为 97，这意味着从总体价格和年度收益增长这两点来看，该公司的表现要好于市场上 97% 的其他公司。同时，净资产收益率稳定在 19%，综合排名分数为最高分 99 分。这说明从总体实力而言，墨西哥烧烤餐厅的股票属于股市中表现最好的 1% 的股票。

所以，尽管不是十全十美的，但是墨西哥烧烤餐厅和露露柠檬一样，都显示出市场领军者的实力——在未来 20 个月内，该公司的股票价格上升了 186%。

不要让完美变成优秀的敌人

如果你发现一只股票通过了检索清单中几乎所有项目，只在一两个中落下马来，不要自动放弃该股票。

从大局考虑，了解该股票是否拥有最关键的元素：大幅收益增长、全新的产品或服务、基金经理人的明确需求。

如果股票"没通过"怎么办？

在"IBD 股票检查"中查看"领军行业"。

如果你所寻找的公司并没有通过检索清单，试试下面的方法：在"IBD 股票检查"顶部检查相同行业组中排名前列的股票。

主要关注排名第 1 名和第 2 名的股票，检查这两只股票是否通过检索清单。这是一个发现真正领军股并将之加入观察清单的好办法。

财报季要当心，但也要继续寻找

公开上市交易的公司每三个月就会发布一份报告，展示上一个季度的收益和销售数据。最新的数据有可能让专业分析师和投资者惊喜，也可能让他们大跌眼镜。这就是为什么当公司发布报表时，股价也会经常发生相应的波动。

所以，你会看到许多公司在财报季突破，而另一些公司在这时崩盘。

因为不知道风到底是往哪个方向吹，所以在公司发布最新收益报表之前，不要贸然买入股票。

你要做的是等待公司发布数据，并观察股市的反应，如果股票在大成交量突破了合适买点，这是一个买入的机会；反之，如果股票在大幅抛售，你这时该庆幸自己一开始没有仅凭猜测就贸然买入。

以下是如果应对财报季的三个简单的小建议：

- 检查你所持有的股票或者你的观察清单上的股票是否即将发布报表。你可以从该公司的网站或其他相关服务了解这些信息。在财报季，IBD 会发布"收益日历"，列出在下一周将会发布收益数据的关键股票。你可以在周一的报纸上看到这些信息。

- 提前准备好买入和卖出方案。如果你在考虑买入一只很可能在发布报表之后就突破价格形态的股票，要了解具体买点以及你将买入的股数。如果你所持股票的公司即将发布报表，确保提前准备好防御性卖出方案，以防股票突然抛售。

第3章 买入检索清单

- 考虑使用自动交易触发器。如果你在白天无法观察股市，可以提前和你的经纪人设定一个交易触发器（具体参见第4章）。你可以为观察清单的股票设定一个条件买入指令，确保当你不在电脑前也可以抓住股票的突破点。你也可以设置一个止损指令——当你持有的股票下跌时，止损指令能保护收益和止损。

期待意外

财报季有时会让你抓耳挠腮：有些股票的季度报表看上去表现不佳，但实际上却股价上涨；而另一些股票虽然在报表中数字攀升，但实际上却正在抛售。这也反过来解释了为什么最好的办法是等待公司发布报表并且观察股市的反应。

下面两幅图分别显示了对于看上去不错的收益数据的两种截然不同的反应，这对于你的投资是个很好的提醒：在等到公司报表发布并了解股市反应之前，你都要未雨绸缪，以防万一。

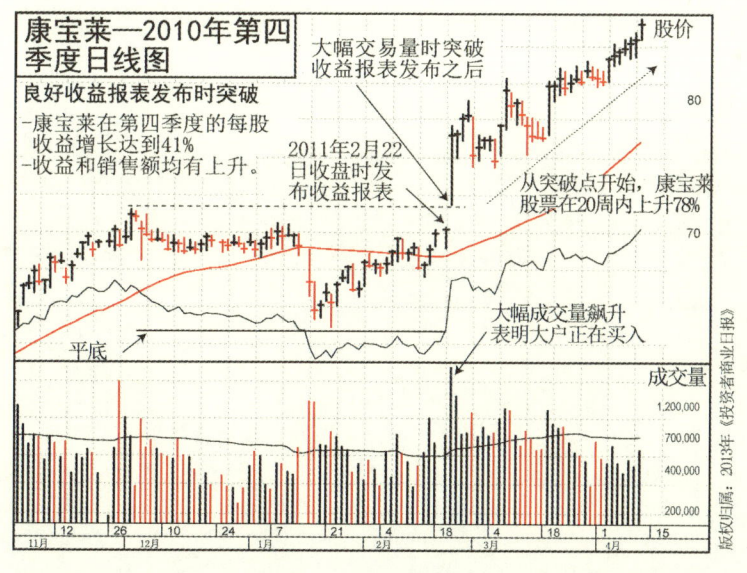

在发布显示收益增长的报表后，康宝莱的股价在20周之内上升了78%

图 3-12　康宝莱—2010 年第四季度日线图

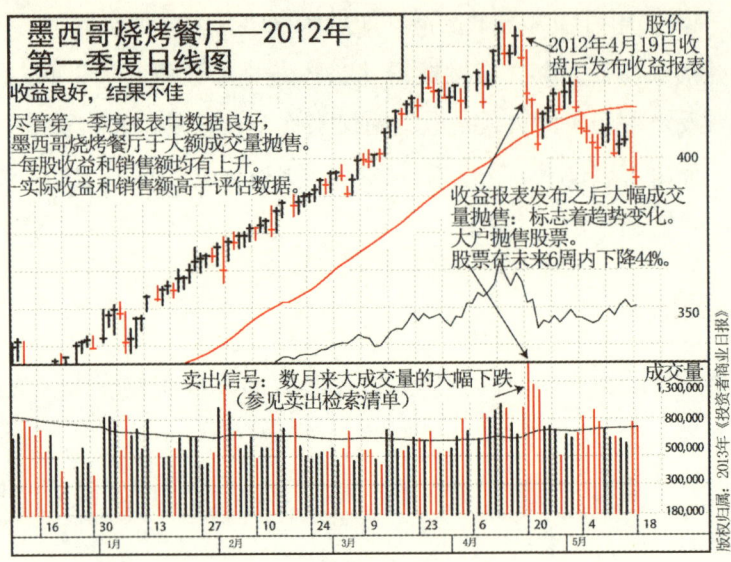

尽管报表总显示收益和销售额均有增长,该公司依然抛售。

图3-13 墨西哥烧烤餐厅—2012年第一季度日线图

第4章　寻找牛股的简单常规

想要好结果，坚持好习惯

"反复做一件事，无形中习惯就会内化于心。所以，卓越不是行为，而是一种习惯。"

——亚里士多德

在投资中养成好习惯怎么强调都不为过，因为拥有习惯能让你做到以下两点：

1. 帮你在股价波动之前识别牛股。
2. 适应你的安排。

这两点都至关重要。你可以获得在华尔街享誉盛名的例行常规，但如果你不能定期执行这些常规，又有何用呢？

寻找牛股的简单常规，是为那些投资时间有限的繁忙人士量身打造的一系列例行常规。

无论你是上班族还是退休人员，我都相信你会有家庭、爱好以及股市之外的某些兴趣，正是这些东西构成了我们所说的"生活"。

下面两个常规简单易学，适用于所有人群。

- **简单周末常规**：简单周末常规用到《投资者商业日报》中最强大的两个版面，帮你识别具备 CAN SLIM 特征并正处于潜力买点边缘的股票。

- **每日 10 分钟常规**：帮你了解每周股市中的牛股，并确保你的观察清单和行动方案始终跟随股市的最新状态。

你可以把简单周末常规视为你的核心准备时间。正是在执行简单周末常规时，你能更新观察清单，并制定行动方案，为即将到来的下一周做好准备。一旦简单周末常规做到位，你就可以根据实际情况，采用每日 10 分钟常规来更新和执行行动方案。

这只是帮助你投资入门的众多常规中的两个例子。在你慢慢熟悉了解 CAN SLIM 投资系统和《投资者商业日报》之后，就可以制定属于自己的投资常规。

CAN SLIM 投资达人使用的常规

想要了解其他 CAN SLIM 投资达人所使用的常规，可以阅读我的电台节目搭档艾米·史密斯所写的一本书：《笑傲股市：成功案例》。我相信这本内容翔实的书一定能启发你的投资灵感。

在买入之前要确定卖出方案

我建议你从现在就开始使用这些常规，但忠告一点：在通读第 6 章"卖出检索清单"之前不要买入任何股票。在没有确定卖出方案的前提下买入股票，无异于开一部没有刹车的汽车，开这种车也许一开始是很令人激动的，但最终的结果肯定是不愉快的。

所以，在真正投资之前，一定要通读第 6 章"卖出检索清单"并了解基本卖出规则。

> **即使在股市低迷时期,也要坚持常规**
>
> 我必须再次强调一点:投资中最大的错误之一,就是在股市处于调整状态时放弃遵循常规。这样的错误会让你与牛股失之交臂。
>
> 在市场调整阶段,强势股会形成基底。一旦新的上升趋势开始,这些强势股便会势如破竹地开始价格飙升。
>
> 如果你想抓住下一拨领军股并从中盈利,那么即使当"市场脉搏"显示的是"市场调整"状态,依然要坚持常规。实际上,在"市场调整"状态中,尤其需要坚持常规。
>
> **趁机打盹儿,你就会输——保持清醒,你就会盈利**
>
> 请参见本章中"使用简单周末常规寻找牛股"一节提到的迷你案例,了解为什么紧跟股市步伐如此重要,并能带来盈利。

你是否开始 IBD 免费试用?

请登录 www.investors.com/GettingStartedBook,开始免费试用并获取和上述常规相关的工具。该网站还提供了一些针对性的小视频,帮助你了解每日和周末简单常规的具体步骤。

简单周末常规

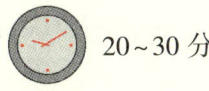
20~30 分钟

步骤 1:检查"大盘分析"一栏中的大盘走势。

不要忽视这非常关键的一步。大部分股票的走势与大盘走势是一致的,要么上涨要么下跌。

所以我们在前面一再提到:只在当前趋势为"确认上升"时买入

股票。

我强烈建议你定期阅读"大盘分析"专栏，因为这里有对股市动态以及如何应对的最具价值的分析。

何时何地获取

每日更新的"大盘分析"专栏位于《投资者商业日报》的"财运亨通"版块中和投资者网站上。

步骤2：通过迅速浏览"IBD 50"和"每周评论"寻找处于买点边缘的股票。

查看每只股票的线图下面的一句话分析，将处于买点边缘或潜在买入范围的股票都画圈标示出来，或者做上笔记。

何时何地获取

"IBD50"位于《投资者商业日报》的"财运亨通"版块中，每周一和周三更新。

"每周评论"位于《投资者商业日报》的某一版块，每周五出版。

步骤3：使用"IBD 股票检查"工具确认步骤2中标示出来的股票是否通过了买入检索清单。

在"IBD 股票检查"工具中，你会发现列表中大部分项目都有三个评级：通过、中庸和失败。

如果你对某一公司及其市场表现并不了解，可以登录该公司的网站并查看《投资者商业日报》和其他报刊对该公司的评论。你可以在"IBD 股票检查"工具中找到文章的对应链接。

投资者网站中的"每日股票分析"和"股市总结"的相关视频中，也可能会出现你要寻找的股票。

何时何地获取

"IBD 股票检查"每日更新于投资者网站。

步骤4：将强势股添加至观察清单中。

为每一只通过了买入检索清单并处于潜在买点边缘的股票制定行动方案。

- 什么是理想买入范围（见第 6 章）？
- 如果某只股票突破，你会买多少份额？

检查你的观察清单，了解在未来的若干天或若干周内是否有股票即将突破（确定每只股票都通过买入检索清单，并且在股票突破时股市处于上升趋势）。

你也可以提前和经纪人一起建立自动交易触发器（有关自动交易期的更多内容，请参见本章的"白天没时间？使用自动交易触发器"小节）。

此外，也可查看第 7 章中的"如何构建和维护随时备用的观察清单"一节，了解更多内容。

请收听 IBD 每周电台秀

艾米·史密斯和我每周共同主持的电台节目，也会谈到股市当下的基本情况，以及如何使用 CAN SLIM 规则进行投资。有关如何收听 IBD 每周电台秀的信息，请登录 www.investors.com/radioshow。

行动步骤

现在是考验你制定常规的时候了。有关具体步骤，请登录 www.investors.com/GettingStartedBook。

1. 观看如何制定简易周末常规的简短视频。
2. 使用简单周末常规寻找潜在牛股（切记：在学习第 5 章"卖出检索清单"并制定卖出行动方案之前不要买入股票）。

每日 10 分钟常规

 10 分钟

步骤 1：查看"大盘分析"一栏中的大盘走势。

浏览"大盘分析"一栏，并获得以下问题的答案：

- 大盘走势是否有变化？比如从市场调整趋势变为上升趋势？
- 哪些领军股的成交量正在上升？
- 正在发生怎样的趋势？如何应对该趋势？

你可以观看时长 3 到 4 分钟的"股市总结"视频，了解观察清单中的领军股在当天的动态和两点分析。

何时何地获取

"大盘分析"专栏每日更新于《投资者商业日报》的"财运亨通"版块中和投资者网站上。

你也可以登录 www.Investors.com/IBDtv，查看每日的"股市总结"视频。

步骤 2：检查你所持有的股票或是在观察清单上的股票。

通过线图分析股票的运营情况。

- 你所持有的股票是否有买入或卖出信号？
- 观察清单上的股票是否有突破或下跌？

你可以在投资者网站中查找你的股票，了解这些股票是否在《投资者商业日报》中有所提及。

如果你能每天花几分钟定期检查自己的股票，一定会对发现趋势变化更加熟悉。你检查的次数越多，发现趋势变化的速度就会越快，之后的投资也会有更大盈利。

何时何地获取

使用投资者网站中的"IBD 股票检查"工具和 IBD 线图。

步骤 3：在计划允许的前提下，寻找新股。

你可能在周末做了大部分研究，但如果你平常有时间，可以到以下版块更及时地发现有用的股票信息。

- 领军行业。
- 股票聚光灯。
- 股票市场动态。
- 每日股票分析视频。

参见第7章"其他入门建议和工具"了解如何应用各种专题来寻找牛股。

步骤4：根据情况调整你的行动计划和观察清单。

基于第二步和第三步的内容，对你的观察清单做内容增加或删减，根据实际情况调整你的买入和卖出方案。

切记：你可以提前同经纪人一起制定自动交易触发器。

成功源于定期常规

拥有定期常规是及早发现牛股的关键所在。无论你使用的是以上提及的常规，还是更符合你的计划或投资风格的其他常规，这些都不重要，重要的是你能制定出适合自己的常规，并坚持。

正如励志演说家布莱恩·崔西所说，**成功的人必然拥有成功的习惯**。

👉 行动步骤

制定属于你自己的常规。有关如何制定常规的具体步骤，请登录www.investors.com/GettingStartedBook。

1. 观看如何制定每日10分钟常规的小视频。

2. 使用新建立的常规观察你所持有的股票，并构建属于你的观察清单（切记：在投资之前，一定要阅读第5章"卖出检索清单"，并确保已制定卖出行动方案）。

白天没时间？使用自动交易触发器

如果白天忙于工作而无暇观察股市行情，你可以和经纪人一起提前制定"条件指令"。

即使你白天忙得抽不开身，做到这一点就能让你抓住股市大突破。如果你正在度假，无法密切关注股票动态，你也可以制定条件卖出指令，以方便在股市下跌时锁定收益并止损。

重要点：在第一次制定条件指令之前，一定要和你的经纪人交流，因为不同的经纪人会使用不同的方式。

举个例子，有些经纪人会让你基于股价和成交量制定条件指令，以便让你确信机构投资者正大量买入突破的股票。

因此，在使用交易触发器之前，打电话给经纪服务公司，把你建立条件指令的目标告诉他们，并让他们向你展示能够满足你当前需求的方案。

以下是制定条件指令的基本样例。

买入止损指令

目的：买入正从恰当买点突破的股票。

当你想买入股票时，使用买入止损指令，但一定只在该股票的股价涨到更高点时使用该指令。

假设你发现"IBD 50"中的某只股票通过了买入检索清单，并接近潜在买点 30 美元，但当前股价为 29.50 美元。

在周六或周日，在你研究完股市并使用简单周末常规制定了行动方案之后，就可以登录在线经纪人的网站，制定一个股价为 30 美元的买入止损指令。

如果几天或几周后该股票的股价达到目标股价 30 美元，你的交易则自动触发（你也可以为条件指令设定一个截止日期，如果在截止时间之前交易尚未触发，此交易会被取消）。

检查交易量

如果你的经纪人不让你基于股价和交易量制定条件指令，一定要在交易触发之后检查交易量。你会希望看到当某只股票突破时，你的持股数还有大幅上升，这证明机构投资者正大幅买入该股（有关更多内容，请参见第 6 章"避免盲目投资：通过线图发现买入和卖出的最佳时机"）。

止损指令

目的：自动止损。

我们在前面已经提到了卖出的基本原则：如果某只股票的股价比买入时下跌了7%到8%，则卖出该股票。你可以通过止损指令坚持该卖出规则，做到这点非常简单。

假设你以100美元的价格买入某只股票。如果你在股价为93美元（也就是7%的损失）时使用止损指令，该股票会在股价下跌至93美元时自动以市价卖出。

如果你难以抉择是否卖出，或者你担心在全身而退时股票冻结了，止损指令能解除你的忧虑。

追踪止损指令

目的：当股票开始下跌时锁定大部分收益。

追踪止损指令有不同的版本，它虽然非常实用，但因版本多，使用起来也略显棘手——可以联系你的经纪服务公司，让经纪人为你展示最适合你的方式。

以下是如何使用追踪止损指令的一个例子。

假设你以100美元的价格买入某只股票，而当前的股价已经上涨到150美元——恭喜你，你已经坐拥50%的收益。

你绝不想让这50%的收益消失，所以你可以制定一个追踪止损指令，以确保该股票在开始下跌时能自动锁定大部分收益。

假设你设定的追踪止损比率为10%（你也可以通过百分比或是美元数体现追踪止损）。

如果股价比当前的150美元跌了10%，则会触发卖出指令，帮你锁定剩余收益（你仍可以拥有35%的收益）。

但假如股价并没有下跌10%，而是上升到200美元，你将拥有100%的收益。

10%的追踪止损指令会自动调整至当前市价。这条指令很方便，不是吗？

所以，如果股票开始下跌，股价比起200美元时下降了10%，则会触发卖出指令，帮你锁定大部分收益。

明智地使用条件指令

使用自动交易触发器能避免错过大的股价突破，并在股票开始下跌时保护你的收益。

正确使用条件指令：和你的经纪人沟通交流，确定如何建立条件指令，并尽可能多地观察股市。对繁忙的投资者而言，条件指令无疑是方便实用的好帮手，但是要切记：没有什么比你自己保持关注股票动态更有帮助。

使用简单周末常规找到牛股

下面几个例子展示了如何在投资之始通过使用简单周末常规获得巨大收益。

切记：牛股出现在每一个强劲的上升趋势。你可以通过定期关注基本行动方案找到这些牛股。

绿山咖啡公司

如果能做到每一天持续观察，你能在绿山咖啡的股票突破并且从2009年3月到2011年9月上升超过1000%之前，就发现这只牛股。如果在2009年3月13到3月15日的这个周末遵循了简单周末常规，你就能发现以下信息。

步骤1：检查"大盘分析"一栏中的大盘走势。

2009年3月12日，"市场脉搏"中显示的趋势从"市场调整"变为

"确定上升"（那时还被称为"重整"）。

这个信息告诉我们，继2008年熊市之后的一个新的上升趋势正蓄势待发。

紧跟市场步伐，而不是新闻报道！

尽管在房地产和金融危机之后投资者忧心忡忡，令人失望的经济新闻接踵而来，股市行情依然显示此时是买入良机。

步骤2：通过快速浏览"IBD 50"和"每周评论"寻找临近买点的股票。

2009年3月12日市场趋势变为"确认上升"时，"每周评论"中对绿山咖啡的分析如下：在买入点42.99美元时出现杯柄形态。

同时，在当天的"每日股票分析"视频中也有对绿山咖啡的专题报道。

既有上升市场趋势，又临近潜在买入点，绿山咖啡当然值得拥有这些深入报道。

识图新手注意"每周评论"中是如何识别线图形态和买入点的。这对正处于识图入门阶段的新手会起到很大帮助。

步骤3：使用"IBD股票检查"了解你在买入检索清单中圈出的关键股票。

通过快速浏览"IBD股票检查"，你能发现绿山咖啡已经通过了买入检索清单。

- 综合评级：99
- 每股收益评级：93
- 相对强度评级：97
- 净资产收益率：21%
- 上季度销售增长率：56%
- 上季度每股收益增长率：14%
- 三年内每年的每股收益增长率：43%

绿山咖啡的最近一季度的收益增长下降14%，但年度每股收益增长达到43%，上个季度的利润是76%。

同时，绿山咖啡还拥有 CAN SLIM 系统中的 N 特征。绿山咖啡推出创新性产品——一次性的 K-cup 精美咖啡，为整个产业带来了变革性的影响。

步骤4：将强势股加入到你的观察清单。

经过了这个周末，你可以把绿山咖啡股票加入你的观察清单，并制定行动方案，决定是否在股价突破42.99美元买点时买入该股票。你还可以在股市周一重开之前和经纪人交流，制定一个自动交易触发器。

如果执行了以上这些步骤，就会迎来以下令人高兴的结果：2009年3月16日，也就是周一，绿山咖啡的股价突破，在未来2.5年上涨了超过1000%。

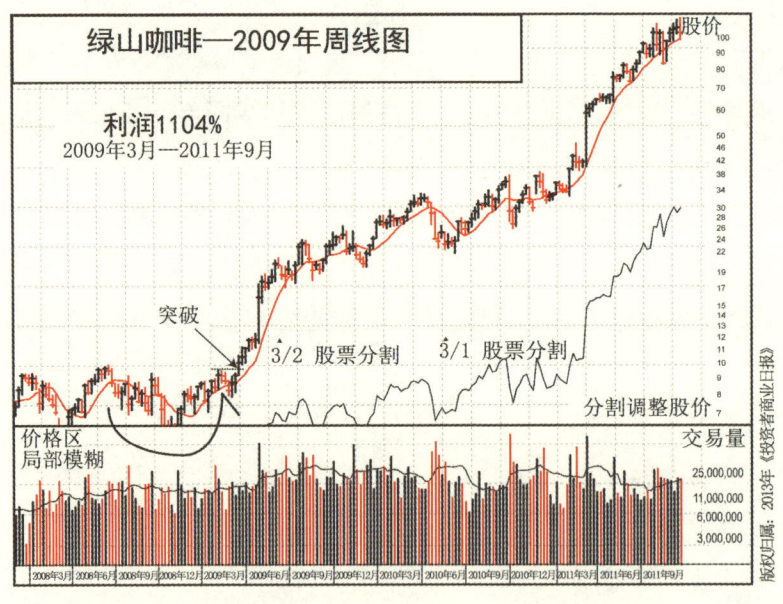

定期使用简单周末常规能起到非常重要的作用，绿山咖啡的成功仅仅是其中的一个示例。

图4-1　绿山咖啡—2009年周线图

第4章 寻找牛股的简单常规

假如你错失第一次股价突破会怎样？

无须烦恼。"IBD 50"和"每周评论"已经突出强调绿山咖啡在利润超过1000%的过程中，接近潜在买点**多达 20 多次**。

不要放弃，继续坚持使用简单周末常规。优质股会为你带来许多买入机会。只要定期使用简单周末常规，你就能抓住机会，并从中获益。

你也可以通过使用简单周末常规发现云计算的领军者太阳风公司在股价突破之前的形态。

2011年10月7日，"IBD 50"对太阳风公司的报道中有如下原话："在潜在买点25.72美元时形成双底价格形态。"

太阳风公司的股价在10天后突破，这给予你足够的时间研究观察清单并制定买入行动方案。太阳风公司在接下来的11个月中股价上升了130%。

另一个你可以通过简单周末常规发现其牛股性质的公司，是托管服务公司。

2012年1月20日，"每周评论"中对托管服务公司的报道如下："处在第一阶段的带柄茶杯价格形态显示买点45.56美元。"

两周之后，托管服务公司股价突破。在仅仅9周之内，该公司的股价飙升了30%。

踏上寻找牛股之旅

现在你已经了解这些简单常规的重要性，就可以开始使用这些常规。

如果你还没开始使用这些常规，采取"简单周末常规"一节的最后的"行动步骤"中所列出的步骤。一旦你执行这些步骤就能发现，自己的投资技能在仅仅数周之内就能获得飞速提高。

接受简单的两周挑战

现在你能看到，每一个强劲的市场上升趋势中都存有盈利机会，通过使用基本常规，你能一步步地识别这些盈利机会。

那么接下来呢？

让我们把新的常规转变为一种固定并有益的习惯：你可以通过接受IBD的两周挑战来养成这个习惯。

很简单，只需在未来两周内使用简单周末常规和每日10分钟常规。

我相信你一定会惊奇地发现，自信心在两周之内大大增加。你还会发现，一旦你多试几次这些常规，完成它们就只需花上几分钟的时间。把这些常规和买入和卖出检索清单结合起来，还能形成一个在股市中盈利的清晰的路标。

你完全可以做到。只需迈开第一步，并开始定期使用这些常规。

有关如何接受两周挑战并构建观察清单，请登录 www.investors.com/GettingStartedBook。

既然登录网站了，为什么不注册免费在线培训，并查找离你最近的IBD网下会面团队呢？这是训练投资技能，并将这些常规和检索清单付诸实践的快捷方法，能为你正确踏上投资之路打好坚实的基础。

第 5 章　卖出检索清单

卖出检索清单

卖出还是持有?

使用卖出检索清单能锁定你的收益并止损。

未来你会学到更多高深的卖出策略,但现在,你要掌握的是这些基本的卖出准则。这些卖出准则能为你带来健全的行动方案,帮助你增加收益并保护财产。

进攻性卖出:锁定收益

- □ 一旦股票价格比合适买点高出 20% 到 25%,卖出大部分股票。

  例外情况:如果股票价格在合适买点之后的 3 周内上升了超过 20%,则持有该股票达至少 8 周。

防御性卖出:止损和保护剩余财产

大盘情况

☐ 当"市场脉搏"显示当前市场呈"压力上升"或"市场调整"趋势时，采取防御性措施。

你的股票

☐ 如果股票价格比买入时下跌了7%到8%，毫不犹豫地卖出。

☐ 线图分析：如果看到以下信号，考虑卖出部分或所有股票份额。

☐ 自股票数月大幅成交量以来出现的最高单日股价下跌。

☐ 股价暴跌，低于数月来大幅成交量的50日移动平均线。

☐ 股价暴跌或收于大幅成交量的10周移动平均线。

你可登录 www.investors.com/GettingStartedBook，下载并打印该检索清单。

想要成功投资？学习卖出技能！

掌握卖出的时机是投资中非常微妙且容易被忽略的一点。

许多人开始投资时所想的只是买入哪只股票，对于什么时候卖出则是毫不关心，但在不了解卖出准则的情况下投资，无异于飞行之前不了解如何着陆。

不要把卖出股票看成一件消极的事情，卖出是投资中非常重要的部分，能帮助你控制自己的资产。卖出准则如同一部汽车的制动踏板，掌握好便能让你免于"车祸"之灾。卖出准则让你在适当的地方停下脚步，并最终在合适的时机获得盈利。

在学习卖出检索清单的过程中，你会发现"三个大石头"的理论再一次出现，而这也是我们在这本书中反复提到的成功投资的重要组成部分：

- 只买呈上升趋势的股票，一旦股票有下跌趋势，立即采取防御措施。

- 购买机构投资者大幅买入的股票，避免买入机构投资者大幅卖出的

第5章 卖出检索清单

股票。

只要你能控制好人类最基本的一些情感，比如害怕、希望和贪婪，这些卖出准则将是简单易学的。

在逐条学习卖出检索清单的项目之前，我们先来看一看八大卖出法宝。这八大法宝能让你拥有正确的投资理念，并帮助你在合适的时机采取正确的行动，以锁定收益或止损。

检查线图，寻找何时卖出或持有的线索

你是否想拥有股票的预警系统？学会识图吧。

一旦你了解通用的警告标志，就能识别持有或卖出的时机。在第6章"避免盲目投资：通过线图发现买入和卖出的最佳时机"中，我们会学习检索清单中一些和线图相关的内容。

八大成功卖出的法宝

1. 每个人都会犯错。确保减少损失

即使是最优秀的投资者，偶尔也会碰壁。但优秀的投资者不会沉溺于此或愁眉苦脸，更不会坐视股票下跌得更惨，相反，他们会迅速止损，继续前进。

因此，把自负和骄傲关在门外，无论从精神上还是经济上都远离损失。你可以通过坚持卖出检索清单中的卖出准则来远离困境。

2. 卖出要趁早

不要贪婪。学会自律。要锁定稳健的收益，你得在股票还在上涨的时候就卖出，正如威廉·欧尼尔所说，"你的投资目的是赢得巨额利润。在股票不断上涨时，要学会避免过于激动、过度乐观、贪婪和失去自制力"。

在后面的内容中，20%—25%盈利准则能帮助你做到这一点。

3. 在买入之前就做好卖出计划

如果你和其他人一样都是容易激动的，你会发现在投资时最富戏剧性的时刻都来自卖出的时机。如果没有卖出准则和退出计划的指导，你就会很容易在应该采取行动的时候手足无措。

如果你的股票正大幅上涨，贪婪的心理也许会蠢蠢欲动，想要抓住所有点滴的盈利。这个时候你不会意识到，有一些卖出信号正提醒你前方埋有陷阱。如果你正处在损失当中，你可能会遵循老套的"持有并期待"的理念，祈祷着股票能保本或反弹。事实上，股票正不断下跌，你正不断亏损。

因此，你要做的很简单：提前制定明确的卖出计划。你可以记好目标卖出股价，以锁定收益并防患于未然。但如何做到呢？答案是遵循卖出检索清单。卖出检索清单能为你带来健全的行动方案，保护你的财产，为你赢得利润。

4. 避免变盈为亏

大家都知道股票每天都在变动。即使某一只股票的总体趋势是上升的，它也会有下跌的时日。要获得盈利，你就必须坚持到波动结束，一直等到股票继续上升。

但如果你已经获得了不错的盈利，比如15%、20%甚至更高，而这时股票开始下跌，你应该采取行动，防止已经获得的盈利化为乌有。

寻找警告标志，如卖出检索清单中"防御性卖出"部分所提到的标志。如果机构投资者很明显开始卖出股票，你一定会希望保有至少一部分收益。如果大盘开始停滞，你更有理由锁定剩余财产。

如果你选择持有，记下目标卖出股价。举个例子，如果你的收益从之前的20%下跌至10%，则果断卖出。获利回吐的价格由你自己决定。关键是你不会希望股票在获得巨大收益之后又全部输回原点，如同一趟往返旅行。

相信我，当15%—20%的收益下跌到5%—10%总好过从15%—20%下跌到低于5%。不要忘记，你还可以在股票反弹之后当机构投资者开始大幅买入的时候买回这些股票。

使用交易触发器保护收益

你可以在和经纪人交流的基础上，建立追踪止损指令和其他交易触发器，来确保良好收益不会化为乌有（详情见第4章）。

5. 只和你的股票"约会"，别和它"谈婚论嫁"

"无论贫穷还是富有，疾病还是健康"，这是一份对婚姻的忠诚，神圣而高洁。但就投资而言，这可不是一个好的理念。大部分情况下，你买入某只股票就是为了赢得利润，然后再转移战场。如果某只股票有明显的警告标志，果断放弃它。

6. 首先卖出亏损的股票

如果你想要带出一支冠军棒球队，你会卖掉顶级球员而留下替补球员吗？答案当然是否定的。

但很多投资者正在做的事情正是如此：卖出盈利的股票，持有正在损失的股票，并认为巨大盈利正在不远处等着。这通常是一厢情愿的想法。要建立强大的阵容，你需要做的正好相反：卖出亏损的股票，将换来的钱买入新的牛股，或者把钱投入到你现有的盈利股票中。

7. 买入股票时，关注基本点和线图活动。卖出股票时，关注线图活动

人们常说把视线集中在顶部。这点同样适用于股市。即使是股票开始下跌，领军股收益和销售增长数据依然看上去不错。这是因为在基本点（比如收益、销售额及其他公司相关的标准）出现下滑之前，通常都

会以警告标志的方式在线图上先体现出来。这可能是因为机构投资者提前发现一些问题因而开始采取行动保护收益，或者是整个市场呈低迷趋势。无论是什么原因，当线图中有明显的警告标志时，必须采取防御性措施。

"所有的股票都很不好，除了那些行情上涨的股票。"

——威廉·欧尼尔

这听上去有些好笑，但威廉·欧尼尔想要传递的信息是很严肃的。一只股票可能会有显著的收益增长和明显的 CAN SLIM 特征，但如果股票价格在不断下跌，为什么还要买入和持有？这个股票的公司可能很优秀，但至少现在，这只股票不是一只好股票。这是非常重要的区分。

如果基金经理人很明显在抛售股票（这一点你可以通过跟踪线图中的股价和成交量观察到），不要仅仅因为这只股票有良好收益就继续持有。如果机构投资者正清仓卖出股票，而你仍然坚持持有，那么你无异于是在打一场注定失败的战役。

希腊船运公司干船（DryShips）就是个最好的例子。即使该公司收益仍然在保持三位数的收益和销售增长，但因为大型投资者都在抛售该公司的股票，该股票呈明显的下降趋势。这个时候如果你还仅仅因为这家公司的收益增长而执念于该股，这意味着什么呢？这样的股票很快就会从"富有"变为"贫穷"，正如干船公司在接下来的五年之内股价从 130 美元下跌到 2 美元，这证实了这一章一开始提到的"在股价跌至 7% 到 8% 时开始止损"。

底线：当看到线图中有明显卖出信号时，毫不犹豫地卖出，即使这些收益看上去很美。你可能不了解机构投资者清仓的原因，但谁在乎呢？在你全身而退地保护好收益之后就会明白个中原因。

第5章 卖出检索清单

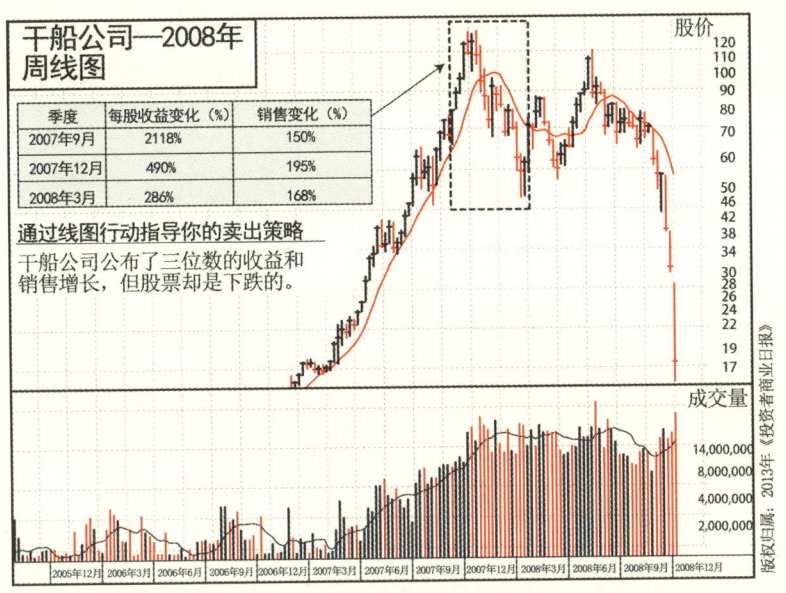

干船公司股价下跌：在卖出时，主要关注线图行动而非收益

图 5-1　干船公司—2008 年周线图

8. 最重要的卖出准则是选对买入时机

几年前我顿悟了一些道理。这些道理现在看来当然犹如事后诸葛亮，但对我而言却非常重要。我意识到我的大部分错误都归结于一个简单的原因：买入时机不当。我总是过早买入或是在错失突破点时弥补性地追买股票，因此我从一开始就已经如履薄冰，而不是走在真正盈利的路上。

解决了这个问题后，形式就大为改观了，这让我从更安全和稳健的角度出发寻找股票。

从人的心理上而言，坐拥收益的情形做出卖出或持有的决定，要容易得多。如果你正经受损失，处于自我怀疑的状态，外加一份对快速反弹的期待和一份对更大损失的恐惧，这个时候你是无法做出冷静而客观的决定的。

不是每一次交易都能符合你所想要的方式，如果你在买入股票之前遵循了买入检索清单，你投资的会是机构投资者大幅买入的优质股。这些股票会在大盘上升趋势的合适买点突破。这大大增加了你从一开始就走对路并从股市中获利的概率。

很多事情只有经历过才能变为现实。

——约翰·济慈

不幸的是，我认为济慈说了一条真理。我将之认为不幸，是因为我觉得大多人都会快速读完这八大法宝，并且在还没有消化完时就进入下一节内容。

接着，在投资之路上遭受损失后才意识到，"哦，天哪，马修说的是对的，我应该早一点止损"，或者是"为什么我会让手上的利益消失不见呢"。

是的，我说的是经验，我的确是花了很大代价才得出这宝贵的八大法宝。

但是这并不意味着你必须付出惨重代价，你只需把这章重新读几遍，强化巩固重要知识点，并确保已经烂熟于心。这些知识点会让你远离那些不幸，开始体会投资的快乐。

简单卖出法则

卖出检索清单涵盖了基本元素。但还有一些更高深的卖出信号，你可以从威廉·欧尼尔的《笑傲股市》一书中找到答案，或者参加当地 IBD 网下会面团队。

我在这本书中想要传达的信息是，希望你能从一开始就拥有一个明确的、简单易学的行动方案，一个能帮你迅速扩大收益、避免重大损失的方案。下面就是这个方案的具体内容。

> **你的简单卖出方案**
>
> 如果股票价格比合适买点高出20%到25%，卖出大部分股票。
> 如果股票价格比买入时下跌了7%到8%，毫不犹豫地卖出。
> 在大盘呈下降趋势时采取防御性措施。

这三条简单的准则中既有进攻性准则，也有防御性准则，能极大地帮助你获得盈利。我们会学到其他警告标志和卖出信号，但在你游移不定时，请遵守这三条核心准则。

3比1损益比率

在股市中盈利的第一步，是要保护你已经拥有的财产，遵守3比1损益比率法则能帮助你做到这点。

注意前两条卖出准则是如何组合实现3比1的比率的：20%—25%利润 vs. 不超过7%—8%的损失。如果你坚持这条基本的卖出法则，你可以在即使2/3的股票选错的情形下依然保持上风，或者只有少量损失。下面这张表展示了相关原理。

使用3比1比率增加和保护你的财产

交易序号	投资金额	盈利/损失（%）	利润/损失（$）	总额
1	$5000	-7%	-$350	$4650
2	$4650	-7%	-$326	$4324
3	$4324	+25%	+$1081	$5405（占总体盈利的8%）

每个人都会犯错，有时得为自己的错误买单。但如果你学会止损，你就可以避免犯大错。

下面这张表展示了你在60%的选股成功率（三次成功，两次失败）时如何拥有稳固的69%的收益。

巩固收益，减少损失

交易序号	投资金额	盈利/损失（%）	利润/损失（$）	总额
1	$ 5000	-7%	- $ 350	$ 4650
2	$ 4650	+25%	+ $ 1163	$ 5813
3	$ 5813	+25%	+ $ 1453	$ 7266
4	$ 7266	-7%	-509	$ 6757
5	$ 6757	+25%	$ 1689	$ 8466（占总体盈利69%）

首先使用买入检索清单找到牛股，然后遵循这条基本卖出法则锁定收益并止损。

通过这种方式，你可以充满信心地踏进股市之门。因为这种方式不仅让你的财产免于受到潜在风险的影响，还能为你日后的收益增长奠定良好的基础。

进攻性卖出用于锁定收益

在我们继续下面的内容之前，先快速浏览一些线图的内容。

在卖出检索清单中，我们会看到一些和线图相关的术语，比如基本形态、杯柄、理想买点、合适买入范围。如果你对这些概念不甚了解，也不用担心。本书有专门的内容一次性介绍这些基本概念，并且这些概念在适当的时候会被多次提及。

但现在，我们要关注的是基本卖出方案：在股价高于合适买点20%—25%

时卖出，能增加收益；在股价低于买入价格7%—8%时卖出，能止损；在大盘呈下降趋势时，采取防御性措施。

我们会在第 6 章"避免盲目投资：通过线图发现买入和卖出的最佳时机"中，学习到基于线图的卖出信号。

卖出检索清单

进攻性卖出：锁定收益

☐ 一旦股票价格比合适买点高出 20% 到 25%，卖出大部分股票。
例外情况：如果股票价格在合适买点之后的 3 周内上升了超过 20%，则持有该股票达至少 8 周。

☑ 一旦股票价格比合适买点高出 20% 到 25%，卖出大部分股票。

如果你是股市新手，这条准则尤其能帮助你增加财富和信心。全垒打和大满贯当然是很让人向往的，但这基本上不可能发生。幸运的是，你只需将 20%—25% 的准则用于若干只股票，就能获得很不错的收益。下面的内容对具体原因做了解释。

72 法则

我第一次接触这条法则，是在 20 世纪 90 年代读到传奇性共同基金经理彼得·林奇所写的一本书：《战胜华尔街》。这条法则能让你快速地将收益翻倍。

工作原理如下：假如用百分比来计算某只股票给你带来的收益（或其他投资），用 72 除以这个数所得到的结果，就是你需要通过累积收益将资产翻倍的次数。

例如你确定某只股票有 24% 的收益，72 除以 24 得 3。这意味着如果你把投票的总金额（包括24%的收益）再次用于投资，并得到另外两份24%的收益，那么你的收益基本上就翻倍了。

你会发现，在几只不同股票之间获得三次20%—25%的收益，要比一次性获得100%的收益容易得多。如下表所示，如果你把这些收益综合起来，每一份微小收益的累加最终会带来巨额收益。

小收益如何带来大利润

交易序号	投资金额	盈利（%）	利润（$）	总额
1	$5000	24%	$1200	$6200
2	$6200	24%	$1488	$7688
3	$7688	24%	$1845	$9533（占总体盈利的91%）

为什么在20%—25%卖出

简而言之，基于历史经验。我们研究了自19世纪80年代以来的所有牛股，发现一条普遍的规律，即当一只股票突破合适买点并上涨20%—25%时，通常这只股票的价格就会回调，并形成一个新的价格形态，如带柄茶杯、双底及平底等。

因此，与其坐等市场调整（比如股价下降），并眼睁睁看着收益消失，倒不如抓住机会、锁定收益。这也正好符合了我们在八大成功卖出的法宝中所提到的——卖出要趁早；换句话说，在股票价格下跌并因此收回你的大部分收益之前，就应该采取行动。

下面两张线图可以说明20%—25%卖出法则如何帮你锁定收益。

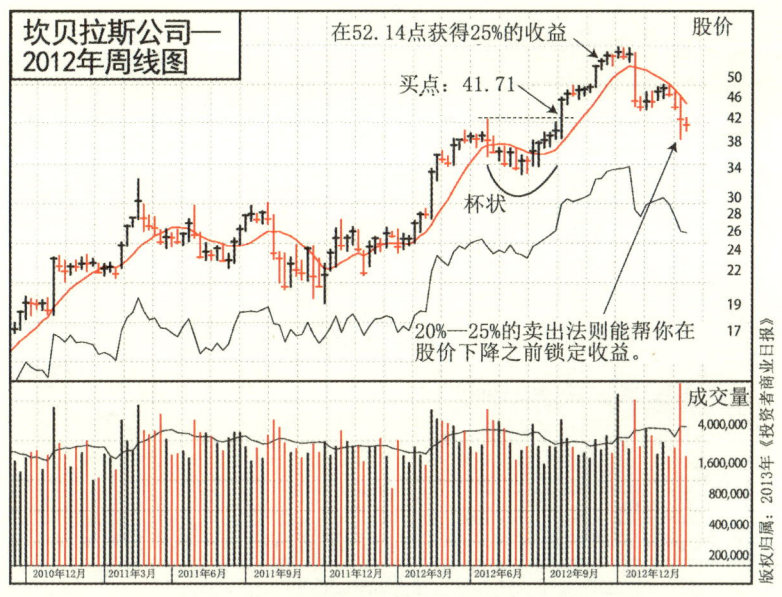

20%—25%卖出法则帮助构筑你的财产和信心。

图 5-2　坎贝拉斯公司—2012 年周线图

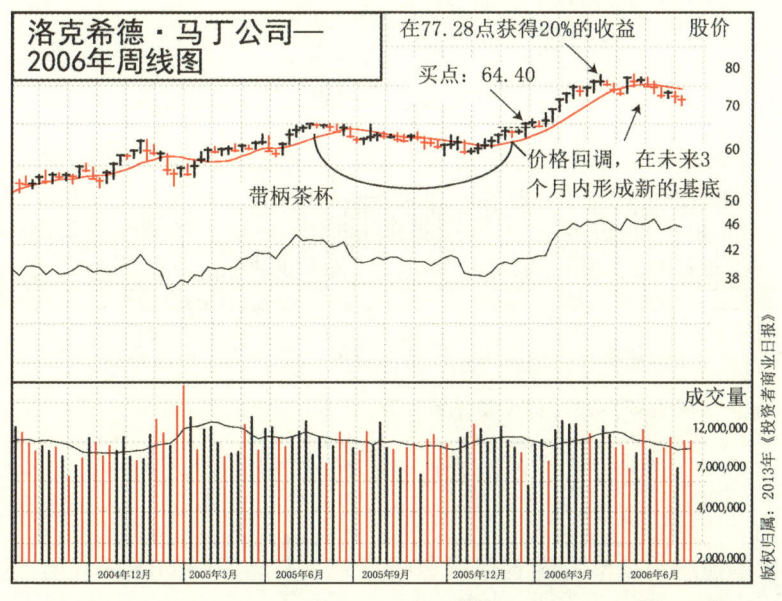

不要让收益溜走。遵循 20%—25% 卖出法则能为你锁定并增加利润。

图 5-3　洛克希德·马丁公司—2006 年周线图

20%—25%法则的注意事项

20%—25%法则带来的收益是基于股票的理想买点计算得出的,这可能和你真实的买入价格不同。

在后面学习线图形态时,你会发现股票的买入范围是从比理想卖点高出5%开始算的,所以,假如你买入时的股价比理想买点高出4%,一旦股票上涨到高于理想买点20%,你的利润就是16%。

下面这张图可以说明如何正确使用20%—25%卖出法则。

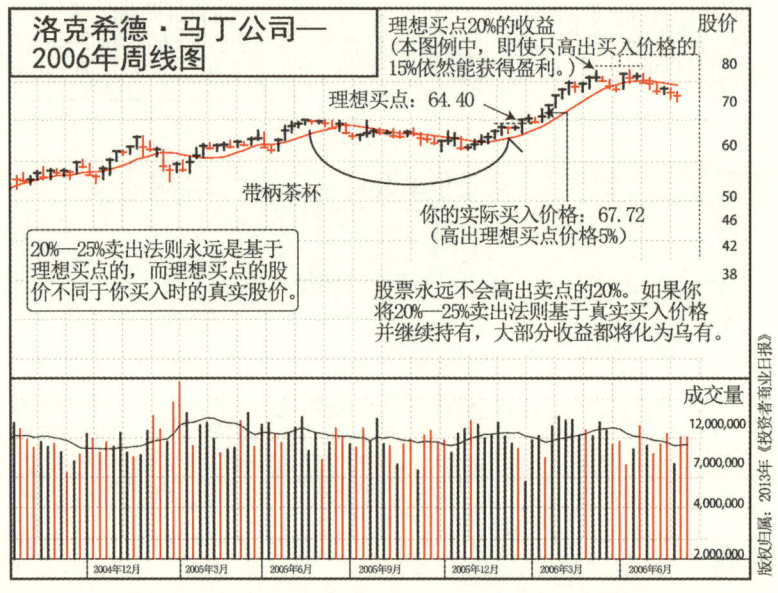

尽量买入靠近理想买点的股票,做到这点的一个办法是设定自动交易触发器,以便在股票突破时立即买入(详情参见第4章)。

图5-4 洛克希德·马丁公司—2006年周线图

我单独用一小节的内容强调20%—25%卖出法则的注意事项,这是因为在我踏上投资之旅时,曾经误读这条法则,直接导致资产的损失。我以为应该在收益达到20%—25%时卖出股票。我不止一次地在股票上升到

15%左右时，安心等待着股票继续上涨到我所认为的基准点——20%。但事实上，在股票到达这个点之前就会下跌，而我最终只会获得小小的盈利，甚至还有可能赔钱（很明显，这是我对"避免变盈为亏"这一点理解不够所交的学费）。

直到有一天，当我回顾之前的股票交易时，才意识到自己的错误。我是在股价高出理想买点4%—5%的时候买入，但我错误地把20%—25%卖出准则同我的实际买入价格联系起来，而不是股票的理想买点。这反过来也证明为什么回顾过去的交易是如此重要，有关如何进行盈利的事后分析并改掉不好的投资习惯，请参见第7章。

卖出牛股后仍然要持续关注

牛股会给你带来多次盈利的机会

牛股通常会在价格翻了两倍或三倍的时候形成价格形态，如同一名徒步旅行者，优质股总是上升一会儿，然后休息一会儿（甚至还有可能下滑一点），接着继续上升。

所以当你卖出一只符合20%—25%卖出准则的股票，这不一定就是结束。继续观察这只股票的动态：这只股票是否会在价格下跌后形成新的带柄茶杯或其他价格形态呢？或者这只股票会继续上涨，然后形成三周收盘价接近或平底价格形态吗？这些情景都能为你创造新的买入和盈利机会。

你必须持续跟踪这些牛股的动态，这一点至关重要。这些牛股具备CAN SLIM的特征，并且有足够的实力在良好价格形态突破，并获得可观收益。如果这些牛股继续重复这个盈利的过程，为什么不抓住机会赢得多一些的利润呢？

下面以墨西哥烧烤餐厅为例，进一步说明20%—25%卖出准则的工作原理。

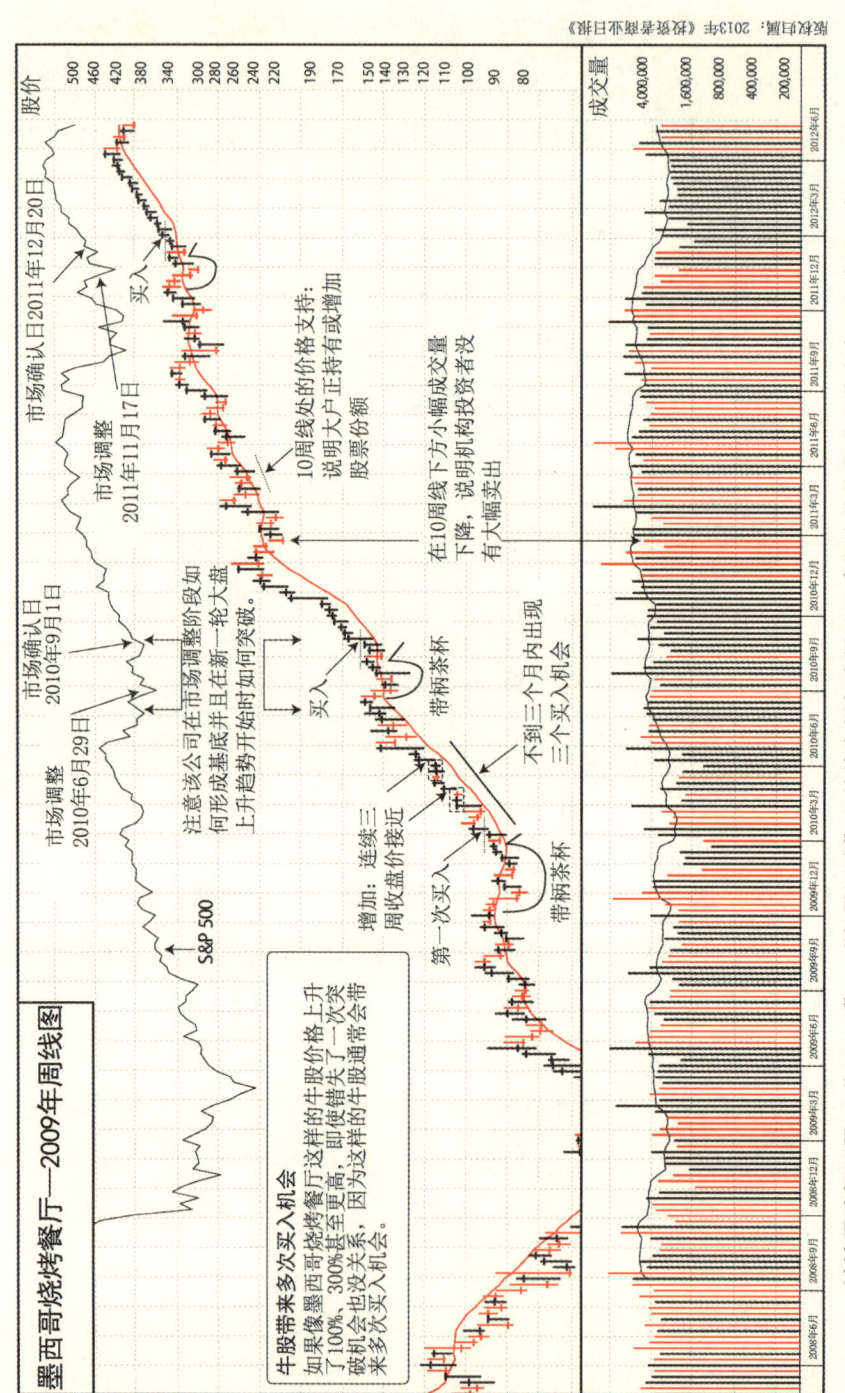

图5-5 墨西哥烧烤餐厅—2009年周线图

切记：既然你曾经持有某只股票，就一定了解它的背景信息。如果你在使用线图，你还会知道它的交易"特征"。这些信息能让你更轻松地正确处理该股票并提前发现趋势变化。

同时，这也更容易抓住牛股带来巨大收益，而不必硬撑着承担抛售带来的压力。

当像苹果、价格在线、绿山咖啡这样的股票，上升到1000%甚至更高时，你可能不会抓住全部的利润，但如果你遵循20%—25%法则，并在卖出牛股之后继续跟踪其状态，你一定能从该只股票中获得更多次的20%+的利润，同时，72法则也说明这些收益中的一部分如何快速增加你的资产。

不要忘记大盘趋势

股票可不是在真空中运行的，如同月亮对潮汐的影响，大盘趋势对个股有着重大的牵引力。

你会经常发现某些股票上涨到高于合适买点20%—25%，紧接着下跌并形成新的基底，而同一时期大盘刚开始呈现下降趋势。

你是否看到其中的关联？

牛股会在大盘呈上升趋势时上涨，并在大盘的低迷期下跌——定期检查"大盘分析"一栏中"市场脉搏"、观察大盘趋势变化的重要性由此可知。

后面有关防御性卖出的内容中还会提及大盘的更多作用，不过现在，你只需牢牢记住20%—25%法则对于大盘的起落有着多么紧密的关系。

使用20%—25%卖出法则的例外情况

如果股票在进入合适买点之后的三周之内上升了20%，持有该股票至少8周。

拥有如上特质的股票能够继续上升，赢得更大的利润。这是一个信号，说明机构投资者在大幅买入新股，或在现有股票上加大投资力度，而这将带来持续的大幅价格上升。

但是一只股票只是直线上升，而不经过一点下跌，也是不可能的。事实上，在一只股票开始上升之后不久，就有可能会迅速下跌。这是因为一些投资者会想要获得短期利润。如果该股票表现特别突出，它也能不受暂时下跌的影响而持续上升。

8周法则的目的在于帮助你度过任何突发价格下跌，并持有那些具有更大盈利机会的股票；如果没有8周法则，就很容易在价格下跌时慌了阵脚，并早早卖出。

下面两幅图可以说明8周法则是如何帮助投资者保持巨大盈利的。

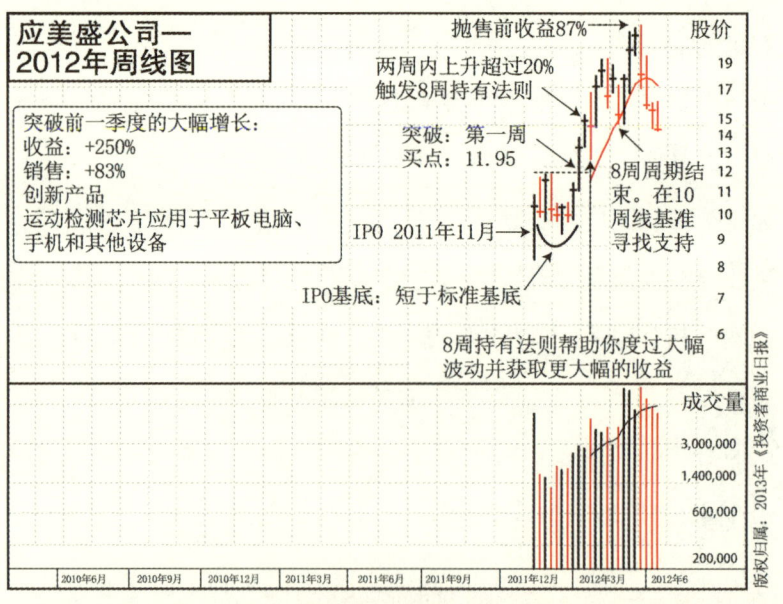

8周持有法则帮助投资者从应美盛公司87%的收益中获得可观盈利。

图5-6　应美盛公司——2012年周线图

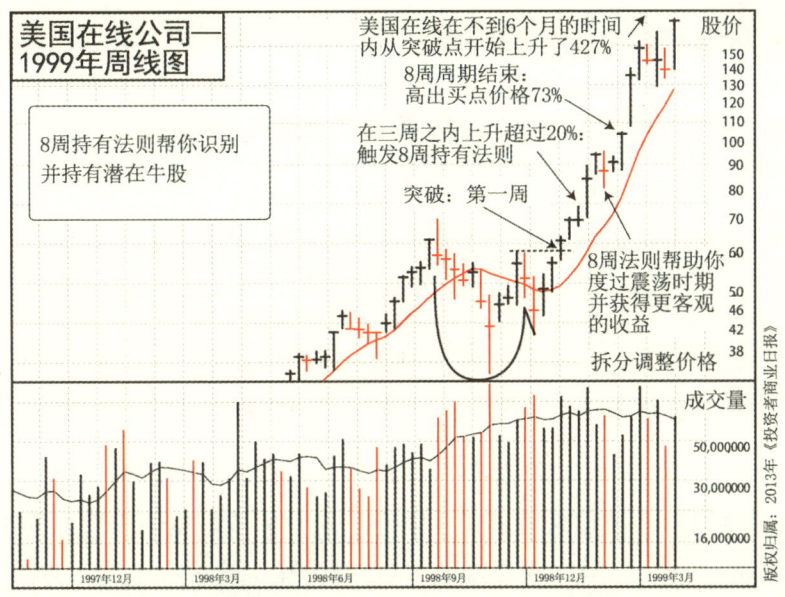

如果没有8周持有法则，很容易因为紧张而过早卖出牛股。

图 5-7　美国在线公司—1999 年周线图

8 周持有规则的三点注意事项

1. 不要将 8 周持有规则用于任何老股票。确定当前的股票是真正的领军股，拥有突出的收益和销售增长，稳健的机构投资者的投资以及 CAN SLIM 特征。

2. 注意，突破所在的那一周被认为是 8 周持有规则中的第一周。具体可参见上面两个图例。

3. 8 周持有规则适用于刚刚突破合适基底的股票。不要将 8 周持有规则用于那些在突破带柄茶杯或其他价格形态以前就突然上升 20% 或更高的股票。比如，某只股票的收益报表可能显示股价上升了 20% 或更高，但只有当该股票突破基底才能使用 8 周持有规则（有关价格形态和识图的更多内容，请参见第 6 章）。

8周周期结束时该如何操作

在8周持有规则的周期结束后你有两个选择：卖出或继续持有。

以下几个问题有助于你做出抉择：

- 股票在这8周内是否明显上升，或者你是否归还大部分收益？你之前所获得的收益是否即将化为乌有？
- 如果股票正在下跌，是否在关键区域寻找支持，如10周移动平均线或以前的阻力区域？如果是，则说明大户正保持股票份额。或者股票是否下跌至低于大幅成交量时的关键基准？如果是，则说明基金经理人可能正在清仓。这时你最好也做出同样的举动。
- 大盘是否仍然在"确认上升"趋势，抑或是转变为"压力下上升"或"市场调整"趋势？

当你把这几个问题的答案同自己的风险承受能力结合起来，就很容易做出卖出或持有的答案。一定要记住：你无需卖出所有的份额。你可以选择卖出一小部分。这样做能让你锁定一部分收益，同时又留一些空间，为股票飙升做准备。如果股票正形成新的价格形态或陷入困境，你也可以当即卖出，并在股票反弹并再次通过买入检索清单时，买回这些股票。

盈利只留给那些有准备的人

不是你买的每一只股票都可能拥有100%、500%、1000%甚至更高的利润。

即使当你非常了解某些牛股时，它们也不会永远直线上升。这些牛股也需要停下来歇口气，然后继续攀升新的高峰。

这就是在持有股票时需要进攻性卖出准则来获得收益的原因。

你只需做到以下重要的几点：
- 在股票价格比合适买点高出20%到25%时卖出，以获得利润。
- 当大盘呈低迷状态时，锁定至少部分收益。
- 通过使用3比1损益比率，系统性地增加和保护收益。

随着选股和识图能力的提高，你会更加熟练地从同一只股票中多次获得20%—25%收益，并通过持有"巨人股"获取更大利润。

但是目前的关键在于找准方向。如果你坚持遵循简单卖出方案，可以通过多种方式增加你的财产，甚至是你的信心。

👉 行动步骤

执行以下任务，学会使用卖出检索清单以获得利润。要获取具体步骤并提高股票卖出的技能，请登录 www.investors.com/GettingStartedBook。
- 观看进攻性卖出的两个小视频：
- 20%—25%时卖出获得利润
- 使用8周持有规则获取更可观的利润

防御性卖出用于止损和保护收益

下面这句话对于任何投资者而言都是正确的：我们在开始投资时都有两种最基本的情绪：希望和害怕，我们希望能尽快盈利，但是我们也害怕输掉身家。

最好的办法是拥有平和的心态。一些简单的法则能帮助你免于遭受损失。这就是卖出检索清单中防御性卖出的核心内容。要避免重大损失，请遵循这些基础的卖出准则。如果你能做到这点，即使是遇见如2008年一般的熊市，也一样可以高枕无忧，因为你知道如何通过坚持健全的方案主动保护收益。

首先让我们看一看前两条防御性卖出的标准。我们会在第 6 章 "避免盲目投资：通过线图发现买入和卖出的最佳时机" 中了解线图相关的项目。

卖出检索清单

防御性卖出：止损和保护剩余财产

大盘情况

☐ 当 "市场脉搏" 显示当前市场呈 "压力下上升" 或 "市场调整" 趋势时，采取防御性措施。

你的股票

☐ 如果股票价格比买入时下跌了 7% 到 8%，毫不犹豫地卖出。

你会发现检索清单的这部分内容被分为 "大盘情况" 和 "你的股票" 两大块。

正如我们一再强调的，个股不是存在于真空当中，大部分个股都会随着大盘趋势的变化而做出相应的调整。

你应该始终关注大盘动态，因为最终决定卖出还是持有的，是你的股票的状态。

你也许开着一辆装修豪华的昂贵跑车，但如果道路布满浮油和冰块，你一定也会想要减速行驶。投资也是如此，你如何驱动自己的财产，取决于当下的股市状态。

所以，让我们进入下一部分。

卖出检索清单

防御性卖出：止损和保护剩余财产。

大盘情况

☑ 当"市场脉搏"显示当前市场呈"压力下上升"或"市场调整"趋势时，采取防御性措施。

到现在为止，有一点已是再清晰不过：当大盘从"压力下上升"变为"市场调整"趋势时，你必须保护收益。

记住：**你不需要在股市中无时无刻不投资。你的目的是在股市呈上升趋势时盈利，在股市呈下降趋势时保护收益。**

如何了解股市什么时候陷入困境

检查"大盘分析"一栏中的"市场脉搏"。

我们早在第3章中有关"大石头1"的内容中就提到过这一点，所以现在只是简要重述并，关注具体采取什么步骤保护收益。

如下图所示，IBD的三部曲方法能让你了解卖出压力是否正在上升，这意味着当前趋势正处于调整的边缘。试想，在交通指示灯由绿（确认上升趋势）变黄（压力下上升）再变红（市场调整）。

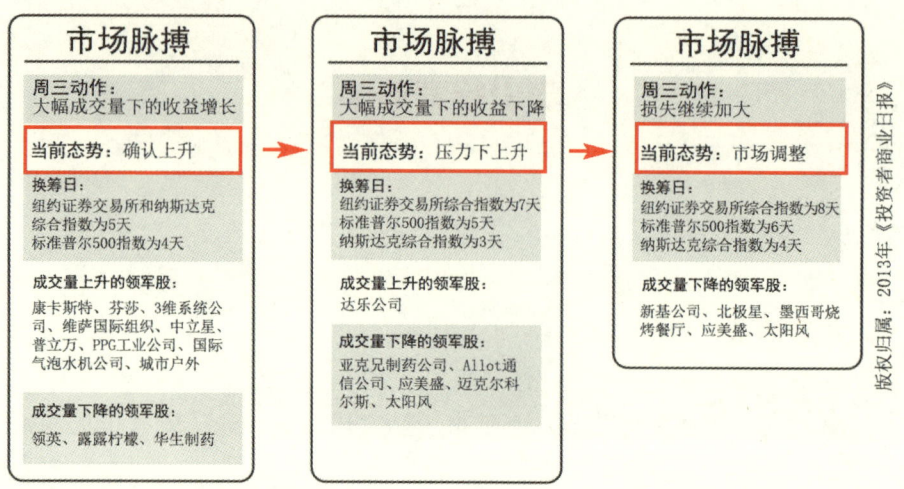

换筹期提醒你问题正在累积

当大盘呈上升趋势时，我们观察着换筹期的到来。换筹期指的是重要指数中至少有一个指数显示大幅卖出的时期。这里的重要指数主要指纳斯达克综合指数、标准普尔500指数及道琼斯工业平均指数（具体可参见第3章中"大石头1"的相关内容）。

如果换筹期延长了，你可得当心，这意味着机构投资者正在清仓，而当前大盘趋势为下降状态。

如果在4到5周内出现6个换筹时点，大盘通常会呈现调整状态。

你可以通过检查"市场脉搏"（具体参见以上例子）来跟踪换筹期的天数。如果换筹期的天数持续增加，大盘趋势将从"确定上升"变为"压力下上升"再至"市场调整"（大盘趋势转变至"市场调整"所需的换筹期的天数，在不同的情景下会有所不同，你需要定期观察"大盘分析"以获取最新调整信息）。

现在可以想一想三部曲进度的重要性。

有些大盘是波动不止的，通常大盘趋势在几周内会发生变化，而你在这段时间要做的事情是——保护收益。

在前面的内容中，我们看到当 2012 年 3 月到 4 月大盘陷入"市场调整"状态时，换筹时点是如何形成的（具体参见第 3 章中"大石头 1"的相关内容），我们也提到从 2007 年 11 月开始的由金融和房地产危机导致的大熊市中，"市场脉搏"的变化是如何帮助投资者避免重大损失的（具体参见第 3 章中"大石头 1"的相关内容）。现在，让我们详细了解之后的大盘情况以及如何通过使用换筹时点数来保护收益不受大盘下跌的影响。

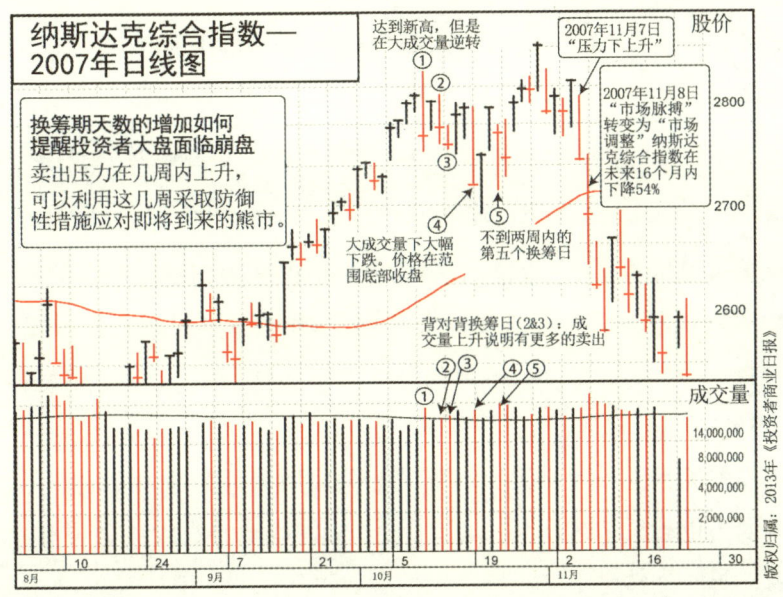

定期观察"大盘分析"一栏中"市场脉搏"的换筹天数能让你了解何时采取防御性措施以保护收益

图 5-8　纳斯达克综合指数—2007 年日线图

换筹天数增加时应该采取什么措施

最重要的是确定你正遵循卖出法则。

- **寻找机会锁定收益**。如果你的某只股票比买入时上升了 20% 到 25%，为什么不兑现一部分甚至是所有收益呢？如果换筹天数继续增加，你的股票很可能也会下滑的。

- **止损**。即使是在股市情形良好的时候，如果某只股票比买入时下降了7%到8%，也应当立即卖出。在股市低迷时，你甚至可以更早止损，比如3%到4%时。早点止损总好过最后来不及。

以下指导原则告诉你如何应对换筹日的增加。

换筹日序列号	动作
1	无需特别处理
2	无需特别处理
3	开始更密切地关注股票
4	卖出一部分股票
5 或 6	如果收益受到威胁或者开始有少量损失，主动采取防御性措施

从上表可以看出，一到两个换筹日不足以令人担忧，但从第三个换筹日开始，就要当心了。持续关注手头持有的每一只股票，并遵循卖出法则。只有这样，你才能在换筹天数继续增加的情形下，随时准备好采取防御性措施。

当换筹天数上升到4天，卖出一部分股票，因为这时卖出压力正在上升，所以可以趁机清理弱势股了。记住成功卖出的八大法则中有一条是：卖出要趁早。当然，不要犯糊涂把牛股卖掉却保留了落后者。

进入第四个换筹日时为什么要开始卖出股票呢？

因为等到进入第五或第六个换筹日时，许多领军股可能已经大幅下跌，所以要主动卖出显示下跌迹象的股票，才能减少损失的风险。比如，某只股票可能会在交易量上升的情况下股价急剧下跌，这是机构投资者正在卖出的信号。

下面一张线图可以说明如何使用"市场脉搏"和基本卖出法则来锁定收益。

第5章 卖出检索清单

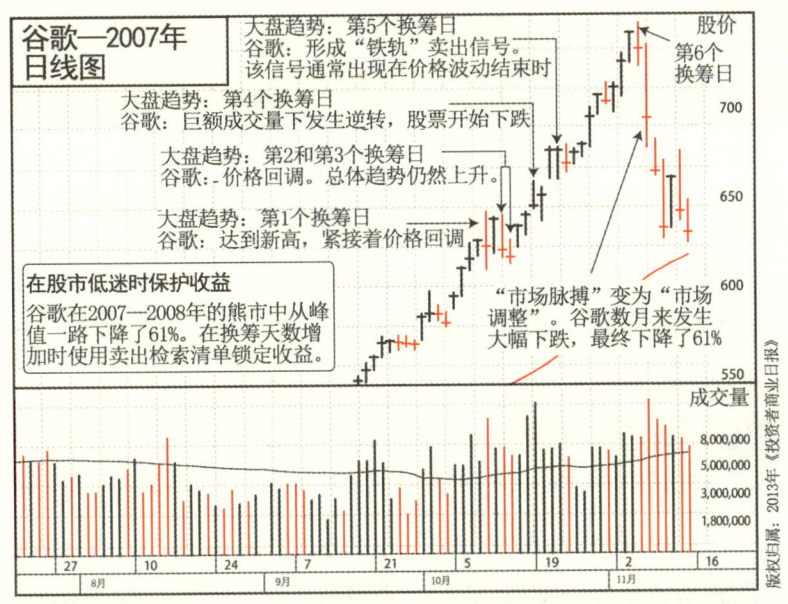

保持盈利和保护收益：当换筹天数增加的股市低迷期，采取防御性措施。

图 5-9 谷歌—2007 年日线图

重要警告

如果上升趋势已经形成（比如已经持续至少几周）且状态良好，你无须担心前面几个换筹日。但是，如果你在新的上升趋势开始之后发现换筹日，千万要当心，这意味着新的上升趋势并没有稳定下来，大盘趋势会迅速转变为"市场调整"。

"大盘分析"专栏会提醒你出现了这些类型的警告标志，因此要定期阅读"大盘分析"专栏，并将之纳入投资习惯的一部分。

当心祸不单行

如果在你的股票显示出警告信号的同时，大盘趋势在卖出压力下又发生变化，这无疑是双重打击，大户们会撤出股市，尤其是会卖出你所持有的某些股票。这真是经典的祸不单行的情景。

在这种情况下，为什么还要继续持有，任由事态发展到一败涂地？为什么不脱离市场的控制？

这是你的资产,你可以通过坚持卖出检索清单控制和保护你自己的资产。

在股市低迷时获得利润和止损

总结起来,基本的卖出方案需要你做到以下两点:

- 在20%—25%时卖出用于获得利润。
- 在不高于7%—8%时卖出用于止损。

但是你可以,或者说应该,在股市低迷时期做好调整。作为经验之谈,建议你使用我们在前面的"进攻性卖出"一节中提到的3比1损益比率。

例如,你可以在10%到15%时卖出获得利润,在不高于3%到5%时开始止损。这就相当于在浓雾中驾驶要减慢速度,并更加小心。正常速度可能是100公里/小时,但如果连前面的路都难以看清,你还会开那么快吗?

所以,要基于当前大盘情况调整方案。只有这样,你才能安全地到达目的地。

应对"市场调整"的三大建议

当"市场脉搏"显示当前大盘趋势从"确认上升"变为"压力下上升"最后到"市场调整"时,你可能已经卖出了一部分股票。这种情况下,要么是你达到盈利目标并锁定收益,要么是你的股票触发了卖出检索清单中所包含的卖出准则。

但是要记住:你并不需要在"市场调整"时自动卖出所有的股票。如果你的某一只股票收益惊人,你也可以静观事态发展。

注意:持有一些股票是没问题的,但如果你在"市场调整"阶段依然满负荷地投资，你可能需要更密切地关注自己的资产。确保正确遵循了卖出方案，并采取了我们在前面的内容中提到的八大法宝。

以下列出了三种方法，帮助你在大盘下跌时保护收益的安全，并在下一个大盘上升趋势开始时准备好盈利。

1. 不要买入新股

你现在明白大部分股票在"市场调整"阶段都是下跌的，那么为什么还要冒险呢？在新一轮上升趋势开始之前，不要买入新股。

2. 保护现有收益

记住你的主要目标是在大盘呈上升趋势时盈利，在大盘呈下降趋势时保护收益。

如果在大盘趋势发生变化时就卖出所有股票，那么在股市开始强劲反弹时你从何获取盈利呢？要避免"往返投资"，你只需遵循卖出检索清单。

如果你在"市场调整"阶段持有股票，你要明白现在的大盘趋势对你的股票是不利的。你需要保持警惕，在股票开始大幅下跌时，随时准备好保护财产不受损失。以下是具体的措施。

- 确保你有足够的利润缓冲潜在的股票下跌。如果你只是在保本或仅仅赢得小额利润的状态下，要在大盘下降时盈利是有困难的。
- 设置目标卖出股价。决定当股票抛售时你希望保持的收益比率。举个例子，如果你有75%的收益，你会希望在股票抛售时依然拥有50%的收益。那么，当股票价格达到这个点，则应该锁定剩余利润。

你可以通过设置自动交易触发器来确保自己是紧紧遵循目标卖出股价的（具体参见第4章）。

- 考虑卖出至少一部分股票份额。这是确保盈利的一种方法，留有一部分份额是为了在大盘上升时不失去盈利的机会。

3. 准备好在下一个大盘上升趋势时盈利

我们在前面学习过这一点。在这里再次强调，是为了确保你真正理解了这一点。如果你在大盘呈下降趋势时不再遵循投资常规，那么在大盘重新上升时你也就无法准备好盈利。

股市的天空不会掉馅饼给那些只知道等待的投资者，好的结果，或者说可观的利润，总是留给那些在做准备的人。

现在你可能会想知道：既然在"市场调整"阶段不能买入，为什么我还要继续坚持这些规则并寻找牛股呢？答案就在下面。

为什么在股市低迷时需要保持关注？

- 大盘趋势很快就会发生变化

在大盘呈"市场调整"状态时，新一轮的上升趋势不出四天就会到来。市场确认日伴随的正是这样一个新的反弹。（具体参见第3章中"大石头1"的相关内容）

切记：新的上升趋势开始时总是伴随着糟糕的股市消息，所以如果你持续关注股市起落的头条新闻，却忽略"市场脉搏"版块，你可能无法及时意识到新一轮的反弹。

- 大部分股票在"市场调整"阶段会形成新的基底，也就是能带来大幅价格上升的价格形态

如果你没有检查"IBD 50"或其他列表了解正在形成基底的牛股，在新的上升趋势到来之时，你就无法将这些牛股列入观察清单。

- 巨额盈利总是在新一轮上升趋势的早期出现

"市场脉搏"显示"市场调整"趋势变为"确认上升"趋势之后，通常会发生什么？

最强大的CAN SLIM股票会在这时开始突破，这些股票会突破形成于"市场调整"阶段的带柄茶杯或其他价格形态，并为那些持续关注的投资者带来丰厚利润。

下面这张线图可以说明如何在新一轮上升趋势的早期形成盈利机会。

第5章 卖出检索清单

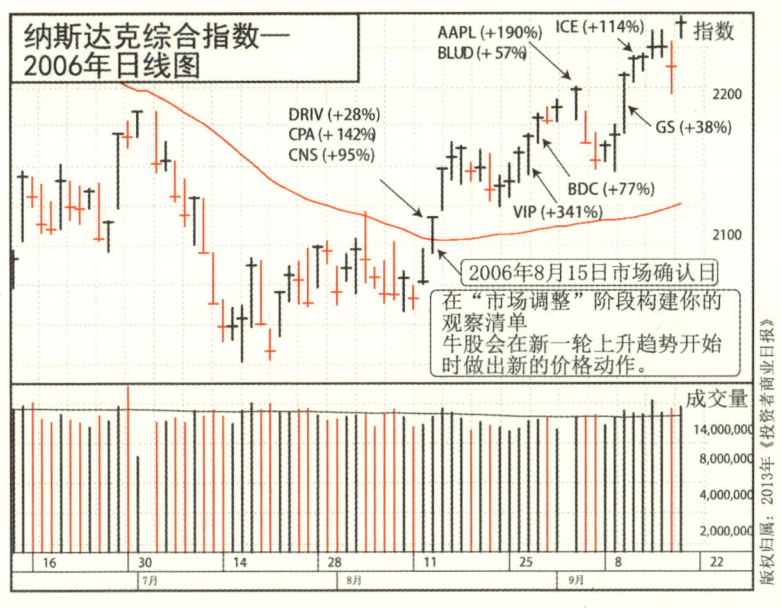

AAPL：苹果　　　　　　CNS：科恩-斯蒂尔斯公司　　ICE：洲际交易所
BDC：百通　　　　　　　CPA：科帕控股　　　　　　　VIP：Vimpel 通信公司
BLUD：美国 immucor 公司　GS：高盛

随时准备好：当新一轮上升趋势开始时，牛股会立即做出新的价格动作。

图 5-10　纳斯达克综合指数—2006 年日线图

理解好这一点非常关键。你可以回到前面的内容看一看我们在 2003 年、2010 年和 2011 年的一些相关案例巩固这一点（具体参见第 3 章中"大石头 1"的相关内容）。

切记：这绝不是事后诸葛亮。如果你定期使用我们在第 4 章中学习到的每日 10 分钟常规和简单周末常规，就会发现"IBD 50"、"每周评论"、"领军行业"、"股票聚光灯"等排行表中的大部分领军股，在突破之前都有这样的特征。

保护/准备/盈利

我不知道你在读这本书之前对股票持有怎样的概念，但我希望现在你能意识到两件事情：

- 你不必受制于股市。

你可以找到合适的买入和卖出时机。

- 在股市呈下降趋势时不必沮丧，即使是严重的下跌也不必惊慌

你要做的是遵循卖出检索清单保护收益。只要你能坚持买入检索清单和简单常规，就能准备好从下一个上升趋势中出现的盈利良机中获利。

下一步：现在你已经了解如何应对股市低迷时期，那么现在，我们来看看如何处理你所持有的股票的弱点吧。

👉 行动步骤

通过完成以下任务加深了解如何发现并应对大盘中的缺陷。你可以登录 www.investors.com/GettingStartedBook，获取具体步骤。

1. 阅读"大盘分析"专栏
- 股市当前是否呈上升趋势，还是市场调整状态？
- 当前市场状态还有其他特征吗？
2. 请观看以下小视频
- 卖出还是持有？如何在股市低迷时期检查你的股票？
- 如何应对"市场调整"阶段？
- 市场确认日之后应该如何行动？

卖出检索清单

防御性卖出：止损和保护剩余财产

你的股票

☑ 如果股票价格比买入时下跌了7%到8%，毫不犹豫地卖出。

无论是2000年的网络泡沫，还是2008年的金融危机中，我们都听说过有人的股票在熊市中下跌了30%，50%，甚至更多。这无疑是令人心痛的，尤其是想到本来完全可以避免。

要避免这些损失，你只需遵循以下简单准则：在不高于7%—8%时卖出达到止损。

第5章 卖出检索清单

这一点非常奏效，而且操作简单。无需识图，也没有任何技术性的指标。如果一只股票的价格比你买入时下降了7%到8%，立即出手。

但是，为什么不是所有人都遵循这个规则呢？

坦白说，我觉得首要原因是无知。成千上万的人其实并不了解股市的运行方式，他们也没有任何卖出准则来保护收益。

第二个原因是情绪波动。

我们都是普通人，都不愿意承认自己犯错，所以许多投资者最自然的反应是持有并希望股票反弹，而不是快速止损。

大错特错！这样的做法将带来更大的损失。

有关卖出有一个矛盾之处。如果你在小损失面前很难决定卖出，那么在损失扩大时，就更难卖出了，因为此时正是怀疑和妄想滋生的时候。

相信我，我有过类似的经历。下面这张线图就能说明，我在初入股市时是如何顽固地持有曾经的领军股南太电子公司的。

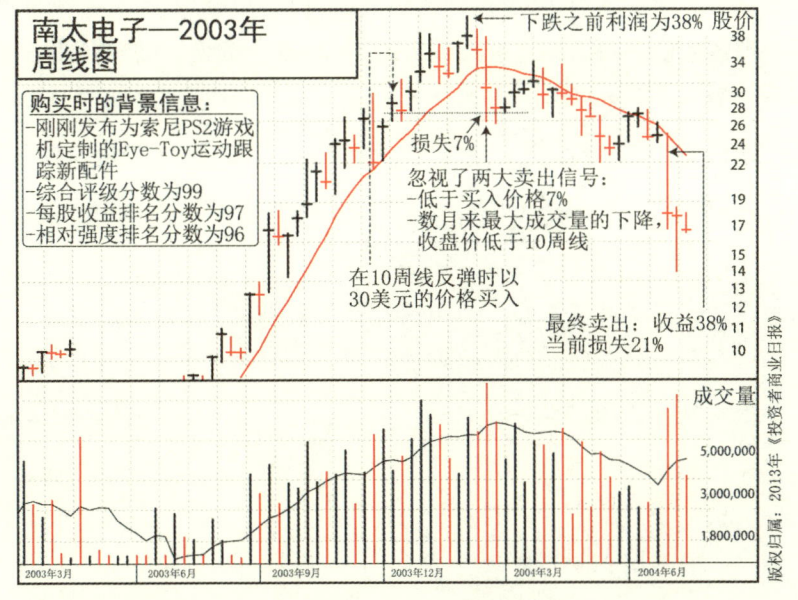

图 5-11　南太电子—2003 年周线图

我犯了两个错误：

1. 我让可观的利润化为乌有并最终变成损失，

2. 我让小损失不断增大。

关键的一点是：我知道这些规则，但并没有遵守这些规则。

我想我们终会在某一时刻直面这个问题，尤其在初入股市时。遵守规则是一回事，但是在面临问题的时候真正能够坚持规则，则是另一回事。

你认为自己会做到的，和你真正处在紧急状况时做出的决定，会有很大不同，这就像打牌时有赌注一样——带着赌注参与其中是完全不同的一回事。

7%—8%卖出法则听上去很有道理，所以了解这个法则是很容易的事情。但是把这条法则牢记于心才是重中之重。这会成为你在股市中盈利的必不可少的成分。

在电影《心灵捕手》中有这么一幕：罗宾·威廉姆斯所扮演的心理医生，和马特·戴蒙所扮演的来自离异家庭而深陷困境的天才学生进行交流。心理医生极力想让天才学生意识到他不必为家庭的破碎负责，他看着天才学生说道："这不是你的错。"天才学生敷衍了事地接收了这句话。很显然，他没有真正听进去。这次心理医生抓住戴蒙的衣领，反复地说："这不是你的错，不是你的错。"一直到天才学生真正领会到这句话的意思。

所以，这也是此时我想一再重复对你说的话："你必须止损。"

当你发现自己已经在一个洞里了的时候，要做的第一件事就是停止给自己"挖坑"。

——威尔·罗杰斯

当你开始投资时，你有两个选择：

1. 无需任何保护方案，也不对你可能损失的财产进行限定，

2. 设定限定，防止任何可能的损失。

再清晰不过的决定，对吗？你需要做的就是遵循7%—8%卖出法则来限定你的损失。

下图很好地说明了这一点的重要性。

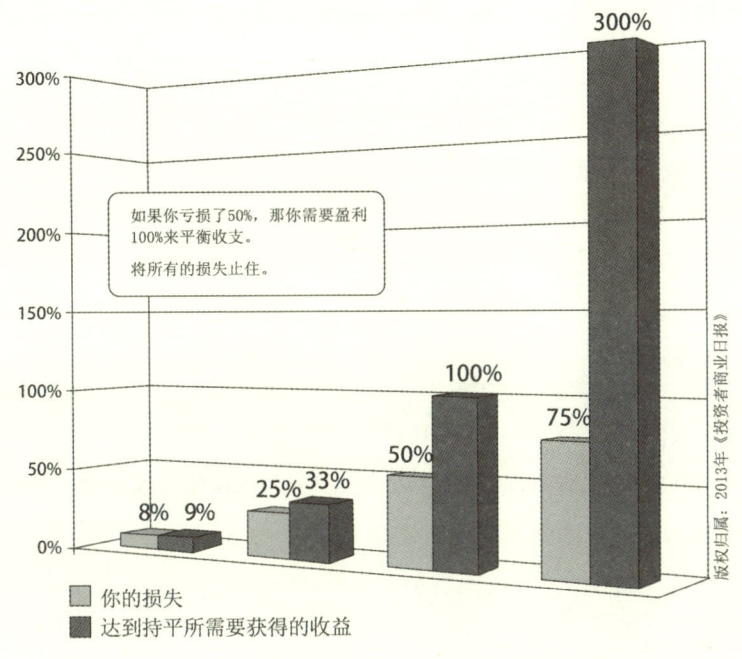

图 5-12　如果你想盈利，就要尽量缩小损失

如果你在8%开始止损，你只需要9%的盈利就可以持平；但是一旦你的损失增加，要持平的难度也就越大——如果你的损失达到50%，则必须翻倍才能持平，而要获得100%的盈利可不是信手拈来的，而且在你争取盈利时，你希望的还是获得利润，而不是为过去的损失买单。

（买入和）持有者们，要小心！

现在是回顾之前学习到的两大关键因素的好时机，如果这两点都不能解释"买入和持有"投资的危险之处，我也无能为力了。

- 一旦领军股最终达到顶峰，之后平均会下降72%。

2007—2008年熊市中的领军股正是如此。

即使是具备CAN SLIM特征的领军股也会在达到顶峰后下降，而你必须择机卖出。

2007—2008年熊市中的领军股下跌

公司名	下跌（%）
苹果	56%
百度	67%
中国移动	63%
迪克体育用品公司	71%
谷歌	61%
直觉外科公司	71%

这听起来有些可怕，但是记住：你完全可以避免这种损失。通过遵循卖出检索清单，就能锁定大部分收益并止损。

- 只有1/8的股票能成为连续两轮牛市的领军股。

这可不是好数字。

你可能想提问："像苹果、价格在线这样的股票呢？这些股票在多轮牛市中都有突出的表现。"

是的，任何事情都会有例外，只不过概率极小。当过去的领军股下降了72%甚至更多，你真的会想要接收这份损失并以极小的概率打赌这只股票会反弹吗？即使这只股票真的反弹了，你会希望以在下降趋势时锁定的收益（下降了72%）开始新一轮投资吗？

让我们再回到上一张线图，看一看你需要获得多少利润才能弥补之前的损失并达到持平：如果你手头曾经的领军股下降了75%，你需要在下一轮赢得300%的盈利才能持平。如果一只股票下降了20美元，它必须盈利80美元以上，才能让你重新开始盈利。

所以，让我们再做一个选择……

你可以在股票下跌很多的时候持有,但只有 1/8 的机会能让这只股票重新成为领军股。

另一个选择是使用简单的卖出准则锁定收益。

不要忘记机会成本

持有一只大幅下跌的股票必然会带来很大损失——你还必须考虑机会成本。

- 你的目标是盈利,而不弥补损失

例如你在一只股票中投资了 10000 美金,并获得了 25% 的收益。你现在总共拥有 12500 美金,可以用来投资另一只股票。如果你在新投资的股票中获得 20% 的收益,那么你现在拥有 15000 美金,盈利 50%。这就是叠加之美。

但是,如果你忽略了 20%—25% 盈利准则和 7%—8% 卖出准则,并且在卖出之前已经损失了 50%,那么情形则大不相同。你现在只有 5000 美金能用于投资(50% 的损失),你必须获得 100% 的收益才能持平损失。这么做的投资者只会遭受损失,无法拥有叠加收益的机会。

- 新的领军股的出现会带来巨大盈利

只有 1/8 的领军股能够继续称为下一轮上升趋势的领军股,这说明什么呢?每一个牛市都会出现新的领军股。新的领军股在这里指的不是能继续在下一轮称雄的老领军股,而是最可能在股价上翻两倍或者三倍的股票。所以,如果你在曾经的领军股中遭受了损失却还想继续持有,很可能得花数年的时间才能达到弥补这些损失,同时,你还会错失新的领军股所带来的巨大盈利。

这种机会成本没有人付得起。

想一想我们之前看到的 DryShip 公司的案例,从 2006 年 11 月到 2007 年 11 月,该公司的股票从 14 美元上升到 131 美元,也就是在一年内获得了 835% 的收益。即使你在这只股票中只有少量投资,也将获得一笔可观的利润。

但是，如果你在金融危机带来的熊市中依然持有该股票，就会发现DryShip公司在之后五年中从131美金下跌到低于2美金。

这个教训是惨痛的，但糟糕的还不止于此。那些持有DryShip公司股票的投资者错失了在2009年牛市中股价上升了100%、200%甚至更高的新兴领军股。这些股票公司包括墨西哥烧烤餐厅、苹果、美国Ulta化妆品公司、露露柠檬、华生医药公司、拖拉机供应公司、罗斯百货有限公司、达乐公司、帕纳拉面包公司、直觉外科公司、太阳风、托管服务公司、价格在线、泛图集团、迈勒罗斯科技公司、迈克尔科尔斯公司、3维系统公司，等等。

所有这些，都是为了让我们理解一个简单的概念：遵循买入检索清单在大盘上升时获得盈利，遵循卖出检索清单在大盘下跌时锁定收益并止损。

下面是你该如何在股市中盈利。

如何正确使用7%—8%卖出法则

注意这条规则只适用于股票价格比买入时下降7%到8%的情况。举个例子，如果你买入股票时的价格是100美元，当股价下降到92美元时果断卖出。

但是如果你买入时股票价格是100美元，之后股价上升到150美元。如果这时下降了8%，股价就是138美元。这种情形则不适合使用7%—8%卖出法则。

坚持卖出方案

正如我在这本书一开始提到的：保持简单，不要把事情复杂化。

如果你定期检查当前的股市动态，并遵循进攻性卖出和防御性卖出准则，就一定能从股市中获得可观收益。

如果你发现所持有的股票触发这些卖出准则时难以卖出，或者你在白天没有时间观察股市动态，可以提前和你的经纪人商量制定自动交易触发器（具体参见第4章），这种方法能确保你坚持卖出方案，让你不断获得盈利，并保护现有资产。

检查线图了解更多警告标志和卖出信号

要了解如何发现股市低迷时期的警告标志，请参见第6章"避免盲目投资：通过线图发现买入和卖出的最佳时机"。

☞ **行动步骤**

完成以下任务，学会如何应用卖出检索清单中的准则。请登录www.investgors.com/GettingStartedBook，获取具体步骤。

1. 使用卖出检索清单检查当前大盘状态以及你所持有的股票。
   - 大盘呈上升趋势还是市场调整趋势？
   - 你的股票价格是否比合适买点上升了20%到25%，或者比买入时下降了7%到8%？
2. 观看小视频了解如何应用7%—8%卖出法则。

第6章 避免盲目投资：
通过识图发现买入和卖出的最佳时机

为什么使用线图

正如医生不用 X 光给病人看病是不负责任的，投资者如果不学会通过股票线图识别出股价和成交量，也会显得十分荒唐。

——威廉·欧尼尔

我无法想象在投资之前不先检查线图如何做出买入或卖出的决定，那就像是蒙着眼睛开车：如果看不到身边的事物，怎么知道当下要做的是踩油门还是踩刹车呢？

线图的确非常重要，让我们来看看原因所在。

首先，让我们回溯到前几章提到的几个"大石头"。

购买机构投资者大幅买入的股票，避免购买机构投资者大幅卖出的股票。

我们当时花了整整一节的内容，再三强调这个关键点：是基金经理人和其他专业投资者最终决定了你的股票的命运。

你可以通过使用线图正确地发现大户的动态。要做到这点并不难，只要你能解读线图中的元素，并了解一个再简单不过的事实：

线图能展现整体情况

在我刚迈进投资大门的时候，线图对我来说太过"技术"了，直到我终于意识到所有线和条都不是那么神秘莫测，才恍然大悟——这些线和条只是在做一件简单的事情：展现整体情况。接下来的内容会让你看到，线图描绘的是一只股票运行背后的故事。

- 基金经理人正大幅买入吗？或者他们正大幅卖出吗？
- 机构投资者是否在股价下跌的当口依然支持某只股票并投入更多份额，这是否说明这只股票将获得更大的收益呢？
- 大户对最新股市新闻会做何反应？他们在股市情况好的时候依然卖出吗？还是在股市情况不好的时候买入更多的份额？

通过了解线图所展示的整体情况并寻找信号，你就能明白当下是应该买入、卖出，还是继续持有。

从基础概念开始

在 IBD 研讨和 IBD 网下会面中，我陪同许许多多投资者第一次查看股票线图。从这些经验中，当然也包括我自己的识图经验，我把识图的基本知识归结为几个关键要素。

识图的目标并不是要获得高深的技巧，只是入门而已。学到本章的最后你会发现，自己已经了解在买入和卖出检索清单中"线图分析"的所有项目。

下面分三步了解识图的基本知识：

- 识图基础：你会学习到线图中的基本元素，并掌握识别机构投资者是否在大幅买入和卖出股票的三种方法。
- 开始大幅价格波动和替代买点的三大信号：你会发现识别基底和买点不是那么难，而且学会识别这些信号作用非常大。

第6章 避免盲目投资：通过识图发现买入和卖出的最佳时机

- 将识图与检索清单结合起来：你会学习到如何使用买入和卖出检索清单中的"线图分析"项，来获得并维持稳健的收益增长。

坚持就是胜利

一开始也许会让人晕头转向，但不要放弃，你可以观看视频或者采纳"行动步骤"，不久你就能进入状态，并意识到识图的确是受益一生的投资技能。

正如威廉·欧尼尔所说："每年赚钱的都是那些学会正确识图的投资者。"

通过简单周末常规提高你的识图技能

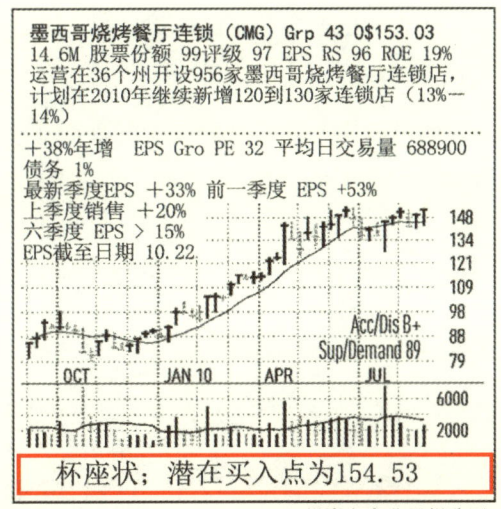

©2013 投资者商业日报公司

在刚入门的时候，要使用**简单周末常规**（详情参见第4章）。

查看"IBD 50"和"每周评论"，发现接近潜在买点的股票。

在投资者网站中随机选一个线图——你是否能从图中发现线图形态和买点？

这种方法不仅能提高你的识图技能，还能帮助你构建一份观察清单。

识图基础：线图中有什么？

要了解一张线图所展现的整体情况，需要涉及三个基本概念：
- 什么是趋势？
- 随时检查价格和成交量。
- 股票正寻求支持还是遭遇阻力？

一旦你掌握好这三个基本概念，买入和卖出检索清单中的所有项目，比如线图形态、买点、卖出信号等，都能一一对号入座。

但首先，我们需要回答一个更为基础的问题：线图中有什么？

第6章 避免盲目投资：通过识图发现买入和卖出的最佳时机

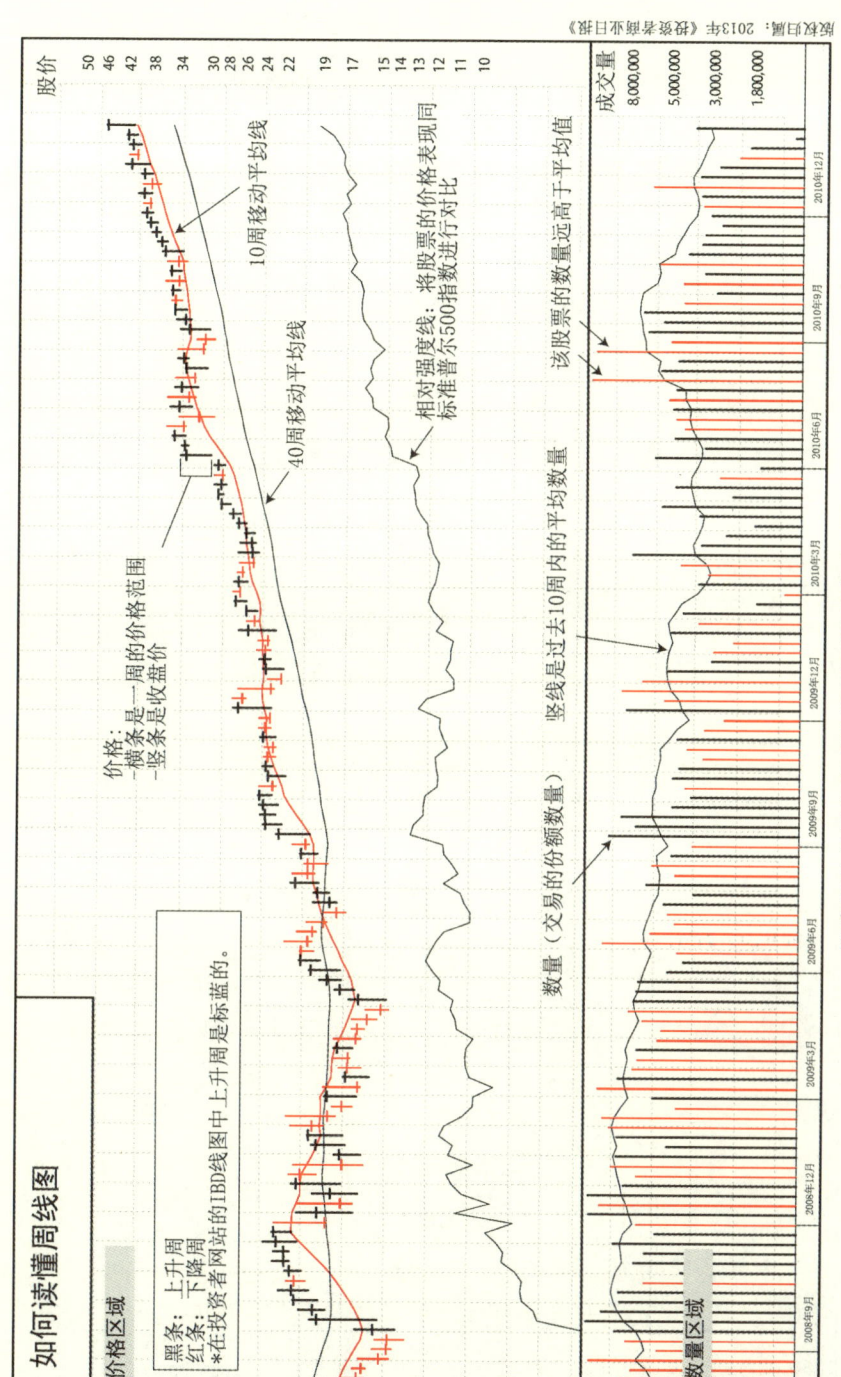

图6—1 如何读懂周线图

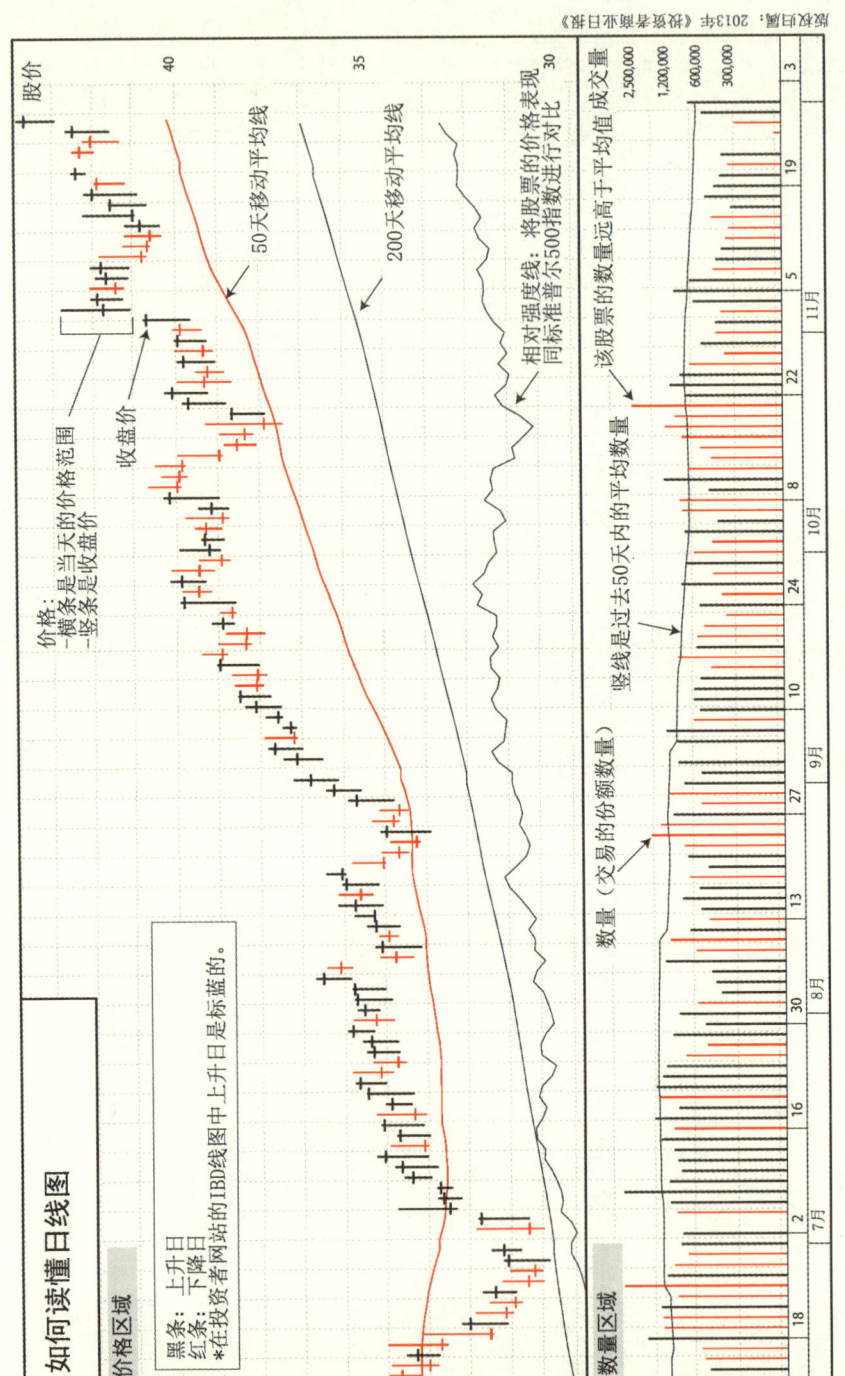

图6-2 如何读懂日线图

第6章 避免盲目投资：通过识图发现买入和卖出的最佳时机

日线图和周线图的基本要素

重要：一定要同时使用日线图和周线图。周线图为你展示长期趋势，而日线图帮你发现买入和卖出信号（这本书中所涵盖的线图的左上角都有周线图或日线图的标识）。

- 黑条和红条：《投资者商业日报》中的线图用不同颜色标示出不同的基本元素，便于读者查看。黑条（在投资者网站中显示为蓝条）指的是当天或当周收盘价高于买入价，红条指的是收盘价低于买入价。

- 长价格条和短价格条：在价格区域（线图的上半部），线条有长有短。这些线条显示了当天或当周的价格范围。长价格条指的是价格大幅波动的股票。短价格条指的是窄幅波动的股票。

- 高于平均的成交量和低于平均的成交量：在成交量区域（线图的下半部），有一条黑色水平线，这条线指的是在过去50天内（对于日线图而言）或过去10周内（对周线图而言）某只股票的平均成交量（比如交易的股票份额数量）。

如果交易量的线条高于这条基准线，则该只股票的价格在当天或者当周高于平均线。正如你接下来将要看到的，成交量的飙升说明机构投资者正大幅买入，因此这个线条还能帮你识别机构投资者正大幅买入还是卖出。

- 移动平均线：在价格区域（线图的上半部）中有一些水平线，这些水平线指的是在一定时间范围内所跟踪的平均股价。

在周线图中，红色水平线指的是10周移动平均线，而黑色水平线指的是40周移动平均线。在日线图中，红色水平线跟踪50天移动平均，而黑色水平线跟踪过去200个交易日内的平均股价。

你很快就能了解为什么这些基准线能说明股票交易的动态。

- 相对强度线：在价格区域（线图的上半部），展现相对强度的水平线，将过去52周内某只股票的价格变动同标准普尔500指数中的股价变动进行对比。如果相对强度线是往上走的，则这只股票的表现优于标准普尔500指数，这是个好的信号，说明这只股票从价格表现而言是市场领军股。如果相对强度线是往下走的，则说明这只股票对正在拖大盘的后腿。

下一步：让我们看一看如何解读线图中的基本情况，并了解机构投资者正大幅买入还是卖出的三个方法。

识图基础：什么是趋势？

线图中展现的基本情况很明显，却也非常重要：股票当前的趋势是什么？

总体而言有三种可能。

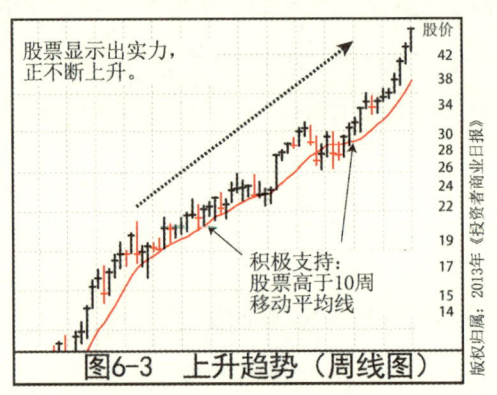

图6-3　上升趋势（周线图）

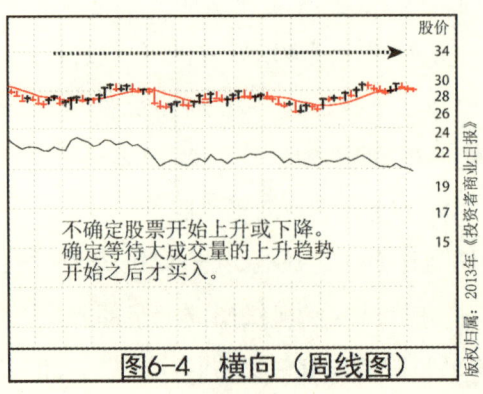

图6-4　横向（周线图）

第6章 避免盲目投资：通过识图发现买入和卖出的最佳时机

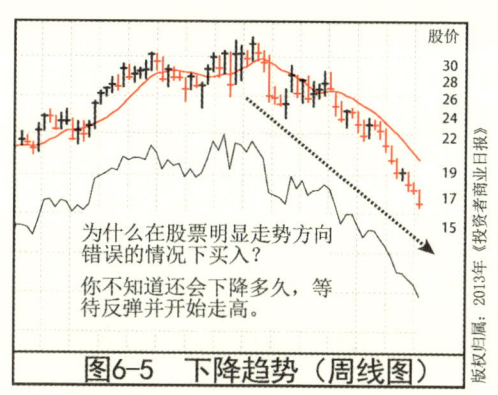

图6-5 下降趋势（周线图）

你想要买的股票一定是显示出强劲实力的股票，而绝非弱势股票。所谓强劲实力，指的是股票走高并在关键时刻获得支持。这两个信号都证明机构投资者正在买入该股票。

让我们来看一个走势下降的例子。这看起来是不是如同优势和弱势？股票在找到支持并开始回升之前还会继续下降多少。股票是否会回升？没有人知道。可能明天就会开始价格上升，但也可能降到更低。

这就是关键所在：你完全不需要承担这些风险和不确定性。

不要轻易相信价格正在下跌的股票的抄底。记住我们在前面所学到的：股票一旦下跌，则意味着还可能继续下跌，股票一旦上升，则意味着还可能继续上升。

所以，只买入那些呈现强劲实力并且走势方向正确的股票。

识图基础：随时检查股价和交易量

有些人很快就放弃线图，因为觉得太过复杂，或者认为线图只是现代版的算命八卦。但事实是，线图是对价格和成交量形态的视觉展示。

一张线图所要传递的信息很清晰：股价和成交量信息的结合能说明大户的动态。

下面解释了具体原因。

机构投资者如同"浴缸里的大象"，无从躲藏。如果你使用线图，就不会错过机构投资者在买入或卖出时所带来的机会。

这是因为一只股票的线图能清晰地显示当股价变化时成交量是明显上升还是下降，成交量的变化说明机构投资者正买入或卖出的幅度。

下面几张线图可以说明如何结合股价和成交量进行分析。当然，其他因素也可能起作用。但现在，先记住这些最关键的概念。

有异常情况！

我们在浏览以下图例时会发现成交量情况特殊：不是特别高就是特别低。

举例来说，如果一只股票正常时每天的交易量为100万股，但突然就增长到每天200万股。出现这种情况时，你必须加强注意。这可不是你的某位亲戚在买入或卖出100股的份额。这可是机构投资者在交易，而你必须了解真正的情况。

你只需花几分钟，就能看完以下线图中给出的提示，尤其要关注那些成交量飙升的股票，并分析出这个现象所展示的基金经纪人和其他大户的动态。一旦了解如何识别异常的成交量以及背后的原因，你就等于找到了一把通往成功投资的钥匙。

机构投资者买入：异常的大幅成交量下有大幅价格上涨

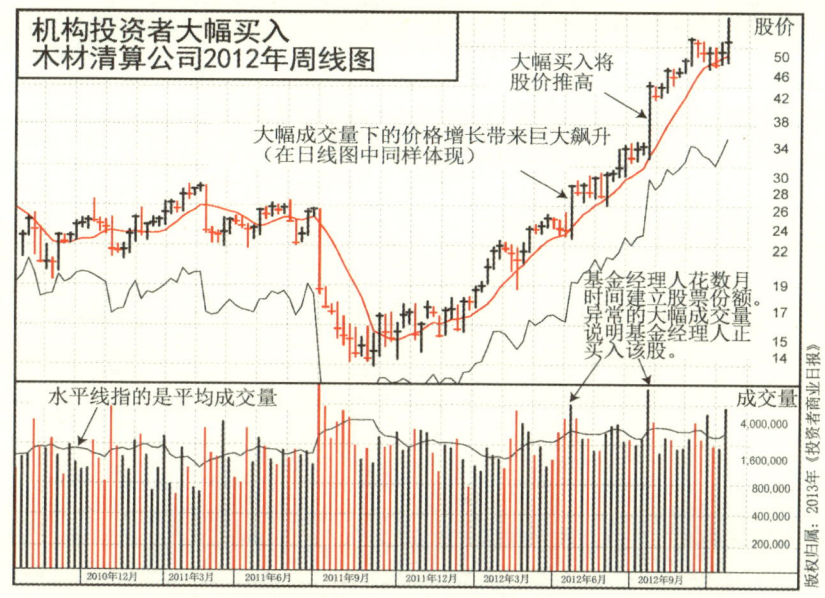

图 6-6　机构投资者大幅买入木材清算公司 2012 年周线图

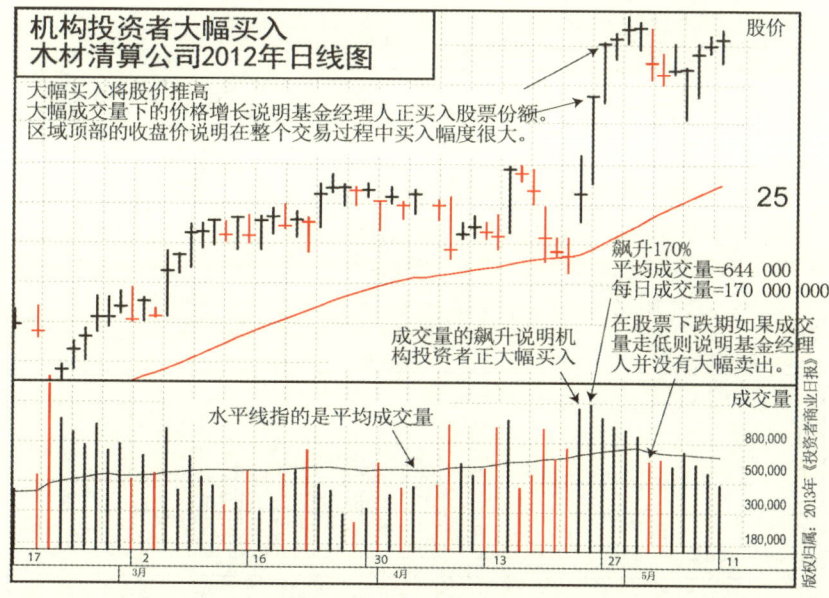

异常的大幅成交量下的价格上升说明机构投资者正大幅买入。当股票的收盘价在当天或当周的价格区域的顶部，这是一个行情看涨的信号。

图 6-7　机构投资者大幅买入木材清算公司 2012 年日线图

机构投资者卖出：异常的大幅成交量下价格下跌

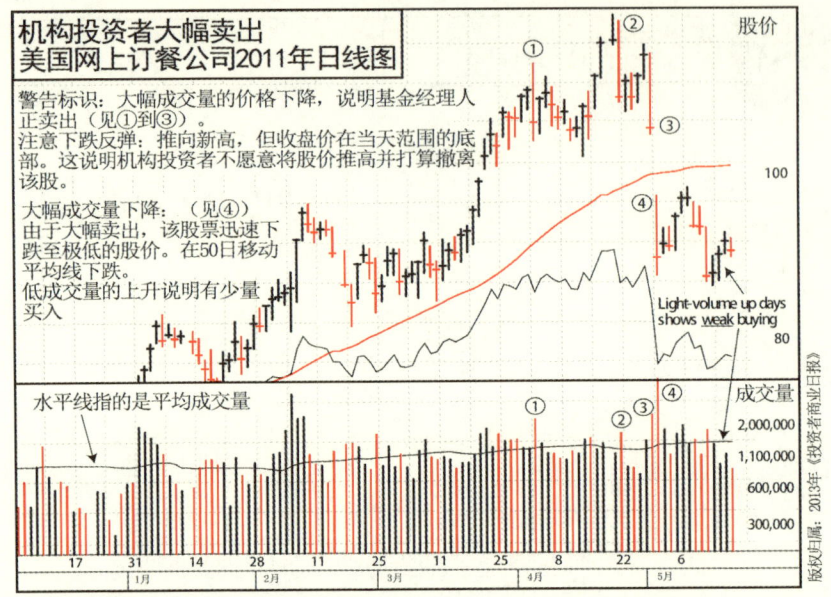

图 6-8　机构投资者大幅卖出美国网上订餐公司 2011 年日线图

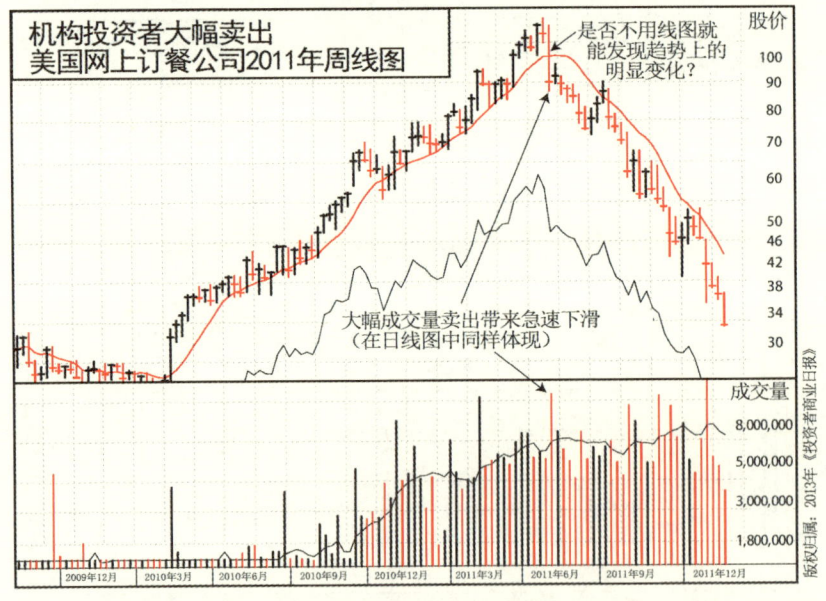

异常的大幅成交量下的价格下跌说明机构投资者正大幅卖出。当股票的收盘价在当天或当周的价格区域底部，这是一个行情看跌的信号。

图 6-9　机构投资者大幅卖出美国网上订餐公司 2011 年周线图

第6章 避免盲目投资：通过识图发现买入和卖出的最佳时机

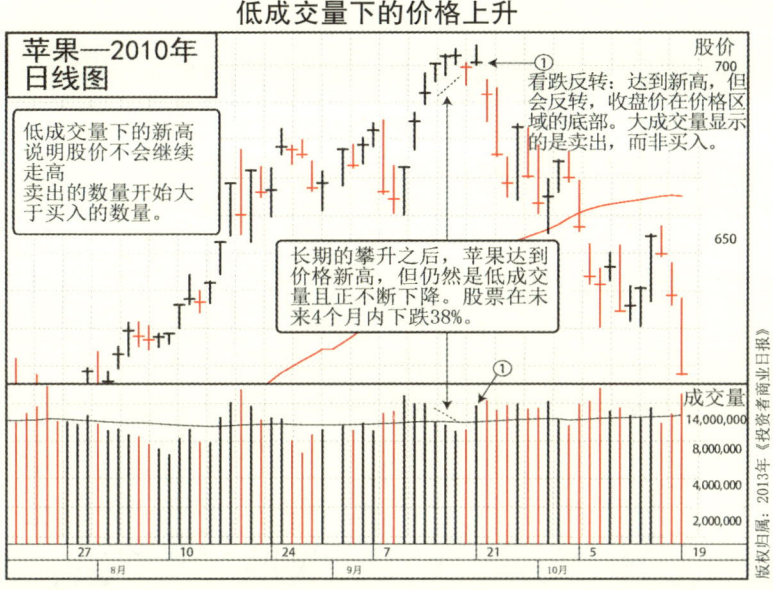

数日或数月低成交量的上升可能意味着大户对该股不感兴趣。这可能是一个股票将要抛售的信号。

图 6-10　苹果—2010 年日线图

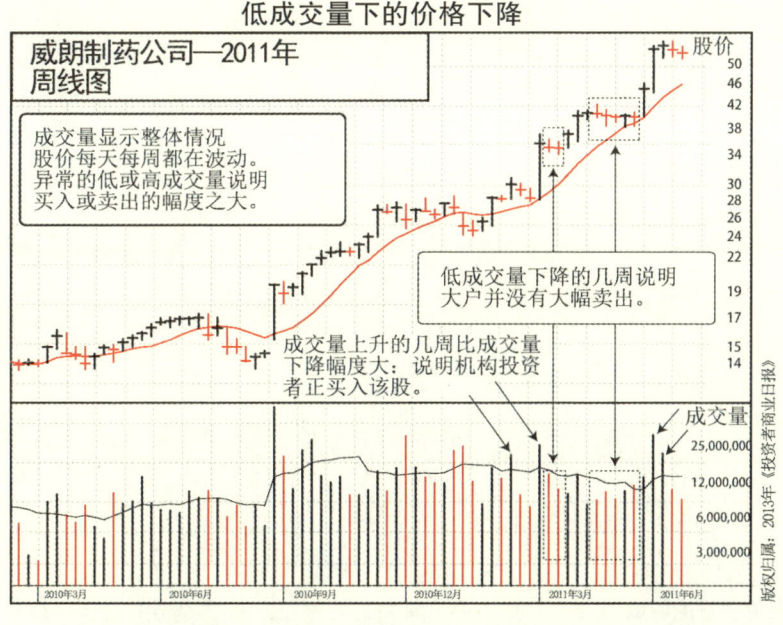

低成交量下降的数天或数周说明大户正在等待而不是大幅卖出。

图 6-11　威朗制药公司—2011 年周线图

看涨逆转

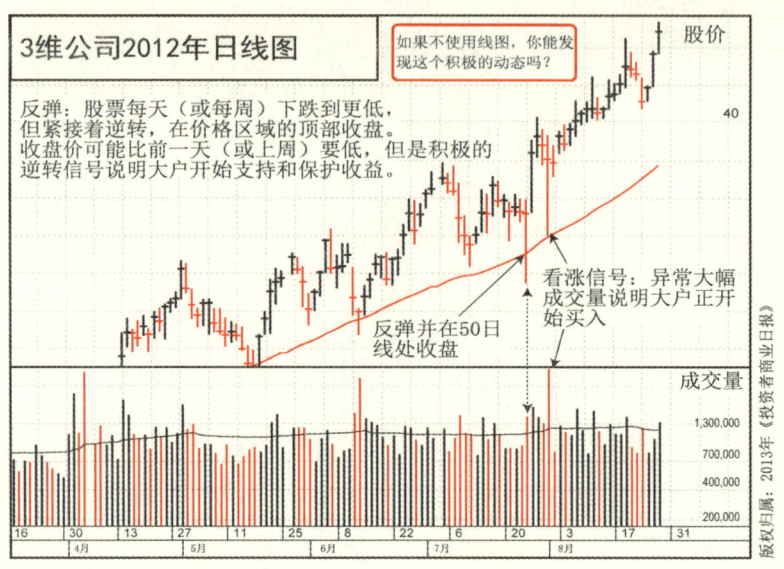

看涨信号说明大户开始对该股提供支持

图 6-12 3 维公司 2012 年日线图

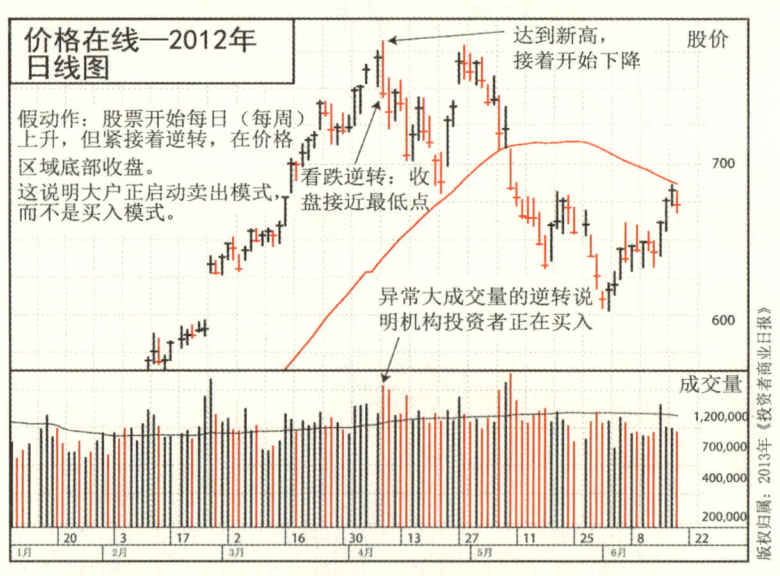

大成交量的看跌逆转：说明大户将最初的价格上升当成卖出的机会。大户正卖出股票使股价更低，而不是提供支持。

图 6-13 价格在线—2012 年日线图

第6章 避免盲目投资：通过识图发现买入和卖出的最佳时机

调查显示……

你还可以换一种方式理解成交量。

比方说你在经营一个小型服装店，你必须决定进一批夏季新款。在阅读行业性杂志时，你发现有一个调查显示70%的女性计划今年买一件红色泳衣。你的第一反应一定是：哦，我的壁橱也最好有一件红色泳衣。

但当你继续往下思考时，就会发现这个调查的对象只有十个人。

你还会基于这十个人的调查做同样的存量决定吗？答案当然是否定的。现在，如果这个调查是基于正确的样本，有专业的执行人员，并面对有一万个采访者，你一定会更信任这种调查带来的结果。

同样的道理适用于成交量。如果一只股票的股价在某一天上升了2%，这并不能说明什么，除非你结合成交量进行检查。当前的大幅成交量是异常的吗？成交量是否低于平均线呢？

如此多的金融新闻节目和杂志只会报道"IBD今天收盘价高出1%"，却只字未提成交量，这一点让我感到很吃惊。这就等同于一份民意调查中说有7/10的女性喜欢红色泳衣，但却不解释到底有多少人参与了调查。

人们常说房地产没有别的，核心词就是"位置，位置，位置"。你会发现如果使用线图来掌握股票买入和卖出的时机，就只有一个关键字——成交量。所以，要了解股价变化背后的原因，一定要检查成交量。

识图基础：股票正在获得支持还是遭遇阻力

现在你已经对股价和成交量的重要关系有了基础的认识，让我们来看看另外一个重要的识图概念：支持和阻力。

你可以将之理解为地板（支持）和天花板（阻力）的关系。

线图形态和我们将会学到的买点，都是基于以下简单的理念：要在买入之前确定股票呈上升还是下降趋势，首先要确认是否建立了坚实的地基（支持），这样才可能升至更高。接着继续观察股票，看是否下跌至天花板

（阻力），这说明开始等待新一轮上升趋势。

下面，让我们浏览几个基本情景，加深你对基本概念的理解。

出现大成交量

确定在这些情景中关注成交量的变化。比如，当一只股票正经过阻力区域，你会希望看到异常成交量，因为这说明机构投资者正大幅买入股票。低成交量则意味着更多的犹豫和不确定，同时也说明股票将无法升至更高，并很快会下降到同样的阻力区域。

10周或50天移动平均线上的支持或阻力

观察股票在移动平均线附近的表现非常关键，尤其是周线图中的10周平均线和日线图中的50天平均线。原因很简单：专业投资者将这些移动平均线视为关键基准。所以你可以通过观察股票是否在关键移动平均线左右徘徊，来确定基金经理人和其他操盘手是在支持该股票还是卖出该股票。

- 支持：如果机构投资者仍然对某只股票抱有乐观态度，通常会在股票回弹或下跌至低于移动平均线之前，买入更多的份额并保护现有财产。

在这种情况下，你通常会发现股票以低成交量回调到50天或10周平均线，这说明机构投资者并没有大幅卖出。之后股票会以大成交量反弹至高于50天或10周平均线，这说明基金经理人正开始买入新的股票份额。

- 抛售：如果股票无法在基准线寻得支持，并且以高成交量在低于基准线时下跌，这意味着什么呢？这说明大户可能现在对增加该股票的份额不感兴趣，他们更倾向于卖出该股票。

因此观察交易量是关键所在：如果在股票突破移动平均线时交易量特别大，这是个警告信号，如果成交量不高，说明卖出的数量不多。

正如以下F5网络公司的线图所示，即使总体趋势是上升的，但股票在几周或几天内下降至低于10周或50日移动平均线的情况，也并不奇怪。所以，比这些关键基准线低一点，并不意味着你需要自动卖出股票。在接下来的内容中，我们会了解更多相关内容以及卖出检索清单中的特殊卖出信号。

10周移动平均线提供支持

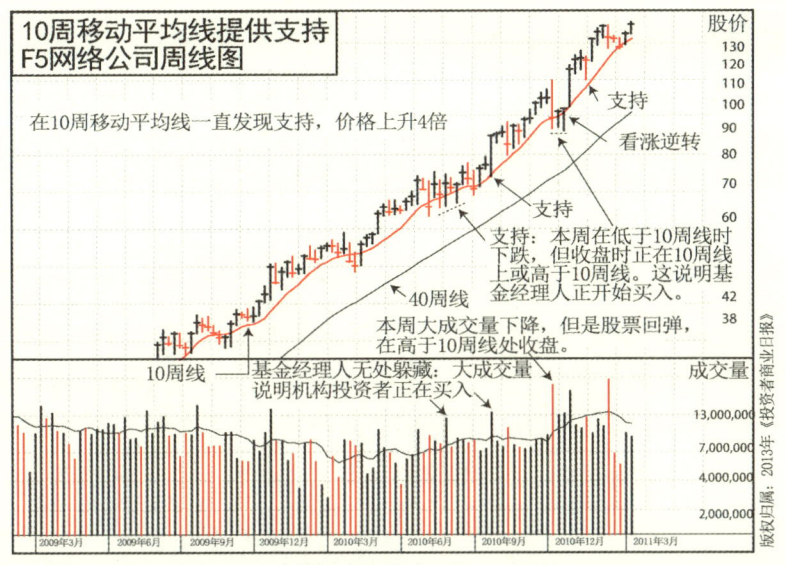

在10周或50日移动平均线寻找支持能帮助你持有股票,并在未来获得更大收益。

图6-14 10周移动平均线提供支持 F5网络公司周线图

10周移动平均线抛售

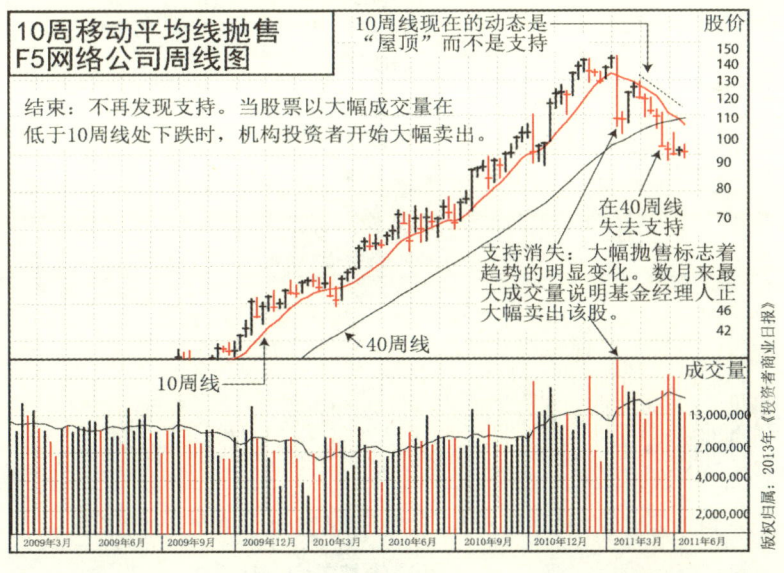

当股票以高成交量大幅下跌至低于10周线时,要当心,这说明有股票份额正被卖出。

图6-15 10周移动平均线抛售 F5网络公司周线图

特定价格点的支持或阻力

除了观察股票在移动平均线左右的表现，你还会想要寻找某些价格区域的支持和阻力信号，这有助于了解为什么线图形态的形成，并能帮助定位买入时机。

有了这个概念，你还可以通过寻找关键区域的支持，来确定是应该因为买入的股票正在建立"垫脚石"而持有该股，还是应该因为价格跌至"地板"而卖出。

下面几张线图可以说明支持和阻力的形态。在观察每一个图例中时，尤其要关注价格和成交量之间的关系。

关键价格点的阻力

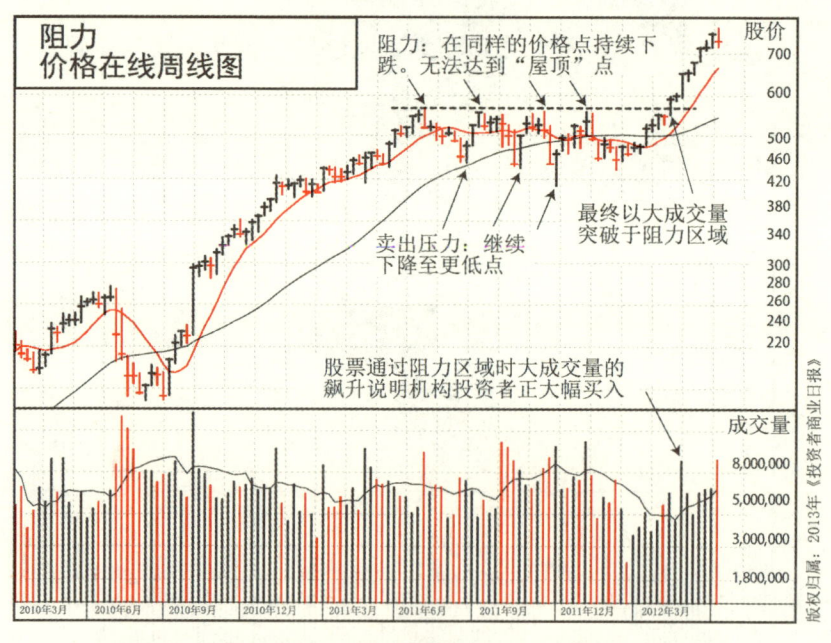

阻力区域是关键试验区域：确定股票能以大成交量通过阻力区域

图 6-16　阻力价格在线周线图

过去的阻力区域变成支持区域

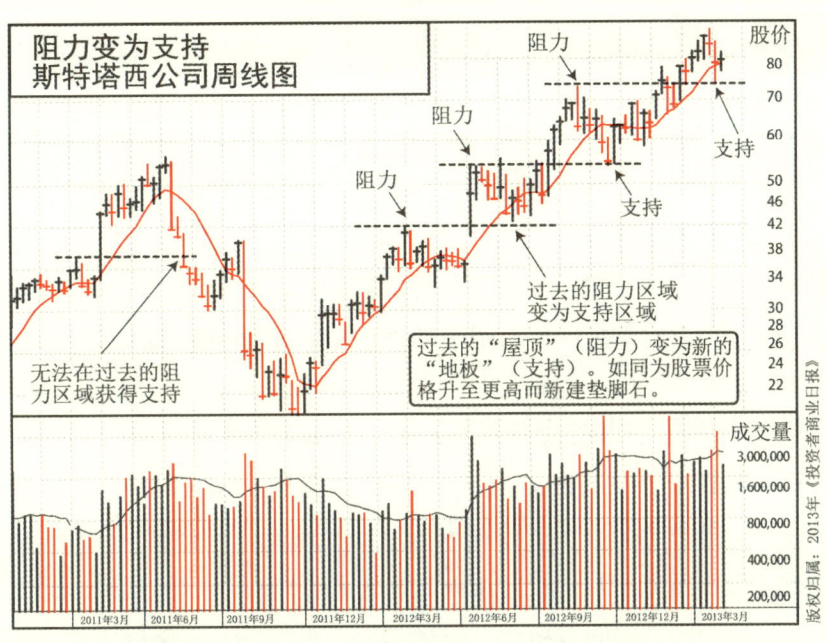

阻力区域是关键试验区域：确定股票能以大成交量通过阻力区域

图 6-17　阻力变为支持斯特塔西公司周线图

价格波动的三大形态

作为一名政治历史爱好者，我总是着迷于细小的事物是如何在数十年甚至几百年内不断改变的。新人一批又一批，新的问题来去匆匆，但是核心论据和辩论永远是一样的。为什么？因为一切都在乎于人性，而人性是永远不变的。

股市也是如此。如果你了解和接受人性论，看起来波动不止的股市现象，就都在情理之中，而你也可以获得更多盈利。

我提到这一点，是因为接下来要学习到的三个主要线图形态，会提醒你是否存在潜在价格波动，我希望你牢牢记住这些都不是偶然。这些是人类情感的一种折射：希望、恐惧和贪婪。正如价格和成交量的表现，这些线图形态也能说明整体情况。

线图形态不会变化

因为人性不会变，所以线图形态也一直不变。

威廉·欧尼尔的《笑傲股市》中，开门见山的就是过去100多年里表现突出的100只股票的线图。无论是1915年的大众股票，1934年可口可乐股票，还是2006年价格在线股票，线图形态（也称为基底）都是一样的。你会发现今天的线图形态也是如此，同样的线图形态经过了几十年的变迁依然不变。

通过学习如何发现这些基底，你能及早地找到牛股。

假如把线图形态比喻成发射台，那也就是股票在大幅价格波动之前的开始点。一旦你学会识别三种基本的基底，就能正确地找到"起飞"点。这就是学习线图形态对于找到买入时机的重要性。

学习识图需要时间和精力，但是一定要坚持下去。这一切并没有你想得那么难。如下表所示，学会识图带来的回报是终身受益的。

识别线图形态如何带来大幅收益

公司	开始运营年份	线图形态类型	后续收益（%）
苹果	2004	带柄茶杯	199周之内1528%
直觉外科公司	2004	带柄茶杯	180周之内1826%
芝加哥商业交易所	2005	双重底	113周之内224%
德克斯户外用品公司	2007	平底	46周之内173%
百度	2009	带柄茶杯	93周之内401%
墨西哥烧烤餐厅	2010	带柄茶杯	84周之内186%
露露柠檬	2010	双重底	44周之内196%
木材清盘公司	2012	带柄茶杯	48周之内167%
再生元制药公司	2012	茶杯	45周之内136%
3维系统公司	2012	茶杯	40周之内178%

第6章 避免盲目投资：通过识图发现买入和卖出的最佳时机

下面首先介绍带来牛股大幅价格波动的三大主要线图形态：**带柄茶杯**、**双重底**和**平底**。知道如何识别这三大基本形态，还可以进一步了解其他的线索。具体内容可参见"仅仅有形态还不够"一节。

接下来我们会学习带来可观收益的两个可选的买入机会：对50天或10周移动平均线的**三周窄幅**和**价格回调**。

还有其他一些形态和价格表现，但到目前为止最普遍的线图形态，坦白说也就是帮助最大的线图形态，正是以上这三种，所以在入门时，出于保持简单的理念，我们仅仅聚焦于这三大线图形态。

在学习这三大线图形态时，请牢牢记住我们前面提到的价格和成交量以及支持和阻力所展示的整体情况，它们都是了解线图形态的背景信息。

带柄茶杯价格形态

最普遍和最能带来盈利结果的价格形态

- 牛股通常在开始价格飙升时会呈现这种形态。
- 这种形态从边上看好似一只茶杯。

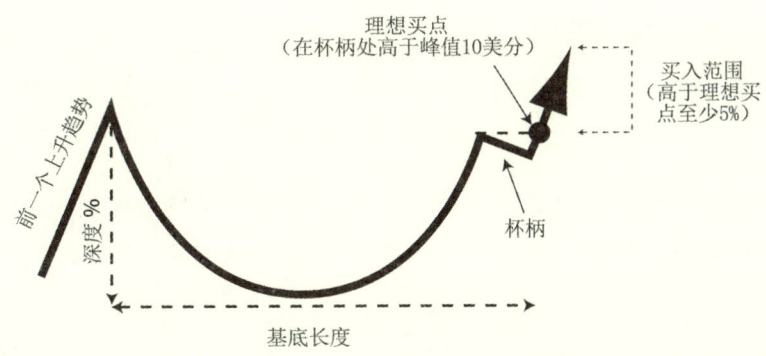

图6-18 带柄茶杯价格形态

寻找什么

如何在价格波动早期找到牛股？学会识别带柄茶杯价格形态。历史经验告诉我们，牛股通常会在突破相同价格形态时开始价格波动。

我们还要了解线图通过带柄茶杯价格形态所要传达的信息。这会帮你了解线图形态和买点之间的作用关系以及人的情感和人性在其间扮演的重要作用。

☑ 前一个上升趋势：30%或更高

要形成正确的基底或线图形态，必须有一个上升趋势。基底背后的概念是在价格飙升之后股票正消化这些收益，并准备着下一次更大幅度的上升；换句话说，股票正形成我们在"支持和阻力"一节中所提到的垫脚石。

背景

上一次上升趋势一般会在大盘呈上升趋势时发生。当上升趋势变为"市场调整"趋势时，即使是排名前列的 CAN SLIM 股票也可能发生价格回调，并开始形成新的基底。

在这种情形下，及早加入的精明的投资者就能开始收取盈利。你会发现20%—25%盈利准则在此生效。

但对于那些既没有早期加入也没有在之前的上升趋势结束时买入的投资者而言，则是截然不同的景象。因为这些投资者并没有采用正确的买入规则，如买入检索清单中的规则，他们仅仅是在股市低迷之时，且股票本身也开始下跌的时候买，他们也没有正确的卖出规则的引导，因而很快面临损失。

☑ 基底深度：15%到30%

基底的深度可以通过茶杯的左侧的波峰和茶杯的波底计算得出，取值范围应该是15%到30%。在大熊市中，基底深度可能会达到40%到50%。寻找在"市场调整"阶段中相对而言表现优异的股票，这也是一条基本准则。所以，如果你的观察清单上的某只股票在整个基底深度为20%的时候下跌了35%，其他的项目都没有不同，那么这只股票将会形成一个更强大的基底。

背景

记住这些在之前上升趋势买得太晚的人了吗？他们现在正遭受重大损失，只能眼巴巴地寄希望于保本。

同时，股票找到一个底，正开始形成茶杯的右侧。为什么会这样呢？因为机构投资者停止卖出，并开始买入。正是从这时开始，股票开始重新上升。

☑ **基底长度：至少7周**

价格下跌的第一周被认为是基底的第一周。带柄茶杯形态的最小长度为7周，但有些可能会长达数月、一年，甚至更久。注意长度只有5周的带柄茶杯形态的股票。通常股市不会有足够的时间巩固过去的收益，这个基底很可能坍塌。

背景

带柄茶杯形态的长度通常受整体市场调整长度的影响。在耗时久而影响深的熊市，可能有很多这样时长久而影响深的带柄茶杯的形成。但是在时长短一些、影响小一些的中间调整状态中，你会发现基底的方向也是一样。

☑ **杯柄**

- 杯柄成交量应该小。

- 杯柄深度应该在10%到12%。

- 杯柄应该形成于基底的上方。

- 杯柄的顶部还应该是茶杯左侧的15%的高度。

杯柄应该是对相对低成交量的轻微股价回调。对于弱势持股者，也就是那些并不计划长久持有股票的投资者而言，这可能是个震荡。大成交量超过12%到15%的大幅动荡说明，更严重的抛售也许会阻止股票开始更具盈利结果的波动。

杯柄应该形成于基底的上半部，如果杯柄很快形成（比如在基底的下半部），则意味着机构投资者目前并没有强烈意愿让股价更高。

N 同时也指代新高。

正如我们前面所看到，CAN SLIM 中的 N 指的是新的产品或产业趋势，但同时，N 也指新的 52 周股价新高。

对于每一种价格形态，如带柄茶杯、双重底及平底，一条很重要的要求是，股票在突破时正处于新高或至少临近新高。这是一个强势的信号，也是一个重要提示：

达到股价新高的股票，通常会持续升高。

达到股价新低的股票，通常会持续下降。

所以不要买廉价商品和清仓货，去大型购物中心消费吧。就购买股票而言，要关注的是股票能否显示出足够的实力迈入新高，并突破合适的线图形态。

背景

哪一些投资者是在杯柄中股价震荡而被套的呢？是那些在之前趋势快结束时买入并遭受巨大损失的投资者。这个时候，盈利已经不是他们的目标了，他们只希望挽回一些损失，所以当股票徘徊在过去的高度，也就是被套的投资者的平衡点，他们就开始卖出。

这也解释了为什么震荡是有益的。如果某只股票有许多弱势持有者，无论股价如何上升，他们只会选择卖出，而这也决定了股价的下跌。一旦

第6章 避免盲目投资：通过识图发现买入和卖出的最佳时机

他们卖光了股票，股票也就更容易走向新高。

那么，对于那些在股票形成茶杯右侧的时候挑选股票的大户呢？

他们更坚定，正买入股票。这就是杯柄成交量小的原因。只有小投资者在卖出。大的机构都在静待下一轮上升势头。

☑ **理想买点**

- 比杯柄的峰值高出10美分。
- 买入范围：比理想买点高出5%。
- 总是购买临近理想买点的股票。

举个例子，杯柄峰值是30美金，而你需要加10美金获取理想买点（30.10美元）。

买入范围是高于理想买点的30.10到31.60美元，也就是高于理想买点5%。

你一定希望买入时尽量靠近理想买点。如果你无法在白天观察大盘动态，必须提前设置自动交易触发器（具体参见第4章）。

一旦某只股票的价格比理想买点上升超过5%，这只股票被认为是扩展股票或者高于合适买入范围的。不要买扩展股票。

股票在突破之后会稍有拉回。你买入越晚，陷入震荡的概率就越大。这是因为这种情况符合我们在第4章卖出检索清单中提到的7%到8%卖出准则。

背景

注意杯柄最高值是最接近阻力区域的。抵达天花板的股票会很快下跌。

这是我们新的实验场地，而这也是我们使用这个决定买点的原因。

股票是否会以大幅交易量穿透该领域？这意味着机构投资者正大力买入股票，并希望把股价推向更高。

对于所有基底，我们加了10美分到最近的阻力区域，以决定是否是合适买点。这仅仅是为了确信股票确实正通过该阻力区域,而不是偶然撞上。

✓ 突破日的成交量:至少比平均值高出40%到50%

在股票突破理想买点的当天,成交量必须比正常值高出40%到50%。这意味着强大的机构买入。在许多突破中,你会发现成交量飙升至100%、200%甚至更高。小幅度或低于平均线的成交量,意味着股价波动只是个假象,股票并没有准备好大幅上升。

在财报季要当心

无论是带柄茶杯价格形态还是其他价格形态,许多突破都是在公司发布最新季度财报的时候发生,所以在财报季要保持警惕,同时也要当心:股票很可能会大幅下跌。有关如何应对财报季的具体内容,请参见第3章的内容。

为什么不在带柄茶杯形态的底部买入

这真是一种事后诸葛亮的问法。

股票在完成带柄茶杯形态之后,很容易引来发问:"如果我在底部买入,本可以盈利更大的。"这的确是事后诸葛亮的说法,但是当基底正在形成时,你如何知道股票已经跌至底部呢?

如果你在价格形态完全形成之前试图买入,你完全是在冒不必要的风险。

如果你等待股票完成基底并在大额成交量下突破,你能大大减少风险,并仍然有机会获得巨大收益。

带柄茶杯价格形态带来的巨大收益

下图为几个带柄茶杯形态带来巨大收益的图例,包括了每日线图和每周线图。周线图显示长期趋势,日线图显示突破日的动作。一定要确保同时使用日线图和周线图。

第6章 避免盲目投资：通过识图发现买入和卖出的最佳时机

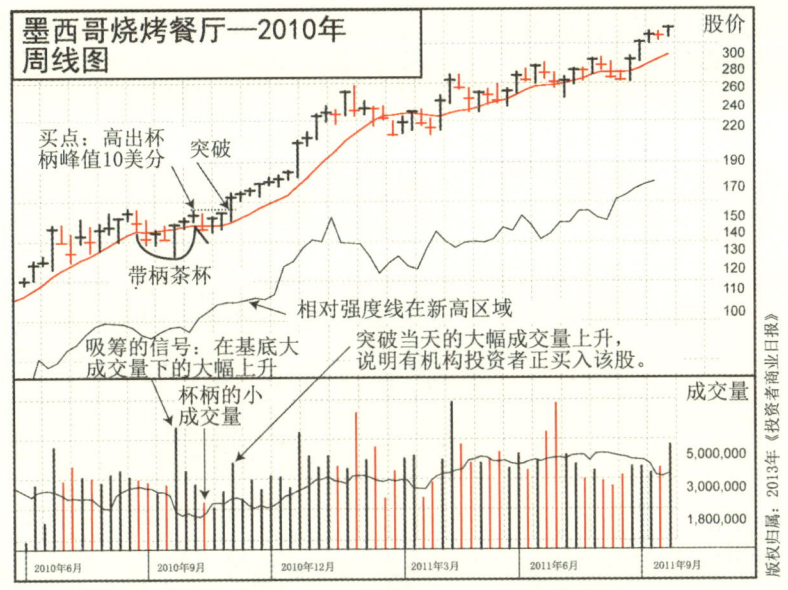

图 6-19　墨西哥烧烤餐厅—2010 年周线图

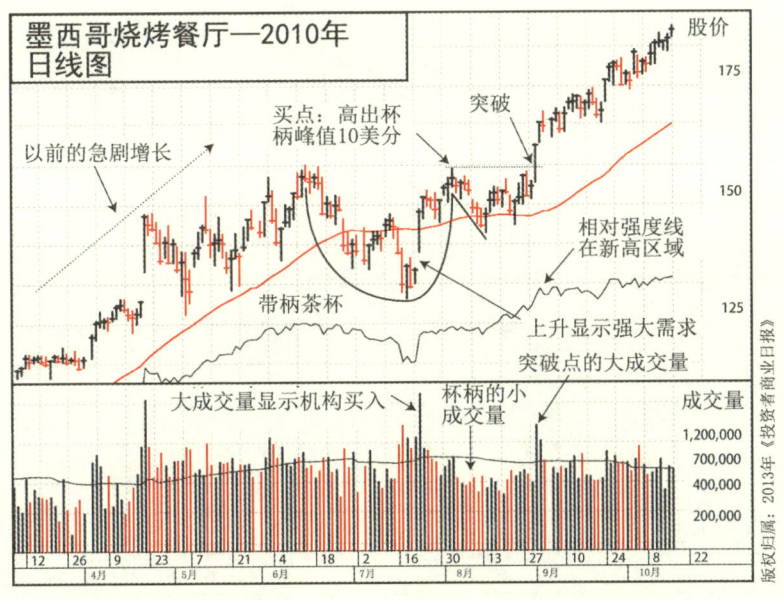

墨西哥烧烤餐厅股价从 2010 年 9 月到 2012 年 4 月价格上升 186%

图 6-20　墨西哥烧烤餐厅—2010 年日线图

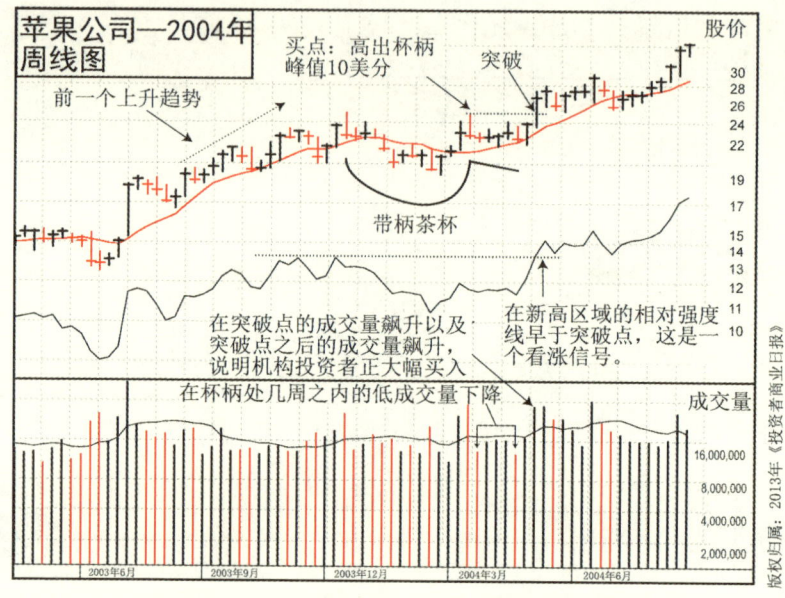

图 6-21　苹果公司—2004 年周线图

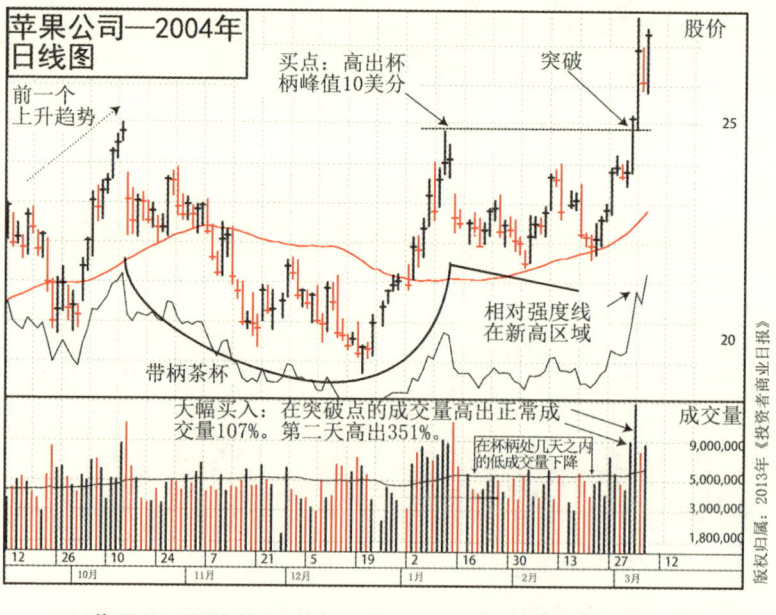

苹果公司股价从 2004 年 3 月至 2006 年 1 月上升 596%

图 6-22　苹果公司—2004 年日线图

错误的带柄茶杯价格形态

有些时候，从错误中学习是了解问题实质的最好方法。

请看下列线图形态，找出它们如何形成正确和成功的带柄茶杯形态。

学会发现这些错误，能帮助你大大提升选对股票的概率。

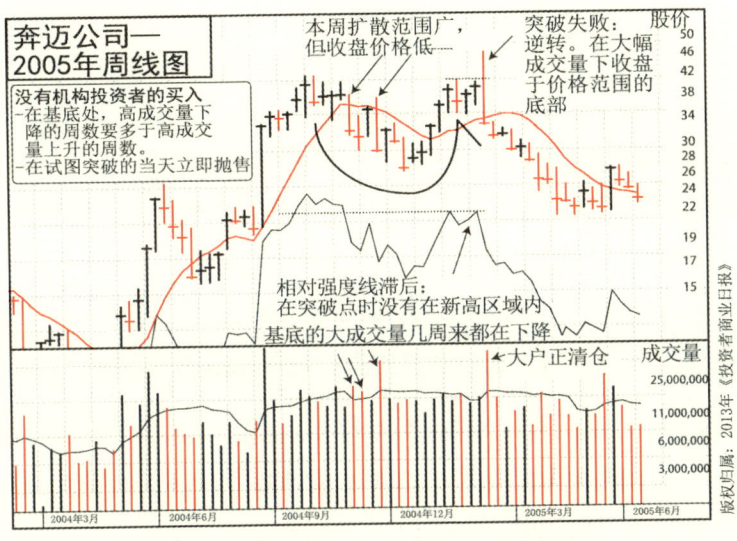

图6-23 奔迈公司—2005年周线图

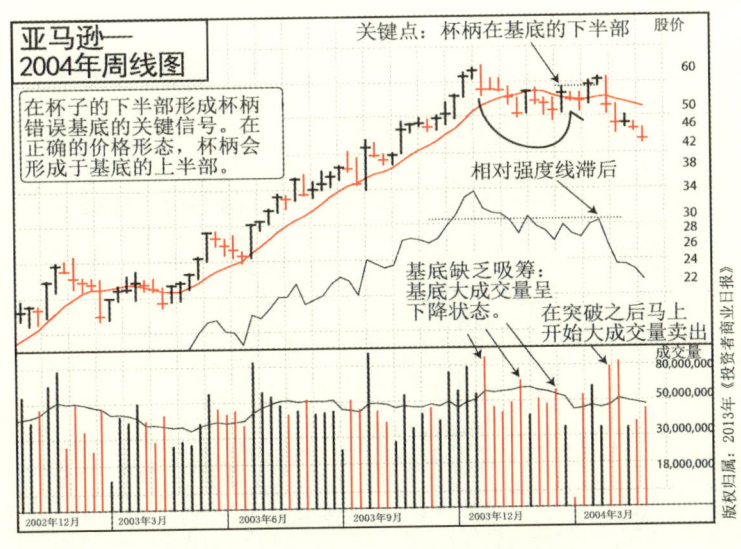

图6-24 亚马逊—2004年周线图

— 171 —

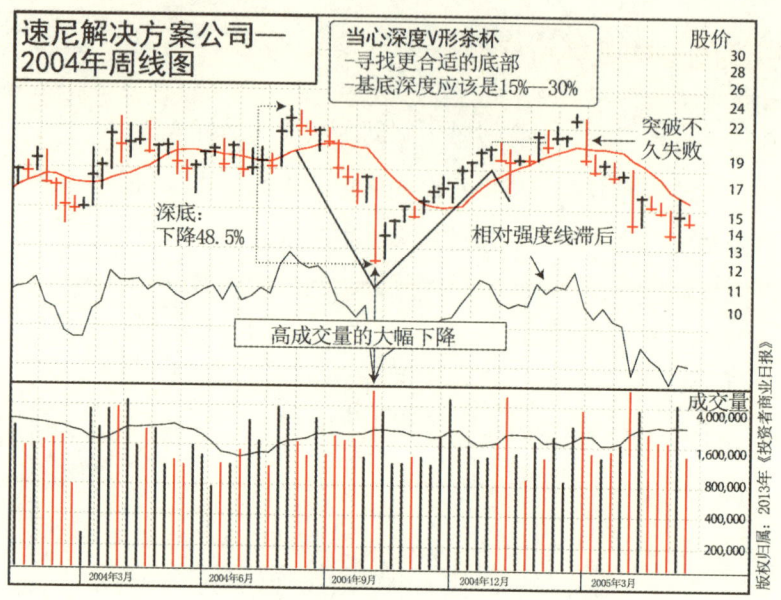

图 6-25　速尼解决方案公司—2004 年周线图

找错

"IBD 50"和"每周评论"会对基底中的警告信号和潜在漏洞做出提示，这些信息能帮助你学会如何独立地发现错误。

无杯柄形态

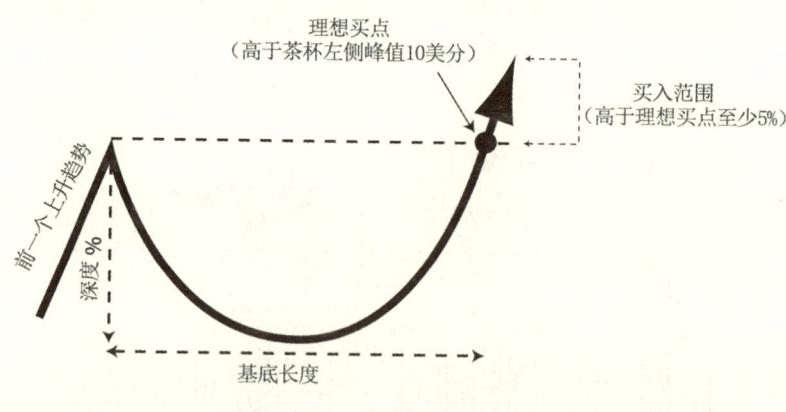

图 6-26　无杯柄形态

第6章 避免盲目投资：通过识图发现买入和卖出的最佳时机

无杯柄形态也称为杯状基底或简单称为茶杯形态，这种形态是带柄茶杯形态的一个变化延伸。正如其名，无杯柄和带柄茶杯形态的唯一区别，就是没有杯柄。除了买点，这两种形态的所有属性都是一样的。

在杯状基底形态中，买点是通过增加10美分至茶杯左侧的最高值，也就是最近的阻力区域，计算获得。

下面两幅图说明谷歌如何形成杯状基底，在不到10个月的时间内带来119%的收益。

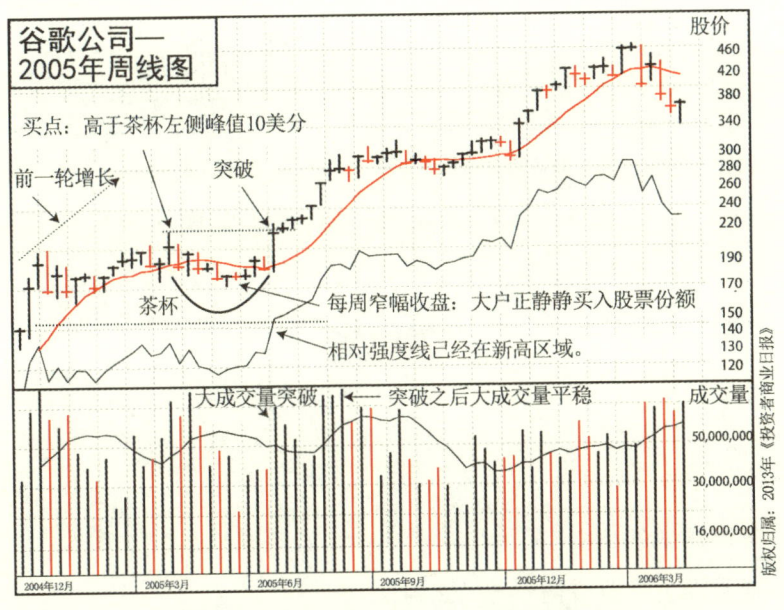

图6-27　谷歌公司—2005年周线图

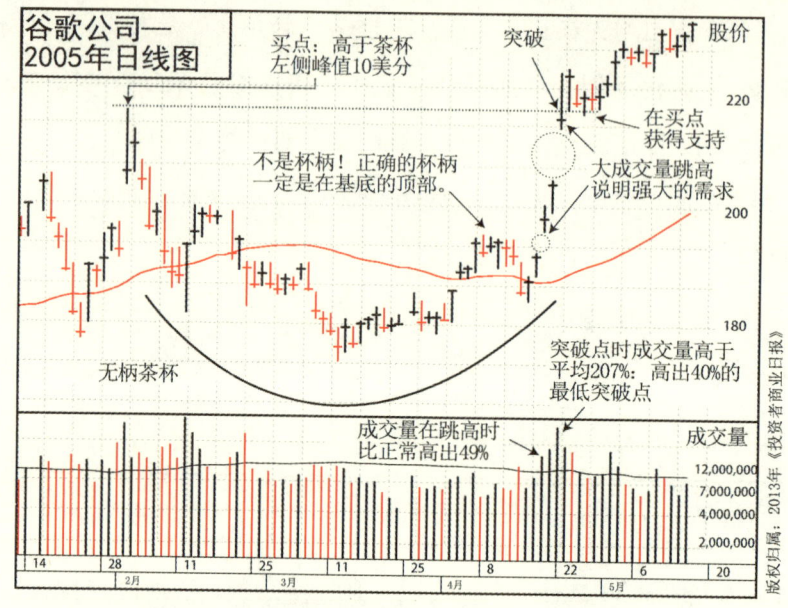

谷歌从 2005 年月到 2006 年 1 月利润上升了 119%

图 6-28　谷歌公司——2005 年日线图

双重底

第二大普遍线图形态

- 形同倾斜的英文字母 W。
- 通常发生于股市剧烈变动之时。
- 同时能设置巨额股价收益的阶段。

第6章 避免盲目投资：通过识图发现买入和卖出的最佳时机

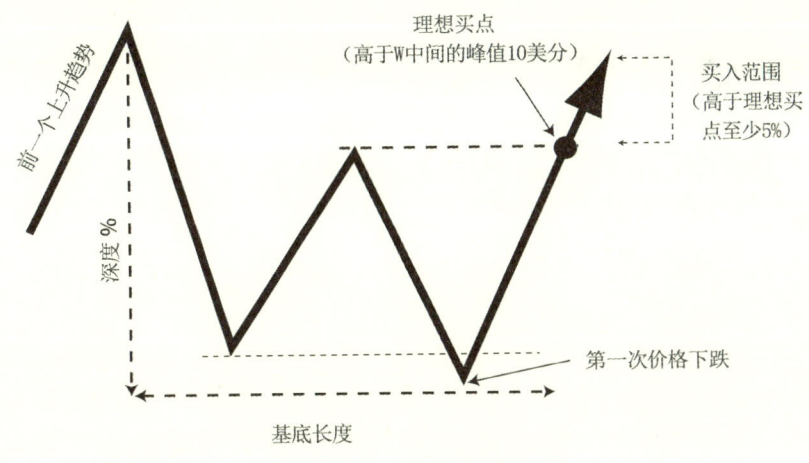

图 6-29 双重底形态图

要寻找什么

虽然双重底价格形态的形状和带柄茶杯的价格形态不同，但核心概念和背景都是一样的。

- 折射出股市动态：双重底通常形成于股市波动之时，这可以从形状上反映出来。你的股票正在下跌，股票试图反弹，但是正中阻力区域，因此无法拉回价格形成第二轮下跌。股票再一次反弹，并最终成功穿越，股价得以升高。突破通常形成于股市从市场调整状态变为新的上升趋势时的反弹。

- 支持和阻力：如同带柄茶杯形态及其他形态，双重底的买点是由10美分加入到最近的阻力区域，这正是 W 形状的中心的峰值。突破超大额成交量的阻力显示机构投资者正回归，大幅买入更多股票。

- 震荡：你还记得带柄茶杯形态的杯柄是如何震荡弱势投资者的吗？同样的概念适用于双重底形态，只不过位置不同。注意双重底形态中的第二条腿的波底是如何廉价出售第一条腿的波底的。这杜绝了给微弱持有者机会，使得更多坚定的投资者能够支持股票的新一轮回升。

下面这个列表清晰地展示了双重底形态中的关键特征：

- ☑ 前一个上升趋势：30%或更高
- ☑ 基底深度：40%或更低
- ☑ 基底长度：至少 7 周
  - 基底中下跌的第一周被认为是第一周计算。
- ☑ W 中间的峰值
  - 应该形成于基底的左半部。
  - 应该低于左边峰值。
- ☑ 低于：W 的第二个底部应该低于第一个底部
- ☑ 理想买点
  - W 的中间的最高点高出 10 美分。
  - 买入范围：比理想买点高出 5%。
  - 总是在临近理想买点处买入。
- ☑ 突破点当天的成交量：至少高于平均 40%—50%

双重底创造巨额收益

下面几个图例说明双重底价格形态是如何带来巨大收益的。

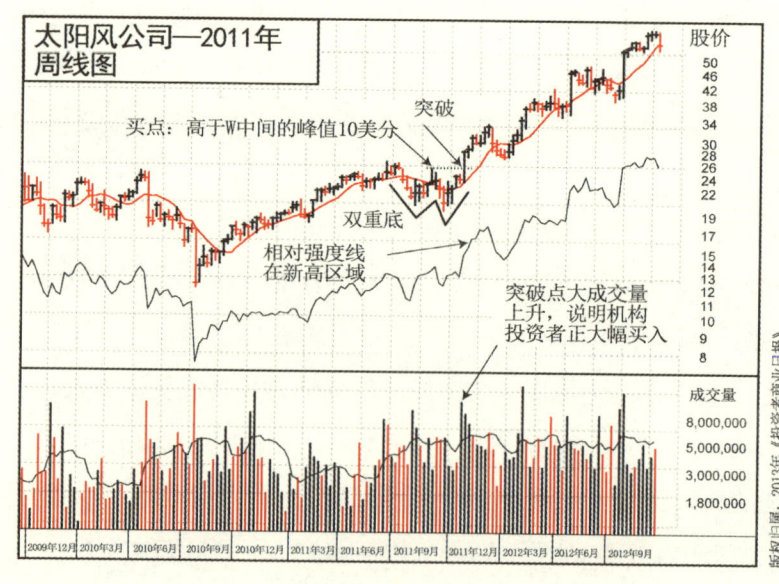

图 6-30　太阳风公司—2011 年周线图

— 176 —

第6章 避免盲目投资：通过识图发现买入和卖出的最佳时机

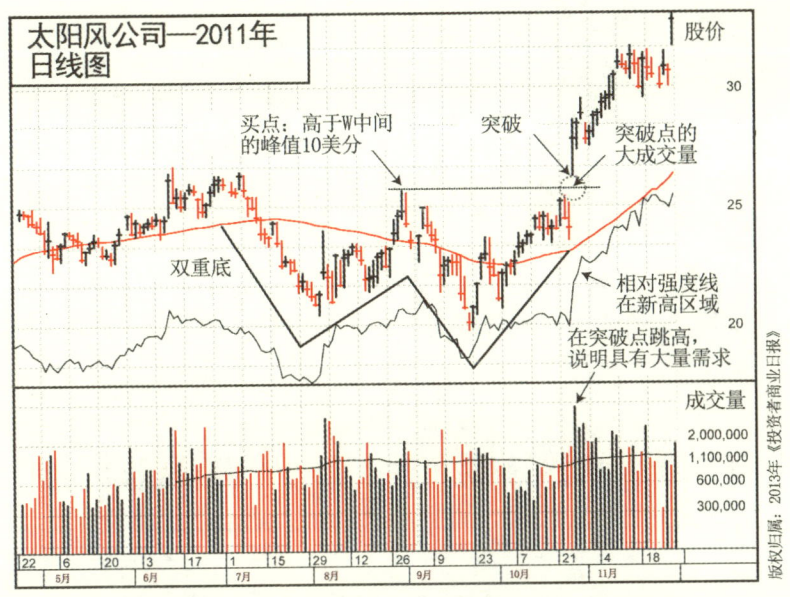

太阳风公司在2011年10月到2012年9月利润上升了137%。

图 6-31　太阳风公司—2011年日线图

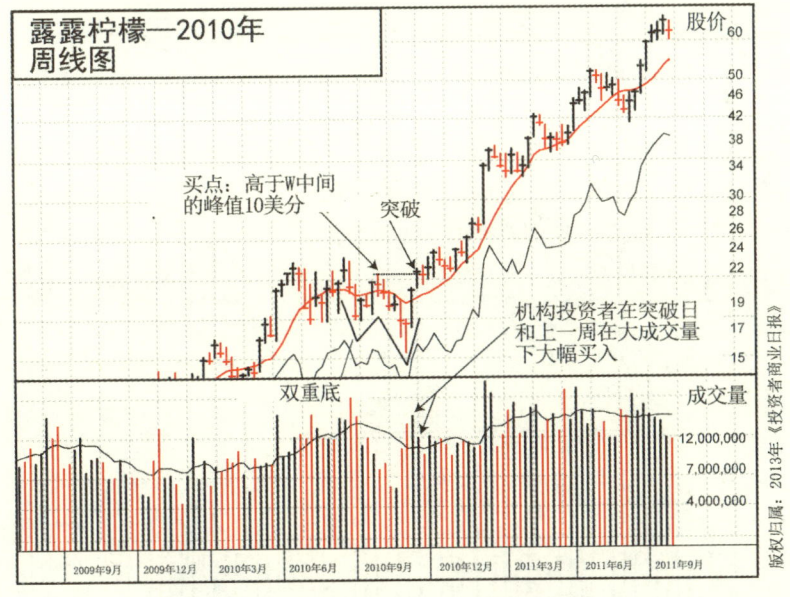

图 6-32　露露柠檬—2010年周线图

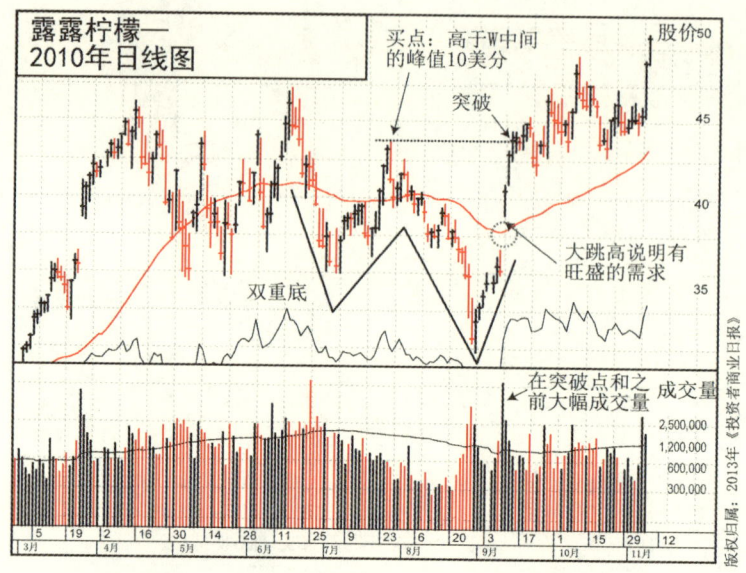

露露柠檬在 2010 年 9 月到 2011 年 7 月利润上升了 196%

图 6-33　露露柠檬—2010 年日线图

错误的双重底价格形态

在回顾潜在双重底价格形态时，有一些普遍的问题需要关注。

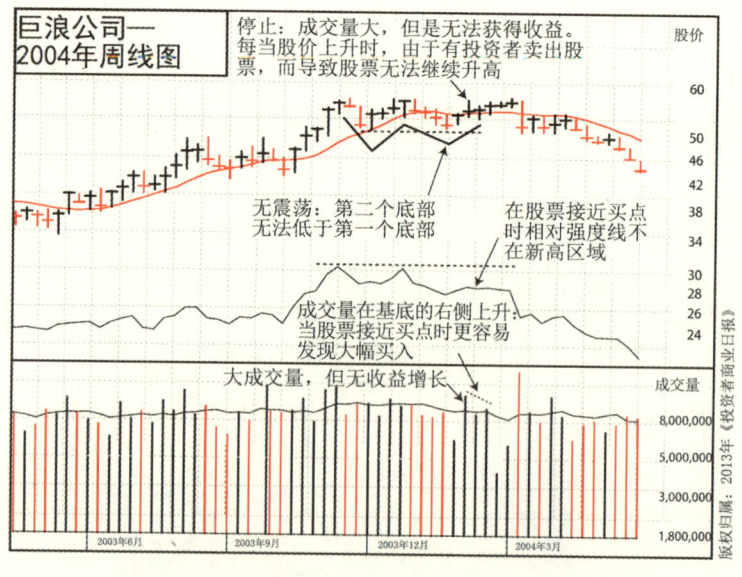

图 6-34　巨浪公司—2004 年周线图

在双重底价格形态中,确保第二个底部低于第一个底部。

平底形态

通常是第二阶段的基底

- 通常在股票形成带柄茶杯或双重底价格形态之后生成平底价格形态。
- 为投资者带来购买新股或者增加原股票的投资份额。
- 较之带柄茶杯和双重底价格形态的下降幅度更小。
- 周期短(最少5周)。

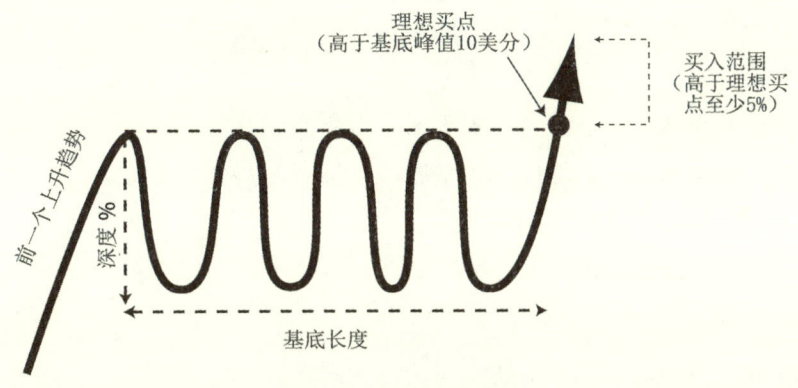

图 6-35 平底形态图

寻找什么

还记得我们提到过牛股会在价格波动时形成垫脚石吗?牛股的价格会上升一会儿,接着价格回调,在形成新的基底之后开始寻找新的机会,这为你创造了盈利机会。

平底就是这样一个典型的例子。平底线图形态在股票从带柄茶杯或双重底突破后获得巨大收益之后生成。这就是我们将平底形态称为第二阶段基底的原因（在本章后面的内容中，我们会学习到"超越形态"）。

下面是平底形态的有几个关键概念。

- 窄幅价格波动消化早期利润：股票通常在带柄茶杯或双重底形态中突破，上涨至少20%，接着就会左右摆动形成平底形态。平底形态中的股票下降会比其他形态要小，调整幅度不超过15%。

价格范围通常在整个基底过程中保持紧张。这意味着机构投资者，也就是那些买了成千上万股的股东，新建了新股，在一定的价格范围内安静地买入。这是为什么他们不需要大幅提高平均每股价格就能增加持有数量的原因。

- 支持和阻力：同样，买点是把10美分加入到最近的阻力区域，也就是平底形态中的最高股价点。股票直到突破"天花板"（通常大幅交易量）才会发起下一次上升。

- 震荡：平底形态也自有其办法赶走意志薄弱的投资者。不同于带柄茶杯形态中的大幅抛售或是双重底形态中的第二个底低于第一个底，在平底形态中，震荡有点像是慢牛格局。意志薄弱的投资者会被他们自己优柔寡断，折磨得筋疲力尽，最终丧失耐心直至卖出股票。

下面这个列表清晰地展示了平底线图形态的几大关键特征：

- 前一个上升趋势：30%或更高。
- 基底深度：15%或更低。
- 基底长度：至少5周。

基底中第一次出现下降的一周按第一周计算。

- 理想买点。

基底中比最高值高出10美分。

买入范围：比理想买点高出5%。

总是买入理想买点附近的股票。

- 突破日的成交量：至少高于平均值40%到50%

平底价格形态带来巨大收益

下面两个例子是在平底价格形态中获得巨大盈利的牛股。

第6章　避免盲目投资：通过识图发现买入和卖出的最佳时机

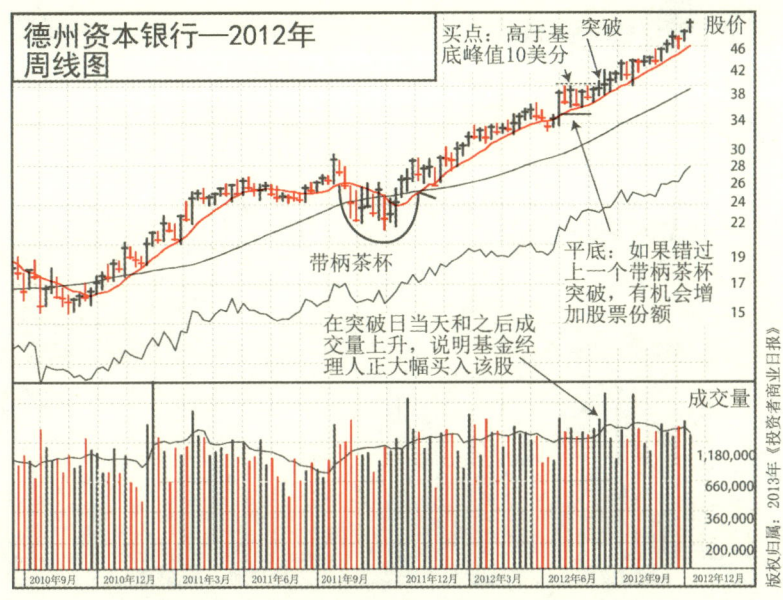

图 6-36　德州资本银行—2012 年周线图

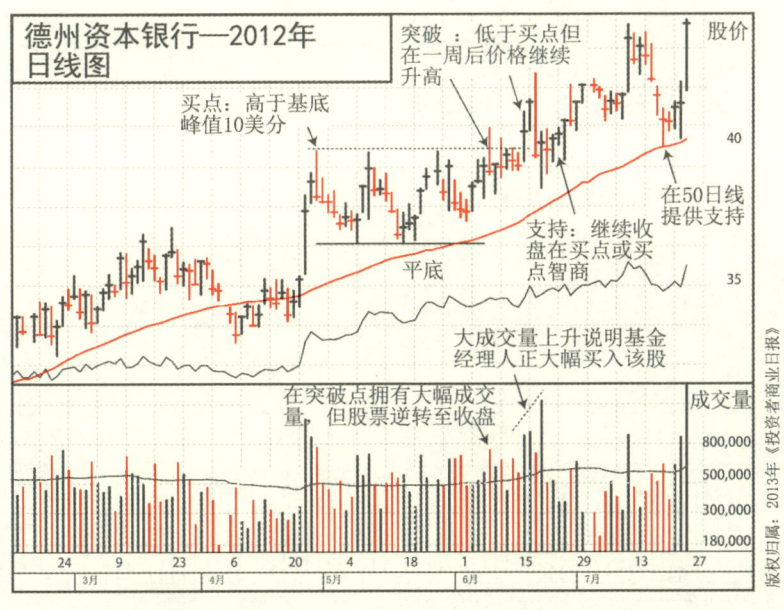

德州资本银行从 2012 年 6 月到 10 月利润上升了 33%。

图 6-37　德州资本银行—2012 年日线图

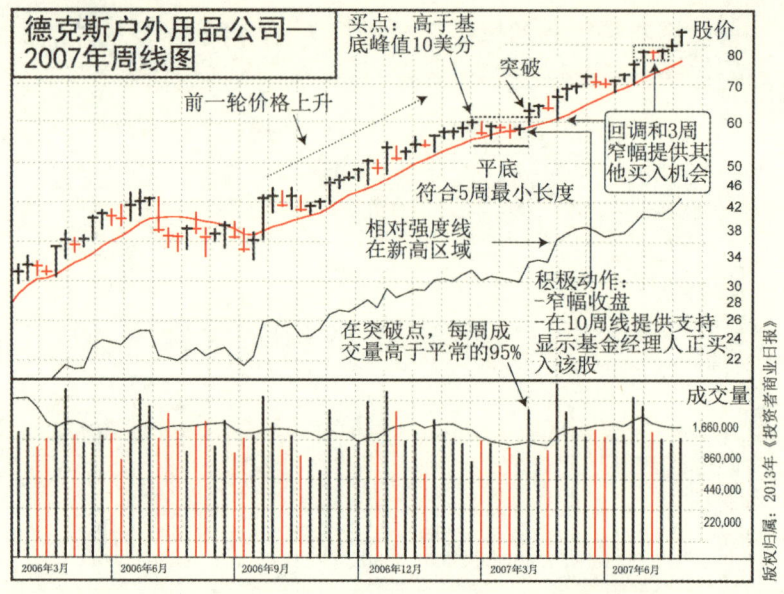

图 6-38　德克斯户外用品公司—2007 年周线图

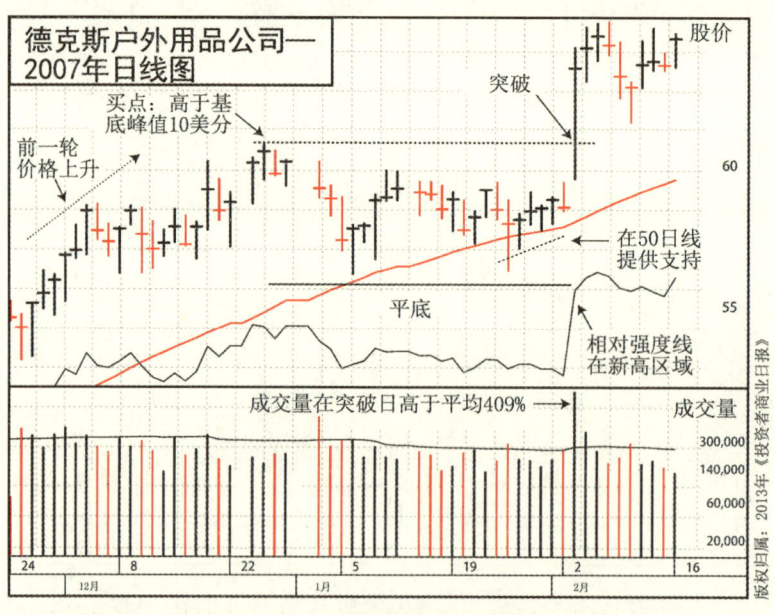

德克斯户外用品公司从 2007 年 2 月到 12 月利润上升了 175%。

图 6-39　德克斯户外用品公司—2007 年日线图

双重线图形态带来更多二次机会

有时一只股票会从带柄茶杯线图形态或双重底线图形态中突破，但在开始形成新的线图形态之前，无法获得通常的20%到25%的收益。

我们将这种情况称为双重线图形态的形成，这会带来更多强大的价格变动。

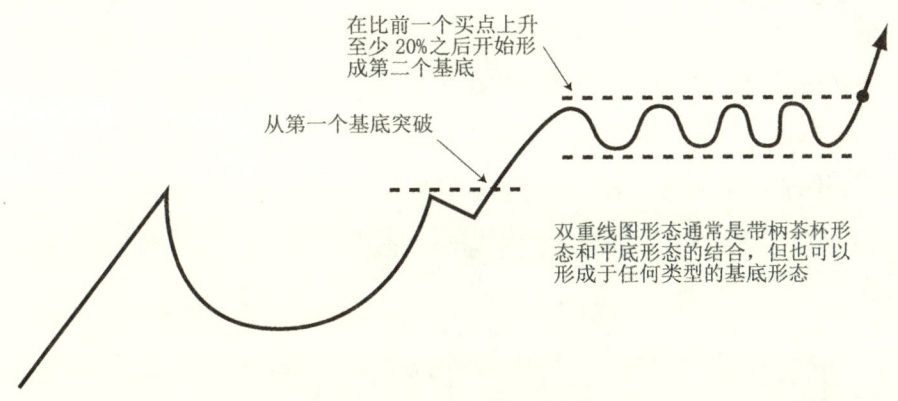

图6-40　双重线图形态图

以下是双重线图形态的两大关键点：

在上一个形态中比理想买点高出至少20%之前，股票已经开始形成新的基底。

具体原理如下。

假如一只股票在带柄茶杯线图形态中突破于理想买点，突破价格为100美元。如果该股票的股价在仅仅上升到115美元（至上升了15%）之后，开始形成平底线图形态，以前的带柄茶杯形态和新的平底线图形态被称为双重线图形态。

理想买点取决于第二层底的形态类型。

双重线图形态中的第二层可以是任意形态类型，通常最后都会是平底价格。无论是哪一种形成方式，所有这种形态的正常标准都是适用的。

如果是平底线图形态，理想买点是比该线图形态的最高值高出 10 美分。

如果双重线图形态中的第二层形态是带柄茶杯形态，买点应该是杯柄的最高值高出 10 美分。

再次折射股市

正如股市波动时双重底线图形态的形成过程一样，双重线图形态通常在有不确定或重要卖出压力时形成。

你会发现股票从上一次线图形态开始第一次突破，但紧接着股市陷入低迷，这些股票迅速拉回价格形成第二层底。

好消息是，一旦股市低迷或卖出压力解除，领军股就会从双重线图形态或其他线图形态中突破，并快速反弹升至更高。

下面几幅图展现的是双重线图形态带来的利润。

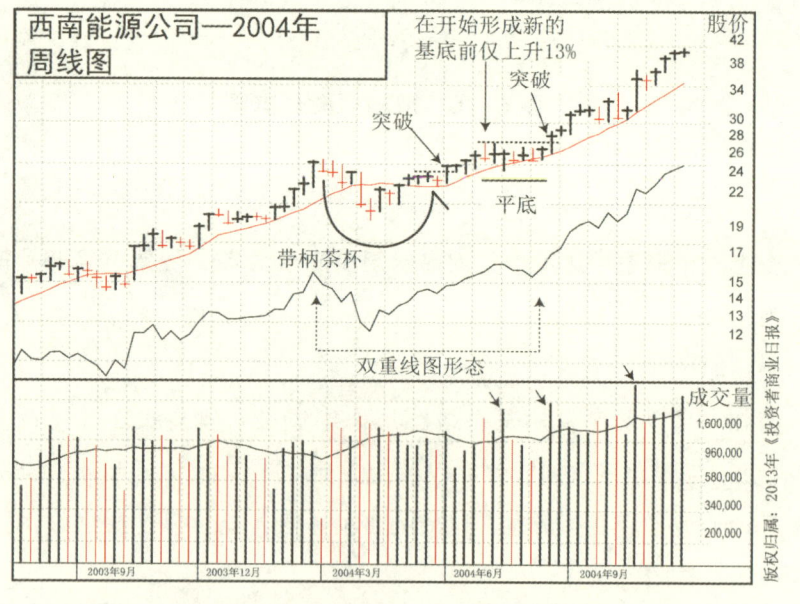

西南能源公司从 2004 年 6 月到 2005 年 10 月利润上升了 504%。

图 6-41　西南能源公司—2004 年周线图

第6章 避免盲目投资：通过识图发现买入和卖出的最佳时机

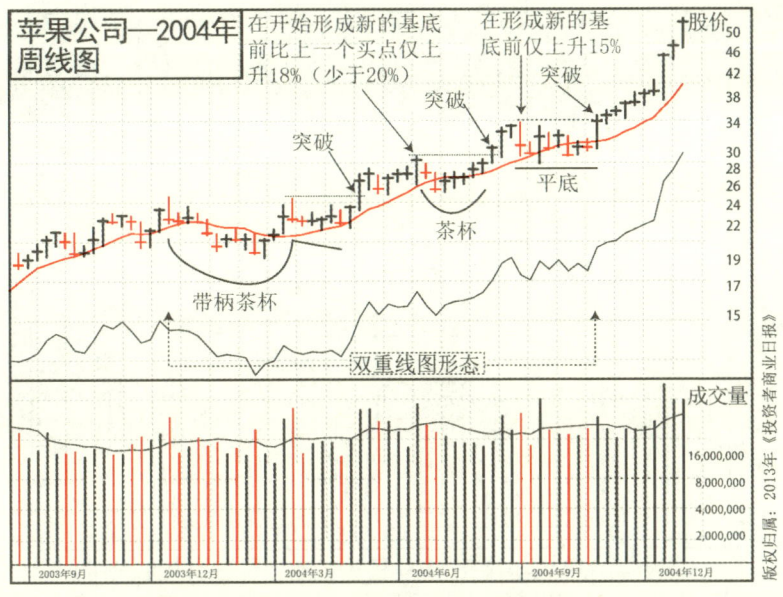

苹果公司从 2004 年 8 月到 2006 年 1 月利润上升了 402%

图 6-42　苹果公司—2004 年周线图

仅仅有形态还不够

一旦你能识别某个线图形态的形状，也要在此基底中寻找吸筹（机构买入）和支持的信号，这样做能让你将良好线图形态和潜在错误线图形态区分开来。

回到我们此前讨论的第三个大石头：只买入机构投资者大幅买入的股票，避免买入机构投资者正大幅卖出的股票。

机构买入的信号

这些信号再一次证明大型机构投资者正大幅买入新股，并在现有股票上增加份额投资，推动了更高的价格飙升。

在基底中大成交量上升的周数多于大成交量下降的周数

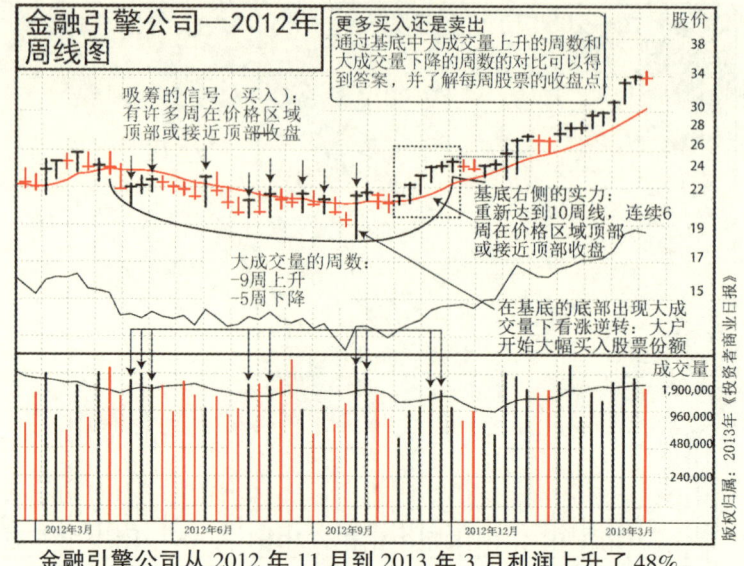

金融引擎公司从 2012 年 11 月到 2013 年 3 月利润上升了 48%。

图 6-43　金融引擎公司—2012 年周线图

大成交量下跳空高开

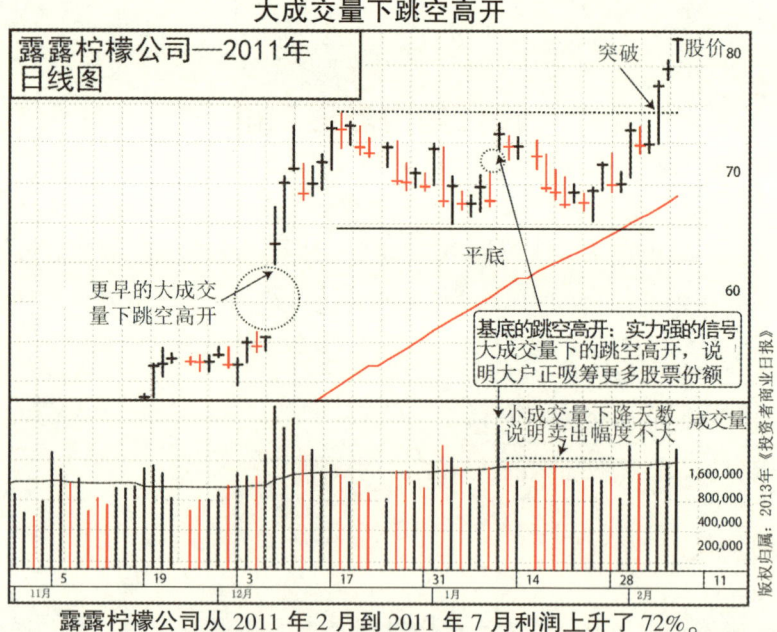

露露柠檬公司从 2011 年 2 月到 2011 年 7 月利润上升了 72%。

图 6-44　露露柠檬公司—2011 年日线图

第6章 避免盲目投资：通过识图发现买入和卖出的最佳时机

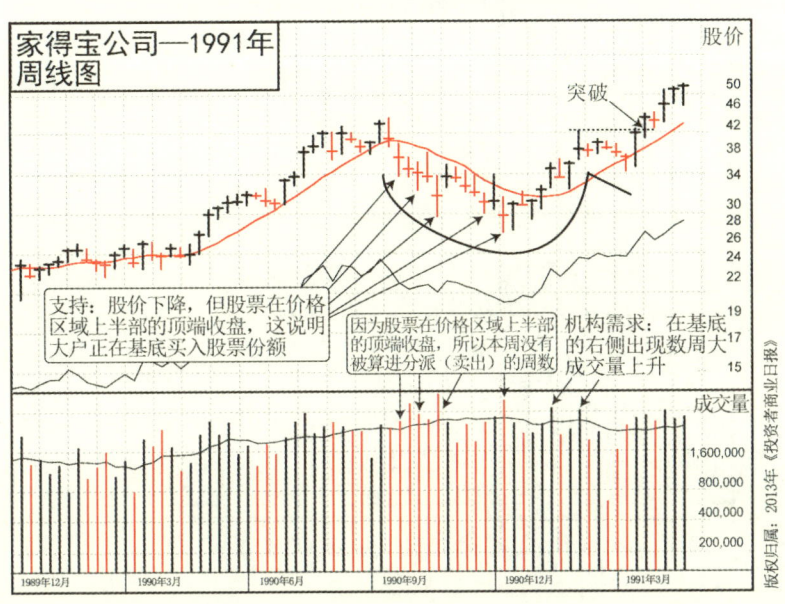

家得宝公司从 1991 年 1 月到 1993 年 1 月利润上升了 275%。

图 6-45　家得宝公司—2011 年日线图

警告信号

当你发现在带柄茶杯形态或其他线图形态中有机构投资者卖出的信号时，要保持警惕：这个基底不太可能带来大幅价格上升，反倒可能导致突破失败。

大成交量下下降的周数太多

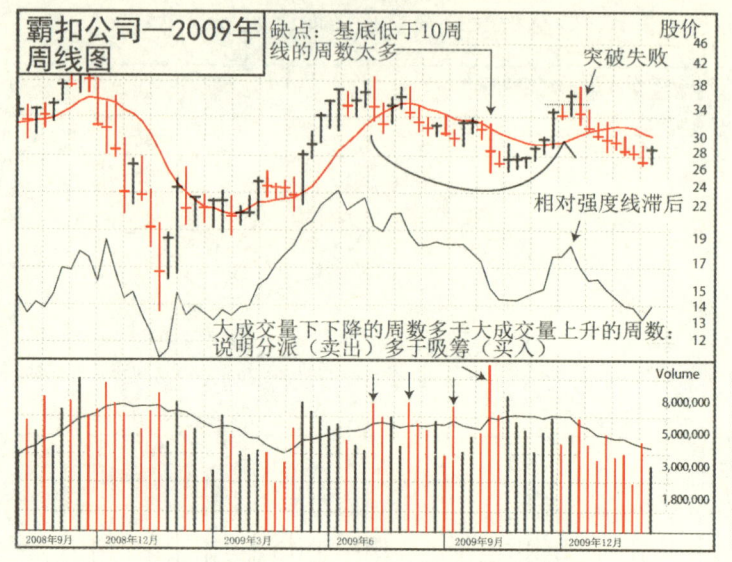

图 6-46　霸扣公司—2009 年周线图

大成交量下跳空下跌

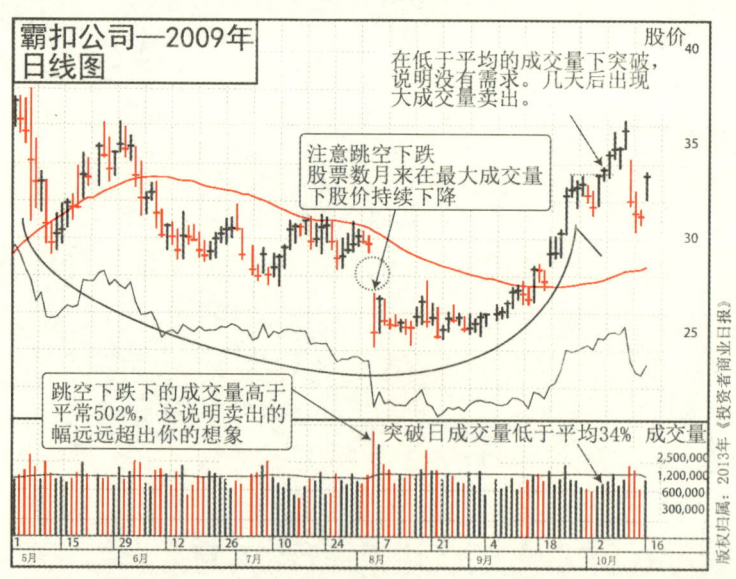

图 6-47　霸扣公司—2009 年日线图

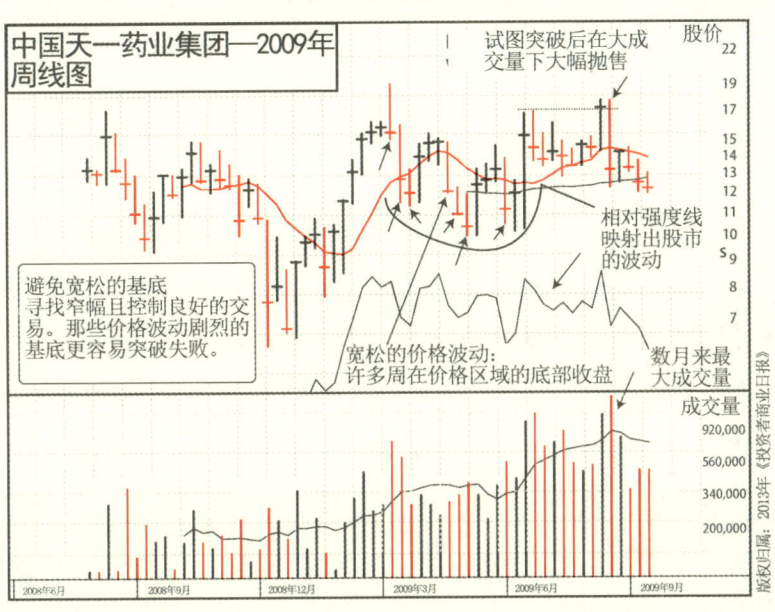

将中国天一药业集团的宽松交易动作，与前面"机构买入的信号"中的金融引擎公司的健康交易线图进行比较。

图 6-48　中国天一药业集团—2009 年周线图

注意后期基底

没有什么能永远上升。

正如前面所看到的，巨大盈利总是存在于早期，尤其是在新一轮牛市的头一两年——这时正是上一个熊市彻底消失，且一批新的领军股正从线图形态中突破并价格上升的时候。

在价格继续飙升时，这些股票很可能停下来稍作调整，形成另一种线图形态，也许是平底线图形态，而这就是第二阶段基底。

重置按钮

通常熊市会重置基底数量，也就是股票自价格上升以来形成的线图形态数量，所以新一轮牛市中的第一个突破，被认为是第一个阶段的基底。请注意：平缓的"暂时性调整"阶段不会重置数量（具体参见第 3 章中大石头 1 的相关内容）。

当股票开始形成第三或第四个阶段的基底时，有些耗时太长了，原因如下：

- 股票本身已经带来价格波动。可能是 100% 或更大的上升。在机构投资者获取利益并把股票投入更深下跌之前，如何让股票走势更高呢？
- 股市可能疲软。如果你进入牛市循环的第 3 年，市场通常更加波动不安。这点会影响领军股，可能会走向更高。

这就是为什么在股票突破于第三个基底或更后期的基底时你要特别当心的原因。

后期形态会起作用，有时还会带来巨大收益，但是成功的投资是要增加盈利的概率。所以要理解后期基底有风险：如果你在后期突破时买入股票，在股票无法获得动力的情况下，你要尽早止损，也就是在 3% 到 4% 时卖出。

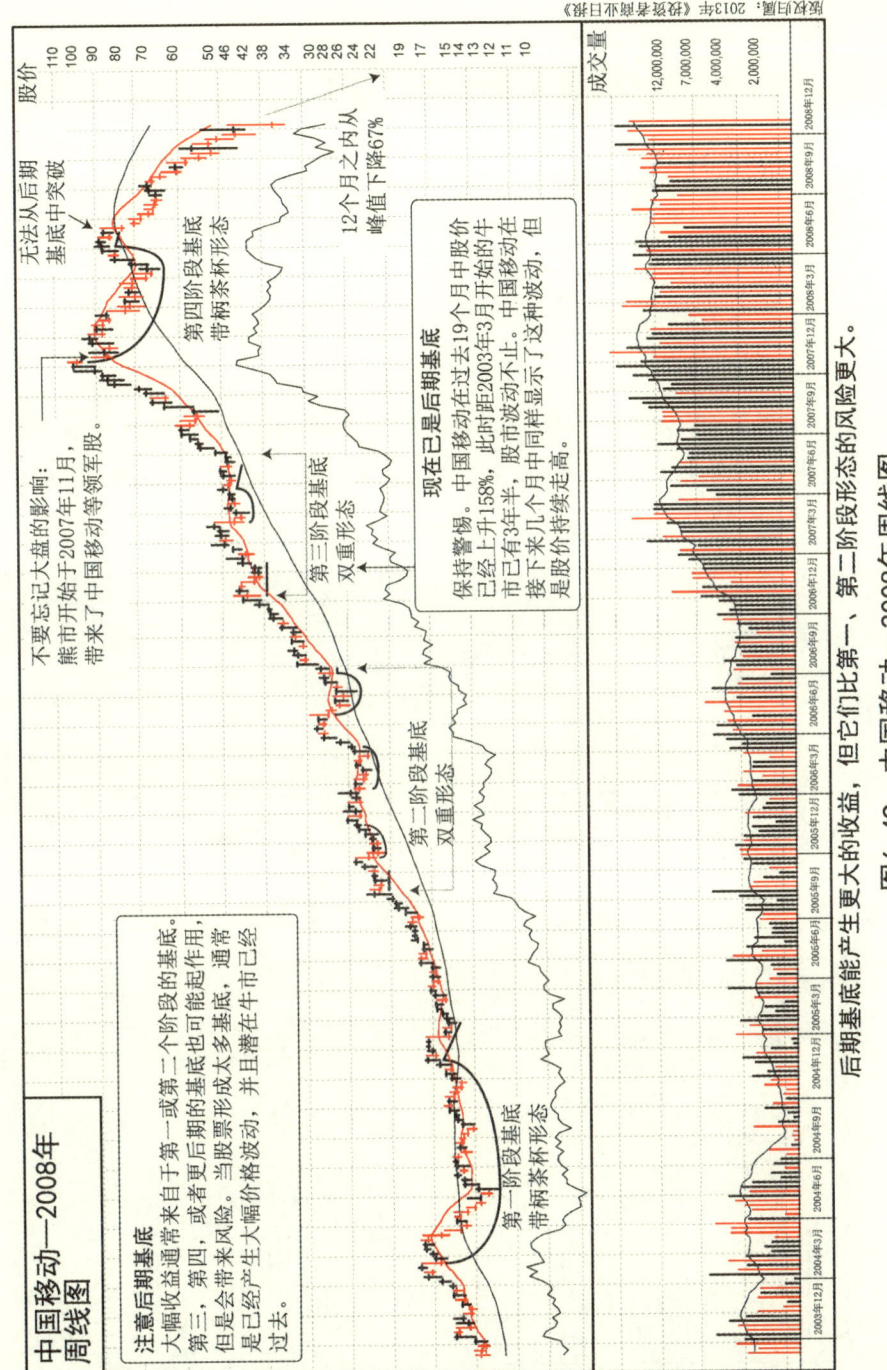

图6-49 中国移动—2008年周线图

发现价格形态了吗？

现在到了考试的时候！

下面请看考试规则：

1. 浏览以下几幅图例，看看是否可以读出每一幅线图的形态。如果可以，你是否可以说出每一种基底的名称以及理想买点？

2. 如果你能说出线图形态，继续寻找我们在"仅仅有形态还不够"一部分所提到的线索。你是否能看出一些线索？这些线索和股市和线图形态有什么关系？是否有相对强度线或接近新高点？

3. 在这个考试之后的一小节，我列出了这些线图的答案。对比你的作答，了解你对这部分内容的学习效果。

你能发现线图形态吗？

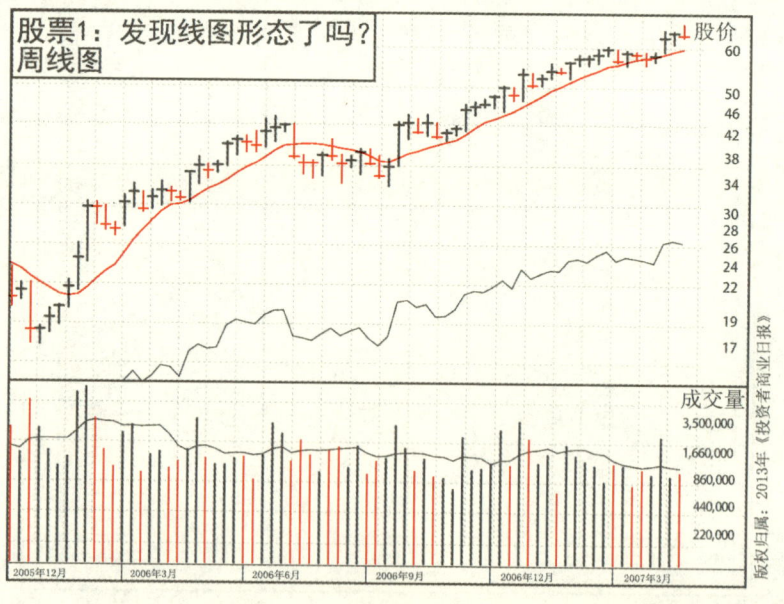

图 6-50　股票 1：发现线图形态了吗？周线图

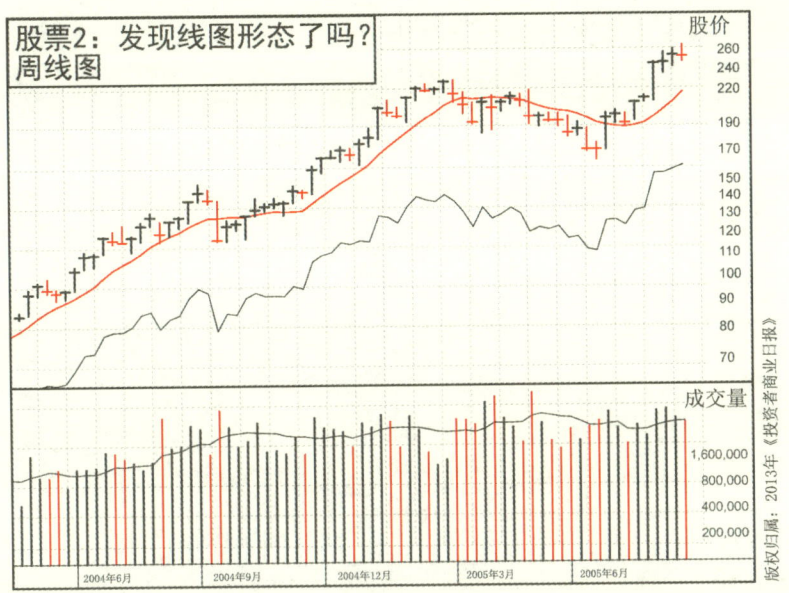

图 6-51　股票 2：发现线图形态了吗？周线图

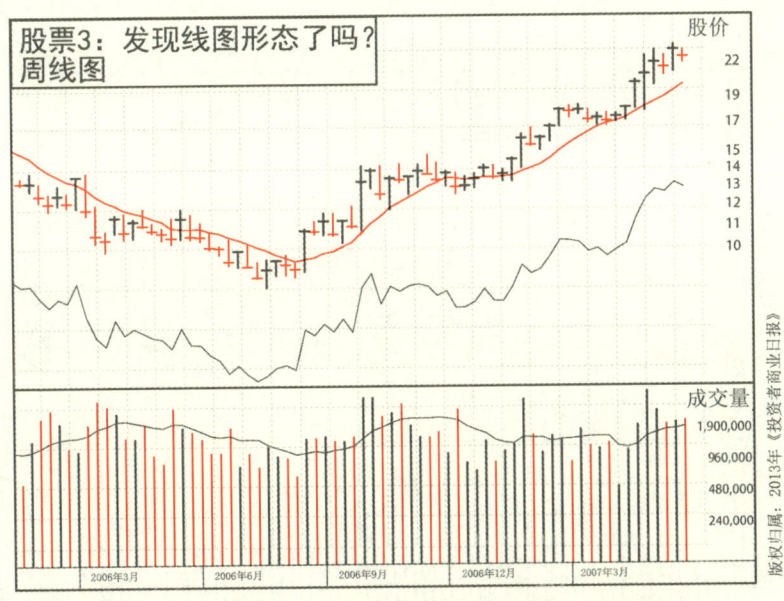

图 6-52　股票 3：发现线图形态了吗？周线图

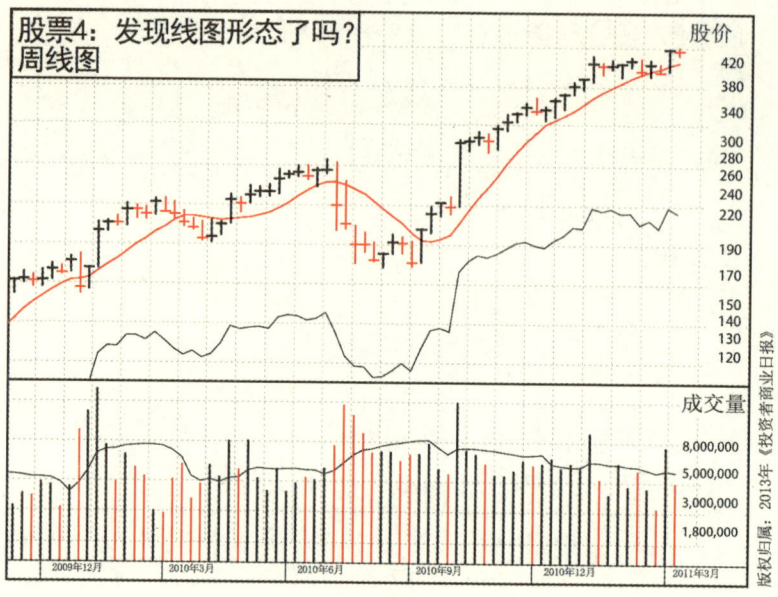

图 6-53 股票 4：发现线图形态了吗？周线图

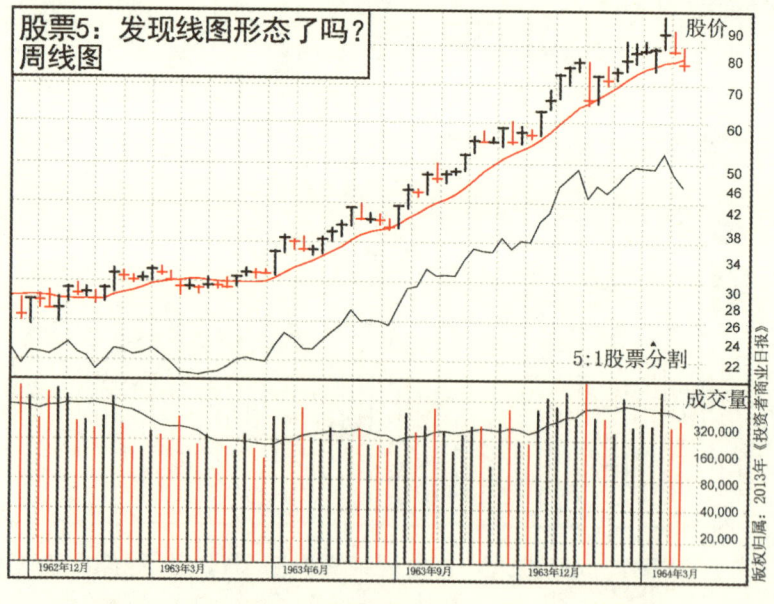

图 6-54 股票 5：发现线图形态了吗？周线图

第6章 避免盲目投资：通过识图发现买入和卖出的最佳时机

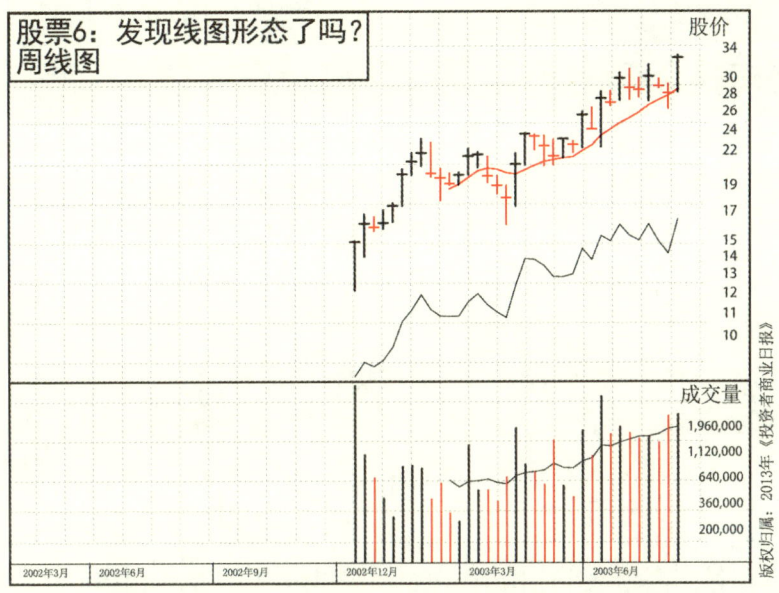

图 6-55　股票 6：发现线图形态了吗？周线图

检查以下结果了解你的学习状况

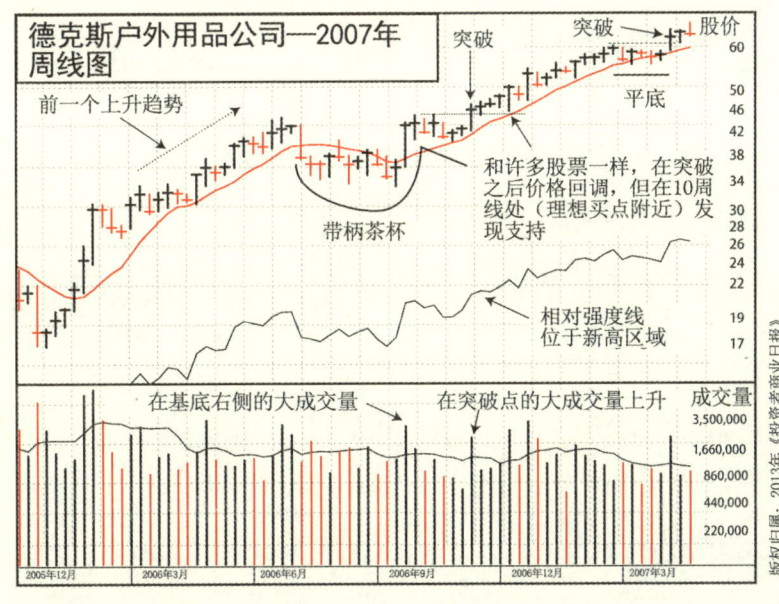

德克斯户外用品公司在 2006 年 9 月到 2007 年 8 月利润上升 151%。

图 6-56　德克斯户外用品公司—2007 年周线图

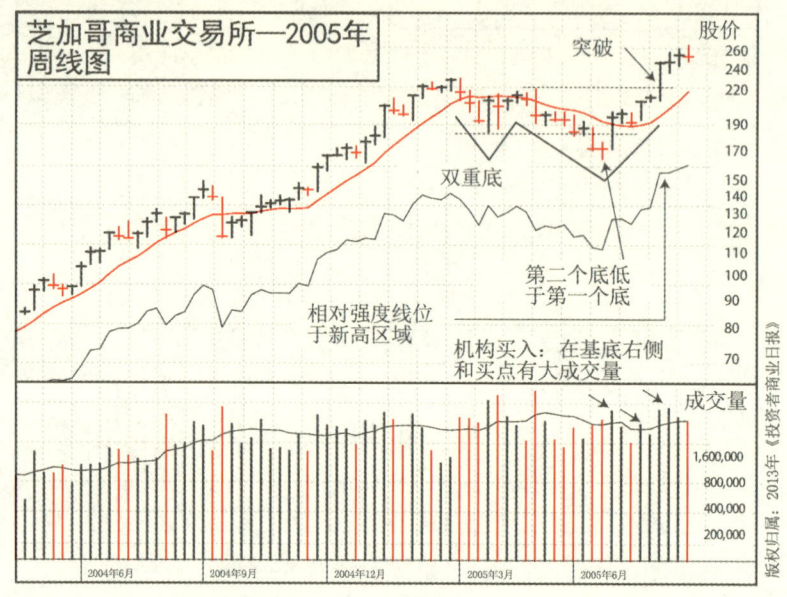

芝加哥商业交易所在 2005 年 6 月到 2007 年 12 月利润上升 224%。

图 6-57　芝加哥商业交易所—2005 年周线图

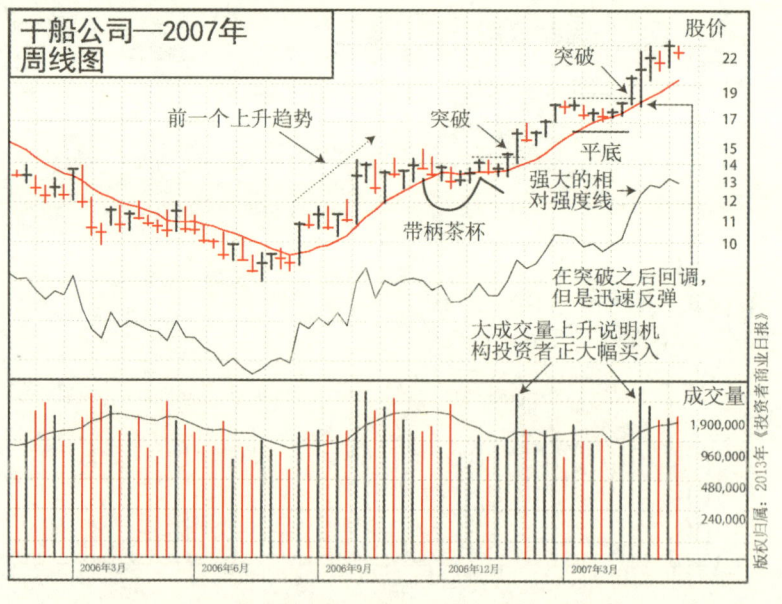

干船公司在 2006 年 1 月到 2007 年 1 月利润上升 815%。

图 6-58　干船公司—2007 年周线图

第6章 避免盲目投资：通过识图发现买入和卖出的最佳时机

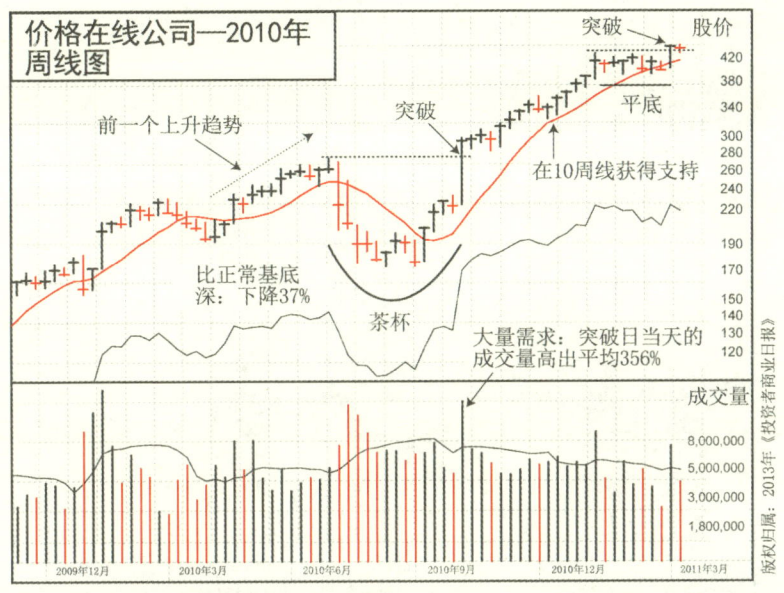

价格在线公司在 2010 年 8 月到 2011 年 5 月利润上升 105%。

图 6-59 价格在线公司—2010 年周线图

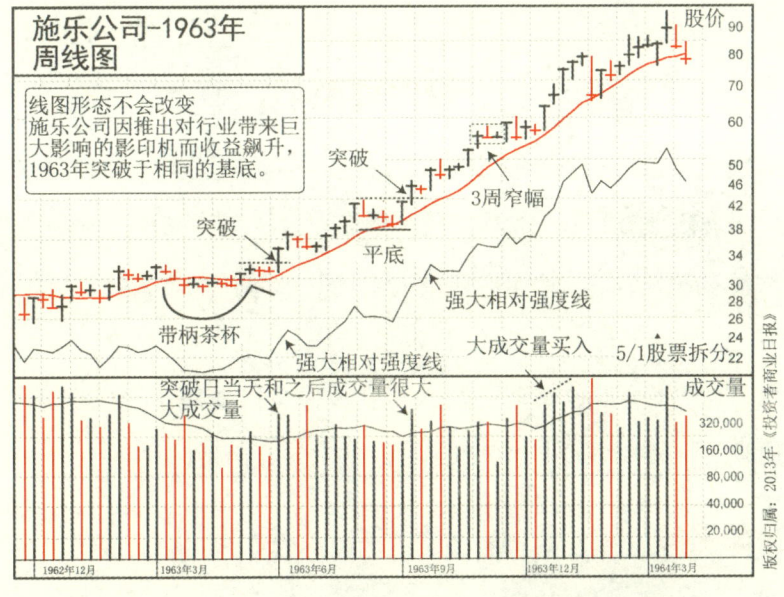

施乐公司在 1963 年 4 月到 1966 年 4 月利润上升 660%。

图 6-60 干船公司—2007 年周线图

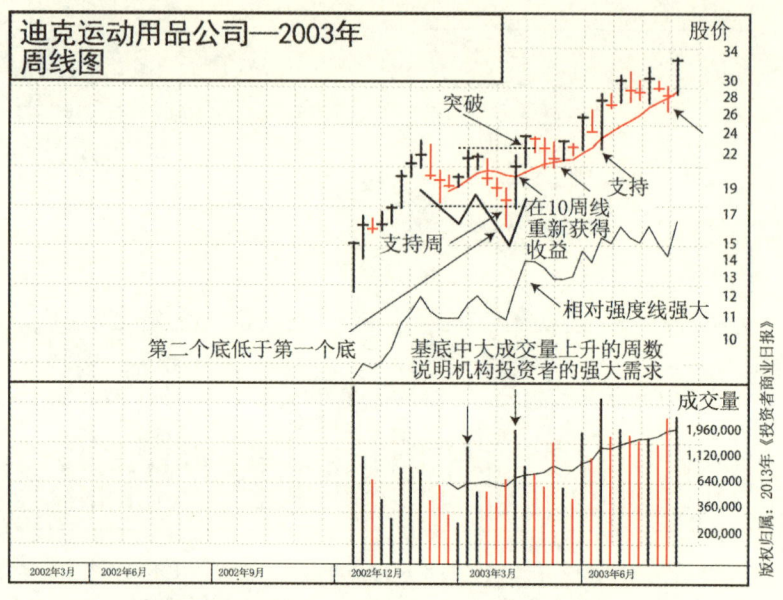

迪克运动用品公司在 2003 年 2 月到 2004 年 4 月利润上升 181%。

图 6-61　迪克运动用品公司—2003 年周线图

替代买点

带柄茶杯线图形态，双重底线图形态以及平底线图形态都是能带来盈利的主要线图形态。但是如果你错失了这些突破点，怎么办？别担心。你并不会一无所有。

牛股通常都会形成其他的买入机会，你可以使用这些机会开发股票，并增加股票份额——如果你可以抓住这些突破点的话。

少即是多

既然这些属于第二买点，就不要买得过多，至少比带柄茶杯这样的主

第6章 避免盲目投资：通过识图发现买入和卖出的最佳时机

要线图形态要买入得少。如果你给持有的股票增加份额，这一点尤其受用。在这种情况下，你会希望比第一次突破时买入的份额要少。这样做能保证平均买入价格不会高涨。

以下是两个最普遍的其他买入机会：

三周窄幅

如同平底线图形态，三周窄幅线图形态形成于股票突破之时。通常价格会上升一会儿，接着停下来消化这些收益。

从名字上能看出，三周窄幅线图形态的形成时间为三周。以下是三周窄幅线图形态的关键点：

- 每周的收盘价应该在上一周的收盘价的1%以内

这就是在线图中创造的窄幅区域。一定记得关注每周收盘价：每一天股价都可能会有小小的波动，但是你应该聚焦于周五这一天的收盘价。

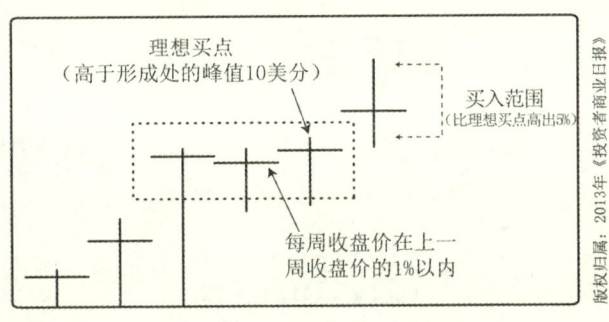

窄幅周的收盘说明了什么呢？答案是机构投资者正继续买入股票份额。

基金经理人和其他专业投资人士希望从股票中获得更多收益，所以他们不会让利益受损。事实上，他们正在积累更多的股票，而这正是使得股票维持在窄幅价格区域的原因。

- 理想买点

高于形成处（最近的阻力区域）的峰值 10 美分。

买入范围：比理想买点高出 5%。

总是在最靠近理想买点时买入。

- 突破日的成交量：至少高于平均 40% 到 50%

无论是什么样的基底，你都会希望在突破日当天的成交量至少高于平均价格 40% 到 50%。这个数字说明基金经理人和其他专业投资人士正在买入。

下面两个图例说明了三周窄幅如何在牛股价格继续上升时给你带来盈利机会。

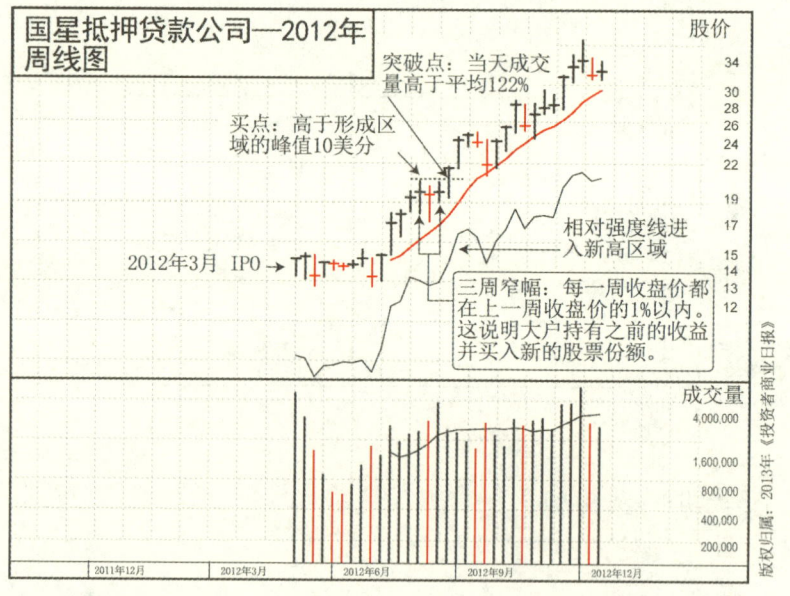

国星抵债贷款公司从 2012 年 6 月到 10 月利润上升 82%。

图 6-62　国星抵押贷款公司—2012 年周线图

第6章 避免盲目投资：通过识图发现买入和卖出的最佳时机

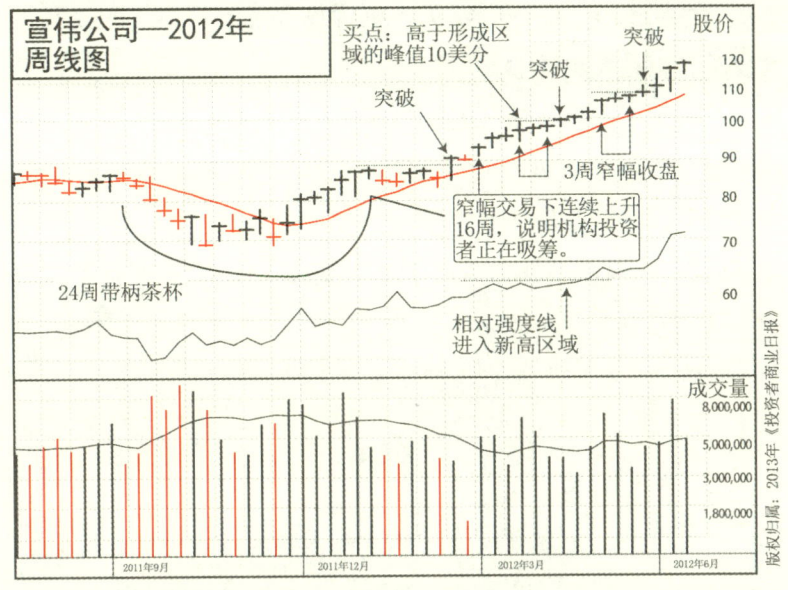

宣伟公司从 2012 年 2 月到 10 月利润上升 57%。

图 6-63　宣伟公司—2012 年周线图

价格拉回到 10 周或 50 天移动平均线

股票在突破合适线图形态之后，股价可能会拉回到基准线，也就是 10 周或 50 天移动平均线。如果股票反弹至移动平均线，并在大成交量下升到更高，则会带来买入的机会。

这种行为说明机构投资者正提供支持和保护股票。这种情况会发生在移动平均线附近，因为专业投资者正是将这些线作为关键基准（详情参见本章的"识图基础"部分）。

不要逢低买入

你常会听到一些权威人士说"逢低买入"，也就是说，因为股价下降了，看起来是个好交易，所以应该买入。这是极端冒险的策略。股票价格下跌必然有其原因。

原因取决于成交量的大小，其中一个可能是基金经理人正在卖光股票。记住"大石头 3"的内容：买入机构投资者大幅买入的股票，避免买入机构投资者正在卖出的股票。

那么，买入那些价格回调的股票为什么不同呢？

答案很简单：你应该在买入前等待股票找到支持并在大成交量下上升，换句话说，在股票价格下跌时不要买入股票。

下面列出了一些如何在价格回调时正确买入的原则：

- ☑ 寻找价格回调时低成交量股票

这意味着专业投资者没有大幅卖出股票。成交量在价格回调周期内的几天或几周之内，可能会高于平均线，但是总体而言，在股票临近移动平均线时，还是要缩减或价格轻微下调。

- ☑ 确定股票反弹至移动平均线并向大成交量进军

你希望买入的股票应该是能反弹并显示出优势，而非劣势的股票。千万不要买正在下降的股票。

- ☑ 在离移动平均线最近的点买入

当股票在 50 日或 10 周移动平均线反弹时，你会希望在离这条线最近的点买入。

离这条线越远的股票，带来的风险越大。

- ☑ 关注前两个价格回调期

最大的收益通常来源于 10 周移动平均线的前两个回调期。当股票的第三或第四个反退开始时，就可能带来价格上涨。基本上价格回调，就预示着将开始更严重的抛售。

以下是奈飞公司的日线图和周线图，这两张线图说明了价格回调如何作为一个机会点增加股票份额，或是在你错失上一个突破点时为你提供新的买入机会。

这很好地说明了为什么在牛股价格波动时要持续跟踪。这些股票通常会给你带来很多次买入和盈利的机会。

第6章 避免盲目投资：通过识图发现买入和卖出的最佳时机

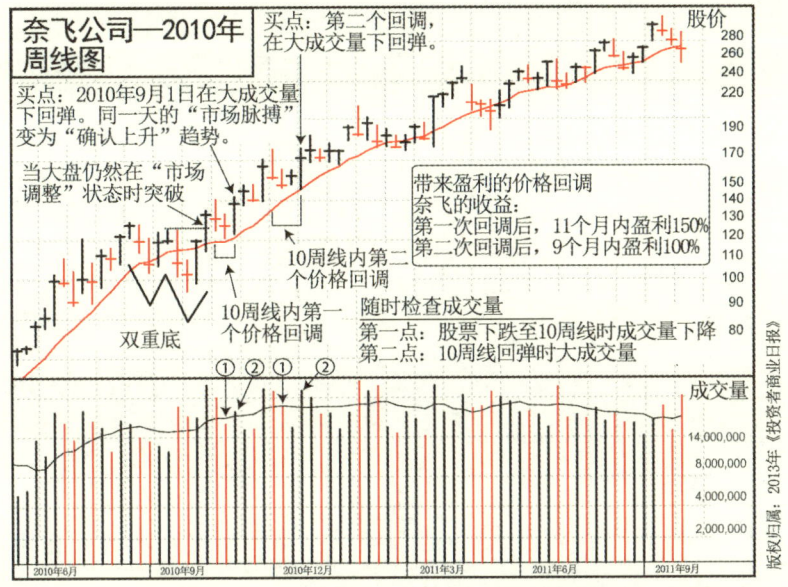

图 6-64　奈飞公司—2010 年周线图

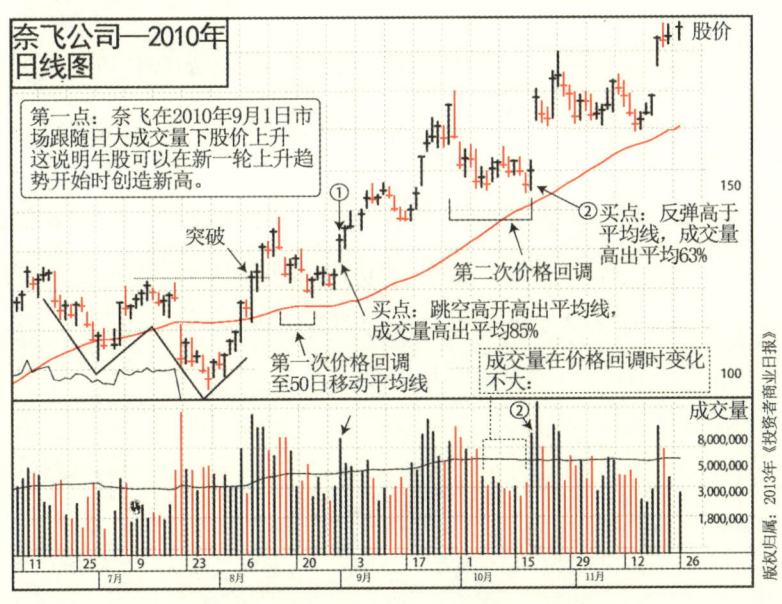

奈飞从 2010 年 9 月到 2011 年 7 月利润上升 150%。

图 6-65　奈飞公司—2010 年日线图

下一步：现在你已经学完了识图基础以及如何发现带来盈利的线图形态，接下来让我们学习如何在买入和卖出检索清单中检查"线图分析"项。

使用线图分析检索清单

在第 3 章"买入检索清单"和第 5 章"卖出检索清单"中，你已经学会如何快速通过使用"IBD 股票检查"和一些基本规则，来分析大部分买入和卖出准则。

现在我们已经学习了识图的基本知识，那么让我们来看一看如何分析买入和卖出检索清单中的"线图分析"项。

实践出真知

如果你刚开始学识图，我相信你一定还试图消化刚刚我们看到的所有形态和概念。正如我一直所说，当然这都是我的经验之谈，花一点时间消化并整理所学知识是必要的。不管如何，不要放弃学习识图。

你投入的时间，到现在就会显示出回报了。坚持使用简单周末常规，并坚持观看"每日股票分析"和其他 IBD 电视节目视频。在线图中发现买入和卖出信号，很快就会成为你掌握的第二个诀窍。

下面我们先从买入检索清单开始吧。

买入检索清单

线图分析：在股票发生价格波动并从普遍形态中突破时，果断买入

☐ 从合理的价格形态或可选买入点中突破

第6章 避免盲目投资：通过识图发现买入和卖出的最佳时机

- □ 成交量比突破点时的平均成交量高出至少40%到50%
- □ 相对强度线进入新高
- □ 理想买入点5%以内

我们在浏览这些时，不要忘记为什么需要重视这些买入规则。

通过买入检索清单的股票最有可能为你带来巨大利润。

在你买入之前，确定每一只股票都通过买入检索清单，你会增加盈利的砝码。这就是为什么你要以使用买入检索清单作为起点。越少风险的投资会带来越高的回报。

☑ **突破于良好形态或替代买点**

股票是接近带柄茶杯线图形态、双重底线图形态以及平底线图形态的理想买点，还是正在替代买点区域，如三周窄幅或10周线价格回调？

为了有助于分析，你可以在投资者网站上做一个实验，看一看IBD的文章中是如何提到该股票的最新线图动作的。如果股票出现在"IBD 50"、"每周评论"、"领军行业"或"IBD前20大盘股"中，检查最新线图分析。这个分析是否能对齐你所观察到的情况呢？

如果股票没有形成任何可识别的形态或买点，这又说明什么呢？

这意味着你应该耐心等待。坚持使用规则，等待合适的买入机会。坚持规则，能让你在盈利之路上走得更远。

要识别线图形态好不好？使用基底检索清单

下载并打印这份"小抄"，能帮你快速评估带柄茶杯或其他线图形态。你可以登录www.investors.com/GettingStartedBooks，查看基底检索清单。

☑ **突破日当天的成交量：至少高于平均线40%到50%**

如果成交量低于或快要高于平均线，这会使突破显得可疑。你的目标是要找到能显示机构投资者大幅买入的成交量大幅攀升。

记住：40%—50%是最低基准。如果是强大的突破，你会发现成交量可能上升了100%、200%甚至更高。

如何识别异常成交量

检查"成交量%变化"专题

IBD 独有的专题"成交量%变化"为你展示了成交量在交易日当天高于或低于平均线的动态。如果你在投资者网站中选择一只股票,就能看到这个专题。

当股票突破时,你会发现基于交易成交量的"成交量%变化"的值达到了一个突破点,由此你可以轻松地识别成交量是否达到40%—50%的基准。

检查日线图

你可以通过简单浏览日线图来了解突破日当天是否有大幅成交量。

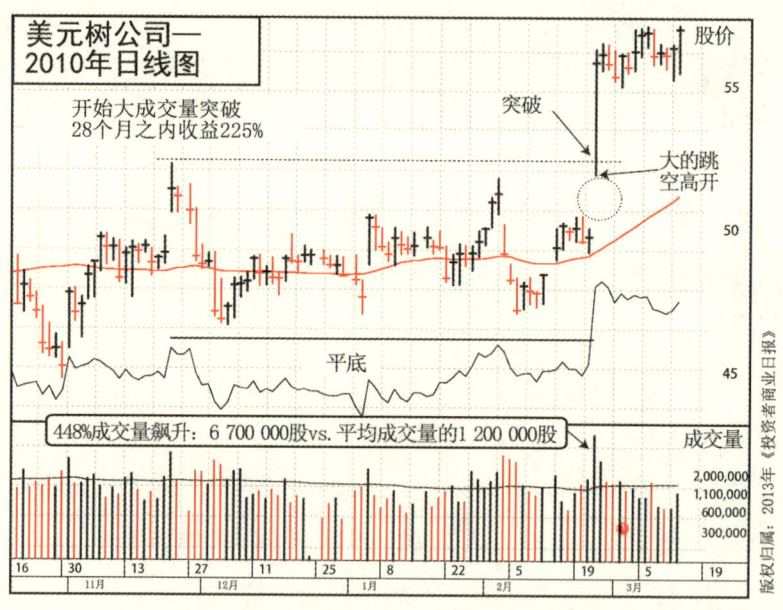

突破点的异常成交量说明机构投资者有大量需求。

图 6-66　美元树公司—2010 年日线图

第6章 避免盲目投资：通过识图发现买入和卖出的最佳时机

在某些情况下，你可能会发现成交量在突破日不到40%—50%的基准，但是一两天后开始大幅成交量。这种情况并不理想，但如果股票具备CAN SLIM七大特征，则仍然是在买入范围内（高于理想买点5%以内），并且成交量突飞猛涨。这时你仍然可以买入。

☑ **相对强度线进入新高区域**

相对强度线是将股票在过去52周的价格表现同标准普尔500指数进行对比。

如果相对强度线趋势更高，股票比大盘表现要优异。

如果相对强度线趋势更低，股票在拖大盘后腿。

在股票完成线图形态的形成并突破时，相对强度线已经跨入新高，这是看涨的行情。这确定了股票已经从市场调整状态中反弹，并呈现出领军股的趋势。

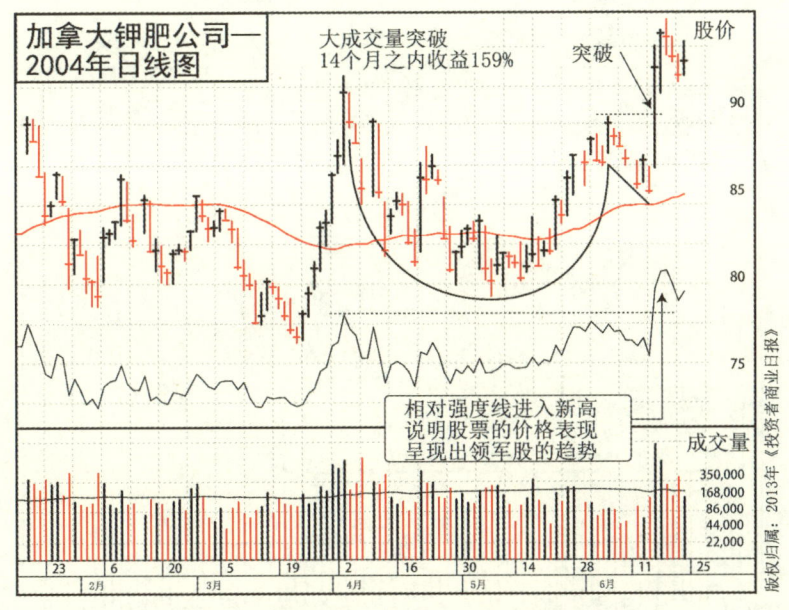

在评估线图形态时要随时关注相对强度线。

图 6-67　加拿大钾肥公司—2004年日线图

☑ 理想买点的5%以内

正如我们前面看到的，基底形态的买点和买入范围可以通过如下方式计算出来：

理想买点：高于最近的阻力区域10美分。

买入范围：高于理想买点5%。

你的目标是尽量在离理想买点近的点买入，但是股价仍然会在买入范围的5%左右变动。

不要买扩展股票，也就是那些超过买入范围5%的股票。

买入扩展股票只会增加你的风险。股票通常在突破之后会价格回调。你买入时的价格离理想买点越远，基于7%—8%卖出准则的震荡的概率就更高。

所以，一旦你错过一个突破点，要抵制住诱惑，不要立即买入；相反，你应该等待股票形成新的基底或替代买点（如三周窄幅或10周线的价格回调），这样做能让你安全合理地继续投资。

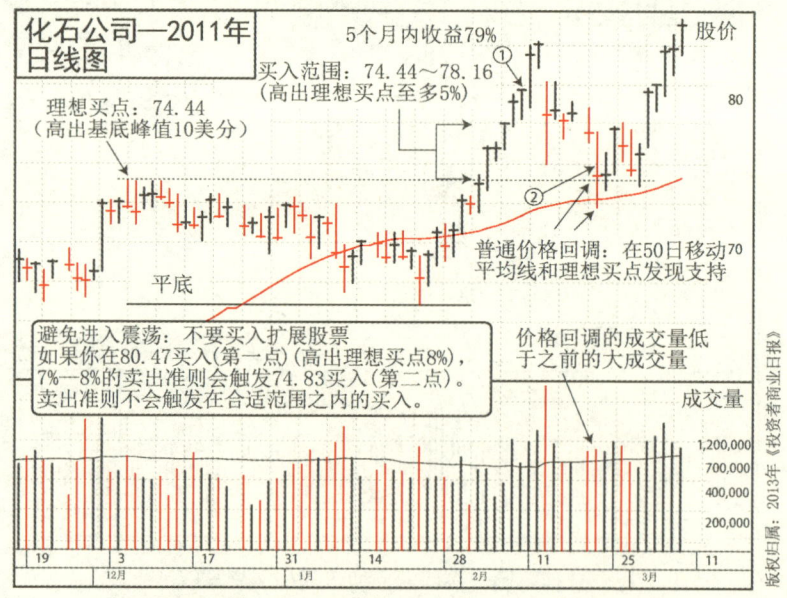

遵守规则，只买入处于合适买入范围的股票。

图 6-68　化石公司—2011 年日线图

下一步：使用线图和卖出检索清单找出股票的预警信号。

使用线图分析卖出检索清单

卖出检索清单

线图分析：如果看到以下信号，考虑卖出部分或所有股票份额

☐ 自股票数月大幅成交量以来出现的最高单日股价下跌

☐ 股价暴跌，低于数月来大幅成交量的 50 日移动平均线

☐ 股价暴跌或收于大幅成交量的 10 周移动平均线

我们已经在前面学习过基本卖出方案：

- 在 20%—25% 卖出，用于增加收益。
- 在不到 7%—8% 卖出，用于止损。
- 开始大盘下降趋势时，采取防御性措施。

这种方法简单有效，能为你增加收益并止损。

现在你又在自己的投资百宝箱中加入了线图的秘籍，就可以有更多的方式来发现股票中的预警信号，也就是那些只有懂得识图的人才能看出的信号。随着时间的累积，这种办法能给你带来巨大的收益。

随着你对线图愈发熟悉，你会发现一些技巧帮助自己在合适的时候撤离股市并保护收益。但是在入门之时，我们还是要看一看三大普遍信号。

☑ 自股票数月大成交量运行以来最大的单日价格下降

这句话的简易版本就是，数月来大成交量下大幅下跌。

基本情况完全浮出水面：机构投资者正在抛售该股票。

一些基金经理人可能会清空股票，而这为股票带来问题。如果你要继续持有，也会同样面对这些问题。

股票可能会反弹，但是这种突然抛售是随着趋势而变化的。如果股票继续升高，则概率提高。

在这条卖出准则的背景下，让我们回到识图基础上有关美国网上订餐公司（OpenTable）的那几张线图。该公司研发出新平台支持网络在线预订位置，为客户带来极大便利。那时，OpenTable 是一家年轻的创新的公司和当时的行业领军者。直到 2011 年的春天，情况发生了突变。

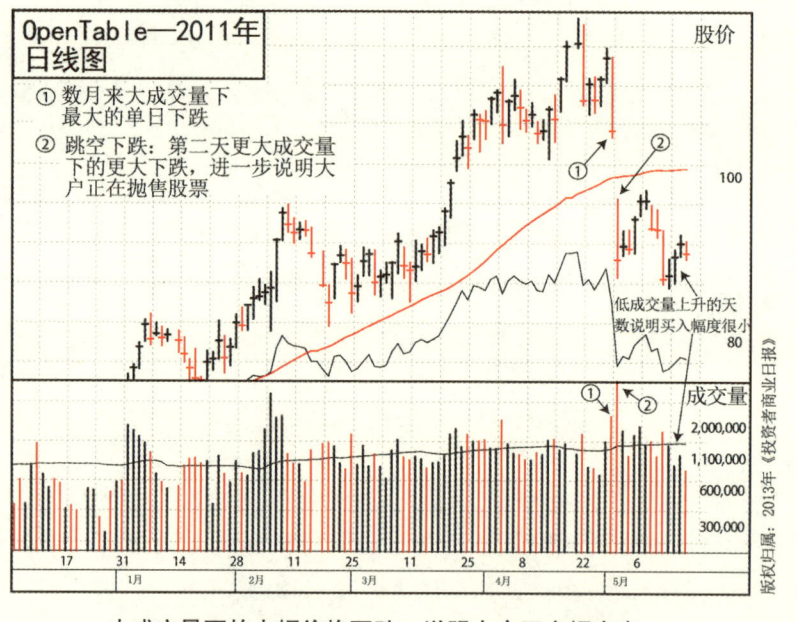

大成交量下的大幅价格下跌，说明大户正大幅卖出。

图 6-69　OpenTable—2011 年日线图

下面这张是 OpenTable 的周线图。

第6章 避免盲目投资：通过识图发现买入和卖出的最佳时机

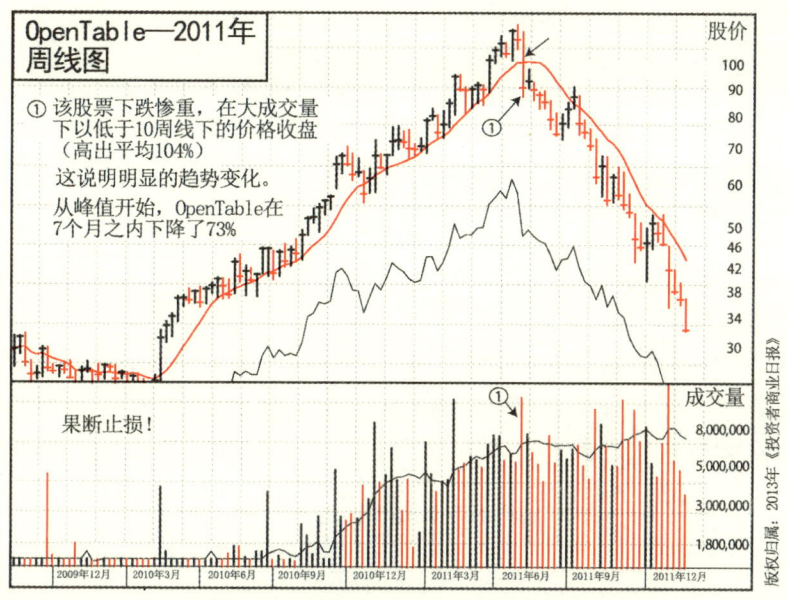

能看出抛售时是如何发生趋势变化的吗？

图 6-70　OpenTable——2011 年周线图

正如在"识图基础"中的 OpenTable 的线图中所示，在股票显示卖出信号之前，就已经有其他的预警信号——学会发现这些信号无疑有巨大帮助。但如果你只是刚刚入门，至少遵循这条准则：如果股票出现数月来大成交量下的价格下跌，应该卖出至少一部分股票。

大盘状态是什么

卖出检索清单的一个很重要的部分，是确定你能在大盘开始低迷时采取防御性措施。正如化石公司的图例（图 6-71、6-72）所展示的，当换筹天数开始上升并且大盘由上升趋势变为市场调整趋势时，个股通常会显示出警告信号和卖出信号。关注这些信号能帮你锁定收益，并在任何严重下跌开始前，就撤离股市。

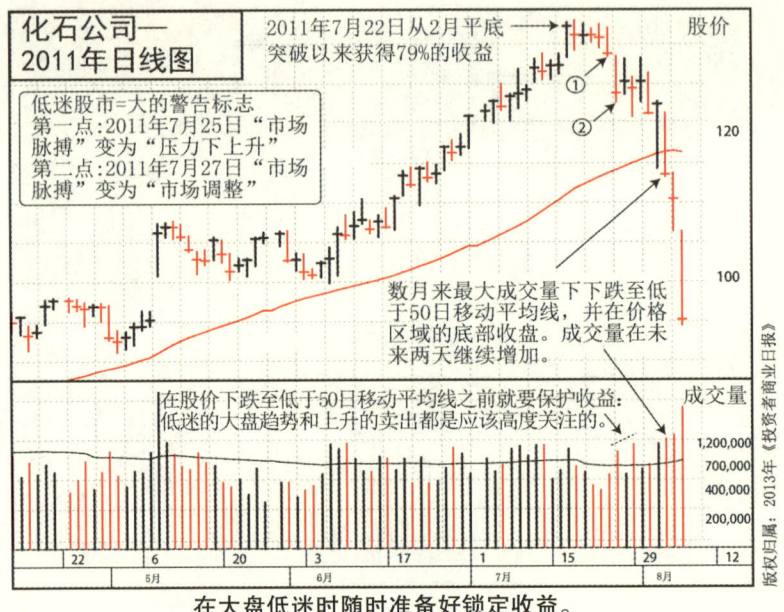

在大盘低迷时随时准备好锁定收益。

图 6-71　化石公司—2011 年日线图

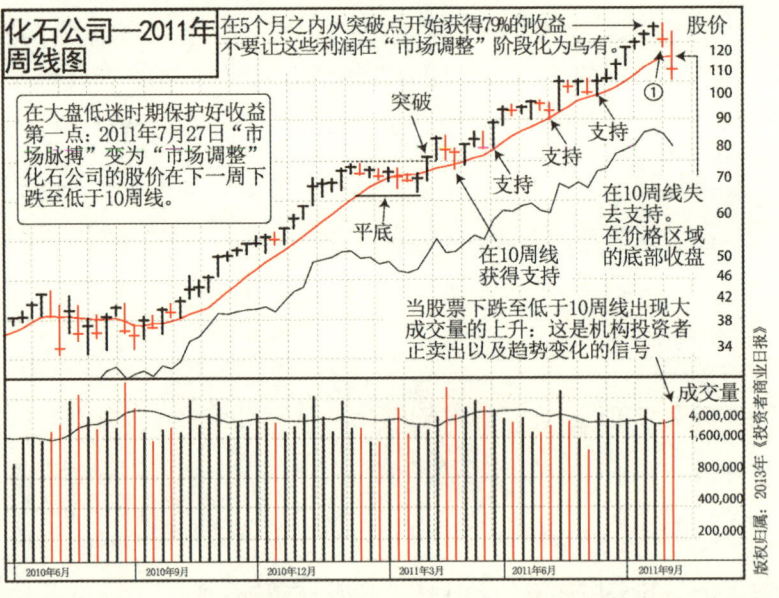

双重打击：大盘处于"市场调整"状态，且股票大成交量下抛售，这时应该采取防御性措施。

图 6-72　化石公司—2011 年周线图

第6章　避免盲目投资：通过识图发现买入和卖出的最佳时机

趋势不再是你的朋友

再来看一看OpenTable和化石公司的周线图，并回想一下我们在前面学到的支持和阻力。

在股票从一路上涨到骤然抛售的几个月内，两只股票都拥有相对平稳的上升趋势，并在10周移动平均线上获得很好的支持。

你有没有发现在股票突然异常下降都是从异常成交量开始的？不要忽略这个趋势变化，通常这是一个"前方会有更多问题"的信号。

☑ 在数月来最大成交量下大幅下跌至低于50日移动平均线

正如我们在支持和阻力一节中学习到的，专业投资者通常会使用50日移动平均线作为关键基准。观察交易临近50日移动平均线时股票动态的重要性，就在于此。

- 如果股票价格高于50日移动平均线，这说明专业投资者正提供支持并保护该股票中的收益。
- 如果股价大幅下跌至低于50日移动平均线，这意味着机构投资者正减少该股票的份额，并且接下来还会继续卖出。

下跌至低于50日平均线，并不总是意味着你应该自动卖出全部股票。然而，这确实是一个明确的警告信号，尤其是当股票呈现以下状态时：

- 大幅下跌至低于50日移动平均线（尤其是在大幅跳空下跌）
- 在当日价格范围的最底部收盘
- 在异常大成交量下价格下跌

如果这时大盘低迷且"市场脉搏"的状态变为"压力下上升"或"市场调整"，则更应该采取防御性措施来保护收益。

以下图例正展示这样一个大成交量下股价下跌至低于50日移动平均线的情景。

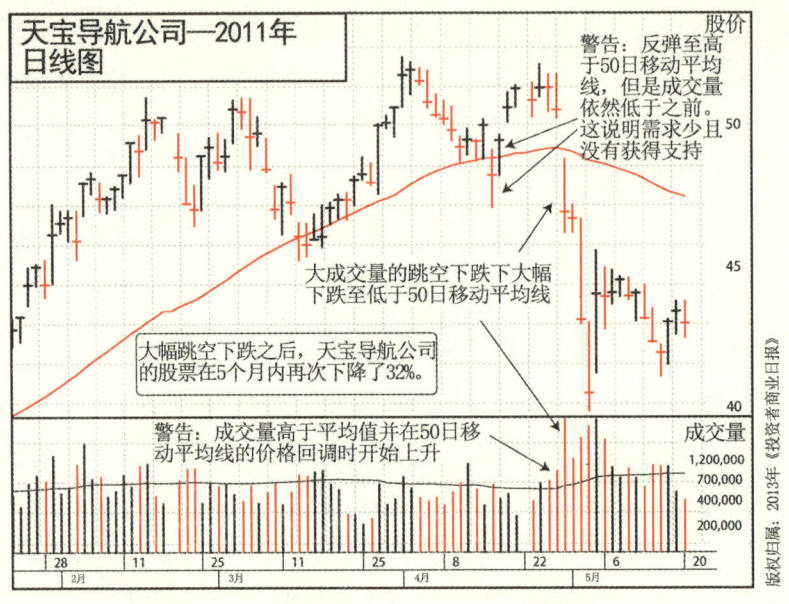

支持还是抛售？观察股票在 50 日移动平均线左右的表现

图 6-73　天宝导航公司—2011 年日线图

当心跳空下跌！

在"仅仅形态还不够"一节中，我们学习了为什么大成交量下大幅跳空上涨是好事：因为这表现出股票有很多需求，股价是骤增到新高，而不是增量上升。

大成交量下跳空下跌则刚好相反，这种情况说明机构投资者正急于卖出，因而股票迅速跌至更低。

花一分钟回顾 OpenTable 的日线图：你有没有发现大成交量下的跳空下跌以及股票如何在之后继续下跌，如果你发现某只股票有这样的行为，无疑这是一个信号，提醒你卖出一部分或所有该股票的份额。

第6章 避免盲目投资：通过识图发现买入和卖出的最佳时机

☑ 大成交量下大幅下跌至低于 10 周移动平均线并在此收盘

周线图中的 10 周移动平均线相当于日线图中的 50 日移动平均线。当专业投资者使用日线图和周线图作为基准时，10 周移动平均线更容易帮你发现长期趋势。

如果股票在极大成交量下大幅下跌至低于 50 日移动平均线，并且在价格范围的底部收盘，这是一个严重的警告信号。另一方面，如果成交量不高，股票反弹并在接近当天价格区域的顶端收盘，这可能说明基金经理人正买入该股票的份额以提供支持并保护股票份额的收益。

要估计卖出的严重性，同样要检查周线图。

股票每周在什么点收盘

你会发现在卖出一到两天后，基金经理人可能开始买入股票份额。直到在一周结束时，股票在低于 10 周线或高于 10 周线收盘。这是一个支持信号。

然而，如果股票大幅下跌至低于 10 周移动平均线，并且在大成交量下收盘，这是一个说明机构投资者正在卖出而非支持的信号——这时，你应该保护自己的收益。

以下两个图例（图 6-74，6-75）中，第一个图例显示的是没有找到支持并且在大成交量下的低于 10 周移动平均线收盘，第二个图例显示的是股票在本周结束时回弹。

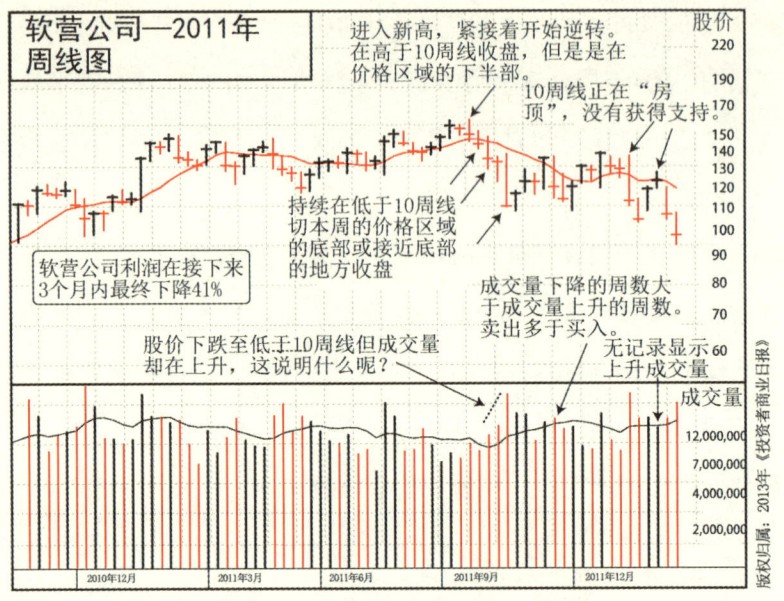

图 6-74　软营公司—2011 年周线图

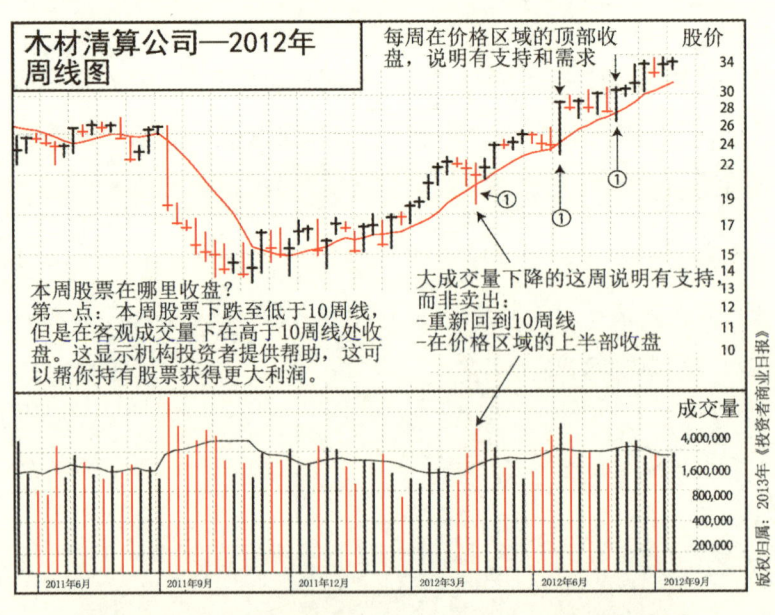

图 6-75　木材清算公司—2012 年周线图

第 7 章　其他入门建议和工具

你应该拥有多少只股票？

许多投资者都把问题过度复杂化。最好的结果通常都离不开集中注意力。把所有鸡蛋分散放在几个篮子里，这样你就可以集中仔细地观察。

——威廉·欧尼尔，《投资者商业日报》创始人兼主席

从来就没有神奇的公式能算出你应该拥有多少只股票，但是有一些基本的准则可以牢记于心。

- ☑ 购买的数量不要高于你能正确处理和认真观察的股票数

我记得几年前在一次投资博览会中和一位投资者聊天，她告诉我她拥有 60 多只股票。谁有时间开启 60 个不同的页签来管理这些股票份额呢？我是没有的，我所认识的人中也没有人这样操作的，包括威廉·欧尼尔。

所以在你买入股票之前，问自己一个简单的问题：每周有多少时间能用于投资？

举个例子，如果你每天只有10到20分钟的时间，周末时间会多一些。如果你能把注意只关注在表现突出的几只股票上，完全可以通过简单周末常规来获得盈利。

牢牢记住我一直重复的理念：保持简单。这一点也适用于你购买的股票数。

从点滴开始。如果你发现你在学习过程中能够应付更多股票，这很好，但是很明显，你在刚刚起步时肯定是不宜买更多股票。

☑ 因为合适的原因而多样化

本质上而言，多样化并不是件坏事，问题是，太多投资者采取多样化时背后的原因都是不对的，结果让他们陷入困境。

多样化会减少你的收益。你的目标是寻找牛股，并拥有最大份额。如果你的某只股票获得100%的收益，那只是你的全部财产中1/20的份额，100%的收益确实不错，但这个收益却不会让你挣大钱。

过度多样化会使你选择买入潜力不够且质量不佳的股票。买入低质量的股票也能带来可观收益吗？选股还是要挑剔一些。只选择那些通过了买入检索清单的表现突出的股票。

过度多样化无法保护你的财产。这也解释了为什么"数字上安全"的理念不能适用于你的全部财产。

首先，如果你必须不时关注15到20只股票，很难发现预警信号，但是如果你只需要关注3到4只股票，就可以很快地发现预警信号。

其次，如果你拥有许多股票，你也会有要卖出股票的时候，来保护自己的收益。如果你拥有20只股票，你真的能快速卖出10到15只股票以避免损失吗？

记住：市场下降趋势会让3/4的股票价格下降。拥有一堆股票并不能改变这个事实，只是这样更难减少风险。

再次，如果你拥有3到4只股票，你只需快速卖出1到2只股票，就能很好地保护你的收益。

多样化的正确理由是什么？

主要是避免把所有的钱投进一个行业。

例如，如果你只有半导体或房地产行业的股票，这两个产业都是周期性波动的产业，因此你现在正承担着风险。如果行业内突然传来不好的消息，或者经济危机骤然侵袭这个行业，你所有的股票得立即抛售出去。

股票也是成群结队的。如果机构投资者开始把钱投入到一个特别的行业，该行业领域的股票会总体上升。当基金经理人决定卖出时，该行业内所有的股票都面临风险。

这一章的开头所引用的威廉·欧尼尔的话中，他并没有说把所有的蛋都放一个篮子里，关键是你不会因为人们说多样化好或者安全，就开始选择多样化的股票。反之，你要做的是把股票放在几个"篮子"里，并仔细观察这几只股票。

持有股票数的总体规则

基于以上概念，到底应该拥有多少只股票，可以依据以下经验法则。

财产金额	建议股票数
低于 2 万美金	2-3
2 万—20 万美金	4-5
20 万—100 万美金	5-6
100 万—500 万美金	6-8
超过 500 万美金	7-10

设定最大数并坚持之

设定一次拥有的最大股票数，是投资方案的一部分。当你持有的股票达到这个数字时，要遵守以下规则：在你买入一只更好的股票前，要卖掉当前你觉得表现最差的股票，以腾出位置。

底线：精挑细选，只买入符合 CAN SLIM 特征且表现优异的股票，之后就应当密切关注这几只股票。这是管理你的资产的一个科学的方法。

如何构建和维护行动观察清单

希望与计划都需要能量。

——埃莉诺·罗福思

完美的观察清单是成功的一半。请按照下面四个步骤构建和定期更新你的观察清单。

切记：这只是千万个方法中的一个。你要找到最适合自己的方法。

☑ 新建两个观察清单

接近买点观察清单：包括当下接近买点或在买入范围内的股票。

要确保清单是可执行的，必须定期调整，确保清单里不会出现没有在买点附近的股票。

公众关注股票范围观察清单：包括当下没有接近买点但具备 CAN SLIM 系统的股票。

你会希望关注这种类型的股票，因为这些股票未来会给你带来机会。

如何制定观察清单？大部分人会使用在线经纪人或交易平台推荐的工具开始制定观察清单。你可以咨询你的股票经纪人，了解他们所提供的观察清单工具。

清单上应该包含多少只股票？限制每一个清单上的股票数。一张观察清单如果要有效，必须有执行力。所以要确保清单上包含的股票在你的管理范围之内。你可能会把接近买点的观察清单的股票数设定在 5 到 10 之间，而公众关注股票范围列表设定在 15 到 20。这个数字取决于你能投入在股票搜索上的时间。

别怕挑剔！只收藏那些通过买入检索清单的股票，并在你的观察清单

第7章 其他入门建议和工具

上用颜色标记出来。从长远来看，关注牛股会带来最大的回报。

- ✅ **使用简单周末常规和IBD工具寻找优质股**

- 阅读第4章"寻找牛股的简单常规"和本章后面"更多寻找牛股的方法"一节的内容。
- 使用买入检索清单确定最具潜力的股票。如果这些股票通过了买入检索清单，将它们加入到接近买点观察清单。如果某只股票具备CAN SLIM特征，但当前没有在买点附近，则可以把这只股票加入公众关注股票范围。

- ✅ **为接近买点观察清单中的股票制定行动方案**

要抓住某只股票的突破点，你必须提前执行行动计划。如果你等到股票价格开始下跌时才行动，那就太晚了。

至少，要做出以下标记：

- 理想买点
- 股票在大成交量下突破时你会买入的股票数

交易触发器：你可以提前制定自动交易触发器，如果你无法在白天观察股市动态（具体参见第4章）。

财报季：当你所跟踪的股票准备发布财报的时候，要着重关注。在公司发布最新数据时，股票很可能发生巨大变动，不是上升就是下降（详情参见第3章）。

- ✅ **定期回顾和更新观察清单**

你的观察清单如果聚焦清晰且定期更新，一定会是一份执行力非常强的清单。

- 每天或每周更新观察清单。
- 如果你所持有的股票数达到上限，确保在加入一只新的股票之前删除掉列表中表现最弱的股票。
- 当不知是该继续持有还是卖出时，关注"大石头"：
  - ☆ 哪一只股票获得最大的收益增长？
  - ☆ 哪一家公司拥有行业内最创新的产品或服务？

☆ 哪一只股票正被机构投资者买入？

无论是熊市还是牛市都要维护好观察清单

即使股市处在下降趋势，也要构建和维护好你的观察清单。在"市场调整"阶段的牛股，会在新一轮上升势头时快速飙升。要找出这些牛股并且在市场呈上升趋势时盈利，就需要在市场呈下降趋势时未雨绸缪。

👉 **行动步骤**

请登录 www.investors.com/GettingStartedBook，获取以下任务的具体步骤。

- 观看我的视频"2分钟小建议：五步让你构建和维护增值观察清单"。
- 新建你的观察清单：接近买点观察清单和公众关注股票范围（设置工作可以定制化）。
- 定期使用简单常规发现新股（详情参见第4章）。
- 为接近买点观察清单中的股票制定行动方案。

如何做出带来盈利的事后分析

唯一从市场中得到教育的方法就是投资现金，跟踪交易，并从错误中学习。

——杰西·利弗莫尔，传奇性投资者

即使是投资达人也会犯错，但他们会从错误中吸取教训。这也是为什么在几十年的投资生涯中，IBD的创始人威廉·欧尼尔和他的证券管理人仍然定期对他们的交易做出事后评估。这是让你成为一名长期的成功的投资者最好的（可能也是唯一的）办法。所以确保你的交易都有所记录，并至少一年检查一次。

我们为你准备了两种方法：

- 5个问题帮助你制定出带来盈利的事后分析。
- 通过增加记录来提高回报。

寻找并锁定一两个普遍的错误，能对你的收益产生巨大的影响。也许你在股市低迷的时候买入股票，或者持有某些股票太久时间。

无论错误是什么，都不要灰心：每一次你解决了昨天的陷阱，都是在为明天的盈利在添砖加瓦。

开始和坚持基本规则

只需遵循这本书中提到的买入和卖出检索清单，你就可以轻松避开许多普遍容易犯的错误。

5个问题帮你制定带来盈利的事后分析

这几个基本的问题能帮助你找到好习惯：

1. 你买入股票时大盘是否处于上升趋势？

不要和大盘对着干！当大盘处于"市场调整"状态时，大部分股票一定也是呈下降趋势的。所以要让形势对你有利，就要做到：只买"市场脉搏"中呈"确定上升"状态的股票。

参见第3章中"大石头1"的内容。

2. 你买入的股票是否具备CAN SLIM七大特征？

在寻找明日牛股时，一定要寻找拥有CAN SLIM七大特征的股票以及符合我们所提到的"大石头"的股票。关注拥有巨大收益增长，拥有新的创新产品，并且正被机构投资者大幅买入的股票。

参见第3章"买入检索清单"。

3. 你是否在合适买点买入该股票？

大部分牛股从带柄茶杯、双重底，或平底线图形态中突破时，都会产生巨大的价格波动。如果你不使用线图来确定这些盈利机会，无异于是把自己陷入不利境地。线图证明"时机才是王道"。

如果你的某只股票陷入困境，回头看一看这只股票是否通过了买入检索清单，并且是在合适的时机买入。

- 你是否买得太晚？是在股票应该高于理想买点5%以上买入的吗？
- 你是否买得太早？是在突破之前买入的吗？
- 成交量是否比突破点的平均值高出40%到50%？
- 这是后期基底吗？
- 基底中是否有大的漏洞，比如宽松的动作或过量换筹（卖出）？
- 你是否因为某只股票拥有良好的收益增长和优势产品而持有它？即使在该股票下跌并且线图中有明显的卖出信号，你也依然持有吗？

无论问题是什么，都不要纠缠于问题本身。关键要改正问题。在买入前，确保股票通过了买入检索清单就是一个好的起点。

参见第3章"买入检索清单"和第6章"避免盲目投资：通过识图发现买入和卖出的最好时机"。

4. 你是否遵从了正确的卖出准则？

也许你被自己的情绪控制了，让小小的损失愈演愈烈，或者你卖出太快，某只股票在你卖出之后就获得了巨大盈利。

这些都很让人沮丧，但是也有好消息，所有这些问题都可以通过遵循经过时间考验的卖出准则来解决。你可以使用卖出检索清单找到最重要的卖出准则。

参见第5章"卖出检索清单"。

5. 你是否一直在调整，把资产的重心放在表现优异的股票上？

许多投资者都可能犯的一个代价昂贵的错误是，他们卖出的是领军股，留下的却是落后者。这和我们的目标正好相反。要构建盈利的资产组合，你应当保持清减表现不好的或是正在亏损的股票。

止损。当你的观察清单上的股票形成三周窄幅或其他替代买点时，寻找机会获得盈利。换言之，通过在最牛的股票上投入最多的份额，实现收益最大化。

参见第5章"卖出检索清单"中"八大成功投资的法宝"和第6章

"避免盲目投资：通过识图发现买入和卖出的最佳时机"中的"替代买点"。

让过去的错误变成未来的盈利

如果你对每一次的交易提出这个问题，并且诚恳地做出回答，你就能在未来避免犯同样的错误，从而在之后的投资路上赢取更大的收益。

☞ 行动步骤

请登录 www.investors.com/GettingStartedBook，获得行动步骤。

- 观看我的"2分钟小建议：5个问题帮你制定带来盈利的事后分析"。
- 使用以上问题检视你在过去一年内所做的交易。

通过做记录来改善结果

你无法管理那些没有行动的事情。

——威廉·爱德华·戴明

你的在线经纪人会给你的交易做一个基本的记录：购买价格，股票数等。但是要系统化地提高技能并增加回报，你还需要对每一次的买入和卖出制定一份更详尽的计划。你会发现这很简单，而且所得的回报一定远远高于你所付出的。

正如我们前面看到，定期检视交易是成功的试金石。对交易做出良好的记录能让检视更简单快捷。

同时，将做交易时的原因记录下来，这能避免后期做出草率的买入和卖出决定。这种方法能强迫你后退一步，为的是确保当下坚持遵循买入和卖出检索清单。相信我，如果你在投资之前对如何交易的基本原理有良好的认知，你就会更有自信并显得游刃有余。

以下提供了一种简单的办法，快速了解每一只股票在买入或卖出时的形态。如果你遵循这些步骤，你可以退一步，在你交易之时了解线图行动，评级，收入以及其他关键标准。

跟踪你的买入

每一次你买入股票，打印出每一只股票的以下内容：

1. 日线图和周线图
2. 当前"IBD 股票检查"的内容

你可以把这些打印出来，并将它们保存在活页夹中。我倾向于创建 PDF 文档并把文档保存在自己的个人电脑上。我觉得这样整理起来很方便，但是格式并不重要。寻找最适合你的内容。重要的是你详尽记录了购买时的信息。

打印"IBD 股票检查"的内容有一点很好的地方：这能免去你大部分的工作。只要把"IBD 股票检查"的内容打印出来，你就可以永久性地得到在当下买入股票时的动态。

你会发现"IBD 股票检查"对以下三点进行评分，结果有"通过"、"中庸"和"失败"。

大盘趋势：上升还是调整？

你的股票的基本性能（收益增长、销售额、投资回报率等）

你的股票的技术性能（基金所有权、相对强度评级等）

只需花 2 秒钟就能做出一个事后分析。

你需要记录的还有其他内容。我把这些称为"批注"，放在我所创建的线图 PDF 中。当然你也可以用笔记在你打印出来的材料上。

- 基本信息

购买日期、持股数、每股成本

- 基底和买点

注意基底类型（如带柄茶杯）或其他买点（如 10 周移动平均线的价格回调），并在图中画出。

是否有黄色旗？

举例：比理想销售增长低，稍微劣势的行业排名。

- 买入的主要原因

举例：大成交量下的带柄茶杯形态的突破；新的创新产品；新兴产业趋势等。

- 目标卖出价格

进攻性卖出：通常比理想买点高出 20% 到 25%。

防御性卖出：通常比购买价格低 7% 到 8%。

跟踪你的卖出

和跟踪买入一样，每一次卖出的时间点都要记录下来。

- 日线图和周线图
- 当前"IBD 股票检查"的内容

卖出是投资最艰难的一部分，但是如果你能遵循卖出检索清单并形成做记录的好习惯，你就会惊喜地发现，自己那么快就熟练于在合适的时机锁定盈利。

一定要记录以下内容：

- 基本信息

交易日期、卖出价格、卖出股票数、卖出之后所持有的股票数（如果有的话）、收益和损失的百分比

- 卖出的原因

举例：高于理想买点 20% 到 25%、比你买入时低于 7%、数月来最大成交量下价格下降至低于 50 日移动平均线。

好的记录能养成好的习惯

要长期盈利，你必须养成良好的习惯和规律。你可以通过遵循简要法

则和我们前面提到的各种检索清单以及做出详尽记录,这样你就能正确检视结果。

正如运动员要从过去的比赛中学习如何提高技能,我们也都需要回顾过去的交易。但是要做到此,你必须有交易记录,如果你遵循上述步骤,你就可以做到。接下来你要开始制定快速的可执行的事后分析,让错误最小化,让自己的投资之路一帆风顺。

☞ 行动步骤

有关如何做好记录和定期事后分析的内容,请登录 www.investors.com/GettingStartedBook。

- 制定活页夹或其他文件系统,养成坐记录的好习惯。如果你要新建 PDF 文档,可以在你的电脑上创建一个文件夹,专门用来存储记录。
- 开始对所有的交易进行记录吧!

更多寻找牛股的方法

IBD 的股票清单,评级及其他专题都有一个共同的目标:为你指出今天的牛股。

你能从 IBD 的各种列表中找到今天表现优异的股票,因为 IBD 的各种列表涵盖了整个股市中具备 CAN SLIM 七大特征的股票。这七大特征是牛股在巨大价格波动之前一定会有的特征。第 3 章 "买入检索清单" 中同样能找到这些特征。

保持简单

我们前面已经接触了一些重要的专题如 "IBD 50"、"每周评论"、"领军行业" 等。

第7章 其他入门建议和工具

如果你很繁忙，我建议你使用工具和前面学习到的股票清单进行投资，比如简单周末常规和每日10分钟常规（详情见第4章）。在对IBD和投资越来越熟悉的过程中，你还能了解到更多的专题。

选我！选我！

需要高度关注频频出现在各式列表中的股票，这固然是有原因的：因为这些股票都是真正的市场领军股，拥有翻两倍或三倍的潜力。

会哭的孩子有糖吃，下面这个例子说明这一点如何作用于股市：

☑ 露露柠檬：10个月之内收益196%

瑜伽服饰零售商露露柠檬在2010年9月14日的双重底突破之时，价格发生了巨大变动。在以下几个地方，露露柠檬对使用了IBD和简单周末常规（具体参见第4章）的投资者发出了无声的召唤。

- 在突破之前的一个月，持续出现在"IBD 50"专题中（那时还被称为IBD 100），并且"领军行业"中对露露柠檬有专题报道。
- 2010年6月7日：出现在"每日股票分析"视频中。
- 2010年9月10日：获得196%收益增长的前四天，在成交量高于平均612%时发出13%的跳空上涨，这个明显的信号说明机构投资者正大幅买入。

那一天是周五，所以当你制定简单周末常规时，下面几个专题会提醒你露露柠檬的价格波动：

大盘分析

股票动态

智能表格回顾

IBD 50

- 2010年9月13日：在制定每日10分钟常规（具体参见第4章）时，你会发现露露柠檬再一次出现在"大盘分析"和"股票动态"专题中。
- 关键点：

所有这些报道都出现在突破之前，也就是10个月内收益增长196%。

这让你有足够的时间把该股列入观察清单（在本章中的"如何构建和维护执行力的观察清单"），并和经纪人一同制定交易触发器（详情参见第4章），确保你能在露露柠檬开始价格波动时就抓住该股票。

在每一个强势市场的上升趋势，你都能发现类似的例子。所以即使人们都说牛股难以找到，在IBD中牛股却是难以消失的。一旦你开始使用股票清单和下面的专题，你就明白我所说绝非空口无凭。

不要因为某只股票出现在IBD中而买入

这些都不是建议。目的是提醒你某些股票显示出了潜力。一定要在买入之前确定该股票通过了买入检索清单。

大盘分析

我们在这本书中一再重复提到，既然大部分股票都和大盘保持同样的趋势，那么成功的投资一定会在一开始就问一个基本的问题：大盘当前是呈上升还是下降趋势？

你可以通过检查"大盘分析"专栏中的"市场脉搏"找到答案。

在"市场脉搏"中你还能有其他的收获：成交量上升的领军股。你可以在每日或每周常规中扫视大盘分析，确保检查出哪一些排名前列的股票在当天有价格波动。这是一个价格上升的信号。

何时何地获取

每天更新于《投资者商业日报》的"财运亨通"版块和投资者网站中。

IBD 50

"IBD 50"聚焦于收益增长排名前50的股票。这个版块关注突出的收益增长，强大的回报率，以及CAN SLIM关键特征。当查看"IBD 50"时，确保在"50之内"一栏中了解更深度的报道。

快速了解每只股票的实力

"IBD 50"、"每周评论"、"领军行业"和"IBD前20大盘股"都包括

第7章 其他入门建议和工具

每只股票的线图，并聚焦于以下几点：

- 当前评级和其他关键数据

IBD 智能排名

当前和每年收益增长

净资产收益率

行业组排名

- 对潜在买点做出提醒

具体参见第 6 章 "避免盲目投资：通过识图发现买入和卖出的最佳时机"。

何时何地获取

每周一和每周三更新于《投资者商业日报》的 "财运亨通" 版块和投资者网站上的 "筛选中心"。

领军行业

正如其名，这个列表突出显示在各自行业领域排名前列的股票。能被称为产业领军股，必须拥有表现突出的收益增长、净资产收益率以及其他关键因素。这个版块的排名竞争很激烈，因为 IBD33 大行业中只有少数股票能被称为行业领军股。

要更深入地了解当前的行业领军股，比如股票动态、行业趋势、潜在买点等，查看 "智能表回顾" 专题。你可以在《投资者商业日报》的 "财运亨通" 版块和投资者网站中找到 "智能表回顾" 专题。

每周评论

"每周评论" 专栏关注的股票具有如下两个最重要的元素：

- 每股收益排名和相对强度排名分数均为 85 或更高

我们在前面的内容中（第 3 章的 "大石头 2"）学习到，你希望选择的股票，一定是拥有表现突出的每股收益增长排名以及稳健的相对强度排名。只有两者都具备的股票才能登上 "每周评论" 专栏。

- 表现突出的行业组中的排名前列的股票

"每周评论"中的股票都是由行业组排名选出的,所以你会发现,排名前列的股票所在的行业组排名分数也都很高。

和"IBD 50"及"领军行业"一样,"每周评论"也会为每一只股票提供线图,并对潜在买点进行提醒。

在"每周评论"的列表中,有专门的一列是对列表中的股票的深入见解。

何时何地获取

每周五《投资者商业日报》中的 A 版块

"每周评论"专栏在投资者网站上也可找到。

股票聚光灯

"股票聚光灯"专栏聚焦于形成基地或正在突破的 16 大领军股。该专栏还包括对每只股票的简短的线图分析,帮助你构建及时的观察清单。

确保阅读"股票聚光灯"专栏列表下的文章。这些文章都是对当天列表中的一到两只股票进行专题报道,并指出潜在买点或其他关键信息。

何时何地获取

每天更新于《投资者商业日报》的"财运亨通"版块。

"股票聚光灯分析"中的文章也可以在投资者网站中找到。

IBD 前 20 大盘股

"IBD 前 20 大盘股"聚焦于市值至少 150 亿美元的增长突出的股票。

虽然所有的股票都还有波动,但是相对于小盘股,位于这个列表中的大盘股,因为公司的规模和增长受到波动的影响不那么大。

"IBD 前 20 大盘股"中的每一只股票都能在""IBD 50"和"每周评论"专栏找到相关报道,以及对潜在买点的提醒。

同时,"前 20 大盘股之内"一栏更深入地分析了这 20 个大盘股和影响列表的最新趋势,因此也需要关注"前 20 大盘股之内"。

"IBD 前 20 大盘股"能在提供潜在大幅收益的基础上帮助你减少财产上的风险。

第7章 其他入门建议和工具

何时何地获取

每周二更新于《投资者商业日报》的 A 版块。

"前 20 大盘股之内"一栏也可以在投资者网站中找到。

新高列表、刚刚突破的股票、回调至 10 周线的股票

每一天,你都能从《投资者商业日报》的同一页面中发现这三大功能强大的列表,带你快速浏览需要关注的股票。

新高列表

记住我们在之前学到的:股票一旦突破新高就会继续走高。这个列表列出了当天突破 52 周价格新高的股票。一定也要阅读表下方的"新高列表分析"里的文章,这些文章能帮助你更深入地了解"新高列表"中的股票。

刚刚突破的股票

股票在开始价格波动之前都会突破线图形态,如带柄茶杯形态和双重底形态等(具体参见第 6 章)。这个列表列出的正是这样一些股票。当然,你在选择这些股票之前,还需要确定这些股票都通过了买入检索清单,并且都没有高出买入范围的 5%。

如果股票是扩展股,还要特别关注。因为扩展股很可能会提供另一个买入机会,如 10 周移动平均线的价格回调,那么就会为我们带来……

回调至 10 周线的股票

正如我们在前面学习到的(参见第 6 章中的"替代买点"),股票在突破之后可能会稍做调整,然后价格回调至基准线。如果这时找到支持,就会在大成交量下反弹至更高,因而也会带来买入机会。

何时何地获取

每天更新于《投资者商业日报》的"财运亨通"。

你也可以在投资者网站上阅读"新高列表分析"一栏。

IBD 省时表

如名所示,这个列表提供了一种快捷的方式——了解当天显示出看涨

状态的排名前列的股票。省时表基于综合排名（具体参见第3章中的"大石头2"），帮助你找准真正的领军股。

何时何地获取

每天更新于《投资者商业日报》的"财运亨通"版块。

今日美国

CAN SLIM 中的 N 指的是"新"，也就是新的创新性产品、管理方式或行业趋势。

"新"是股票得以攀升的关键驱动力。正如我们在"大石头2"中看到：关注具有大幅收益增长并且推出新的创新性产品、服务和经营管理的公司。

每一天，"今日美国"页面都列出了具备 N 特征的公司。

确保也观看了"今日美国分析"视频。这个视频突出说明近来出现在"今日美国"专栏中的公司的最新线图动态、排名以及趋势。

何时何地获取

每天更新于《投资者商业日报》的 A 版块和投资者网站。

"今日美国分析"视频每周更新，可在投资者网站中的"IBD 电视节目"中找到。

IBD 智能纽约证交所+纳斯达克股票行情表

不是所有的股票行情表都是平等的。

大部分出版商甚至都不会印刷出版股票行情表，或者只是列出几个光秃秃的数据，如当天某只股票的上升或者下降的数据。

大部分行情表都没有提到成交量，可是没有成交量，你甚至都不能辨别出机构投资者正在大幅买入、卖出，还是持有。

我们将这个列表称为智能列表，因为这份列表真的包含很多简单易学的数据，主要有以下几点：

IBD 智能排名：可以用来轻松分辨领军股和落后者。

当天的成交量%变化：成交量是异常高还是异常低呢？

行业排名：这个表的排名是基于行业实力，这样你可以看到机构投资者的动作，并识别表现优异的行业中的领军股。

何时何地获取

每天更新于《投资者商业日报》和投资者网站。

IBD 筛选中心

在"IBD 筛选中心"，你可以找到以下几个列表：

今日屏幕：滚动的屏幕上会出现各种栏目，比如"小盘领军股"、"年轻股"、"评估搅拌器"等。

CAN SLIM 选择：列出当下排名前列的 CAN SLIM 股票。

IBD 50："IBD 50"列表有在线版，电子版，和印刷版。

何时何地获取

每天更新于投资者网站的"调查"页签。

IBD 电视栏目

如果你一直在做这本书中的行动步骤（我希望你真的是这么做的），你一定会对这些 IBD 电视视频非常熟悉。

市场概述

你可以把"市场概述"理解为视频版的"大盘分析"。

"市场概述"视频带你浏览最新大盘动态，关注所选股票的重要动作和潜在买点。视频的表现方式让线图形态和其他关键的价格和成交量的动态展示更加详细且栩栩如生。"市场概述"视频能让你永远站在大盘趋势的前沿，提高你的识图技能，并为你带来新鲜的选股思路。

每日股票分析

和"市场概述"一样，"每日股票分析"（DSA）视频能帮助你建立高质量的观察清单，提升你的识图和选股能力。

"每日股票分析"视频带你浏览某只领军股的最新动态，聚焦于线图形态和潜在买点，展示股票背后的整体情况以及一些影响性能的关键要素，比如公司的收益增长和分析师的评估等。

IBD 两分钟小建议

这些简短的引导视频能极大地帮助你发现关键的投资策略,并了解 IBD 的工具和专题。从两分钟小建议视频中,你可以得到包罗万象的信息,从如何应对"市场调整"状态到 IBD 50 线图——不可不用的增收工具。

何时何地获取

在投资者网站的"IBD 电视"页签下可以找到上述所有视频。

市场概述:周一到周五

每日股票分析:每周三和每周五

IBD 两分钟小建议:不定期更新

电台节目:如何通过《投资者商业日报》在股市中盈利

我希望你能加入收听我和艾米·斯密斯共同主持的这档电台节目,这个节目能轻松地让你站在股市的前言,并学习如何使用关键的投资规则和策略。

电台节目包括以下内容:

- 当前大盘动态
- 值得观察的股票
- 如何应用关键投资规则了解今日股市
- 来自 IBD 市场团队成员和其他特殊嘉宾的独到见解

你还能找到每期节目的播出笔记,主要是针对线图分析、相关视频以及其他可以帮助提升你的投资技能的资源。

何时何地获取

有关如何收听这档节目和节目具体时间并查看节目播出笔记,请登录 www.investors.com/radioshow。

你也可以免费在 iTunes 上下载本期节目以及之前的每一期节目。

投资者园地

定期阅读这个专栏如同拥有属于自己的个人投资课程,你可以自主选

第7章 其他入门建议和工具

择学习的时间。关注这个专栏，对于深化和扩展你从书中所学的知识点有很大的帮助。

何时何地获取

每天更新于《投资者商业日报》和投资者网站。

如何找到和拥有美国最大的机会

IBD 创始人威廉·欧尼尔所写的不可不读的每周专栏。

到现在为止，我想你应该对下面这一点有很清楚的了解：要找到明日牛股，你必须了解过去的牛股在开始大幅价格增长之前的态势。所以，在寻找下一只牛股之前，确定你已经学习了过去的股市成功案例。

要做到这点，其中一个好办法就是阅读威廉·欧尼尔每周所写的这个专栏。在这个专栏中，他会带你完成大牛股的完整的生命周期。你能从中获得以下信息：

股票在开始大幅价格上升之前爆炸式的收益增长和其他 CAN SLIM 特征。

驱动大幅增长的创新性产品或服务。

带来股票大幅增长的线图形态的类型。

帮助你找准合适的买入和卖出时机的买入、卖出和持有信号。

这个专栏会帮助你找到明日牛股以及如何正确地处理这些牛股并从中获得盈利。

何时何地获取

每周三刊登在《投资者商业日报》的"财运亨通"版块。

领军股排行榜

领军股排行榜——IBD 的高质量在线服务——提供了另一种在开始大幅价格增长之前发现牛股的方法。

具体内容如下：

领军股列表：IBD 的市场团队会寻找顶尖的股票，并把这些股票加入到这个可管理的领军股列表中。

临近买点的领军股：这个区域会对领军股列表中正处于或临近潜在买入范围的股票做出提醒。

基于买入和卖出信号的单日线图分析：通常在突破点之前，IBD市场团队会对线图进行特殊标注，以方便你观察线图形态、买点以及积极和消极的信号。股票突破之后，该团队会持续跟踪股票，在需要锁定收益的时候发出信号。

领军股排行榜能为你提供持续的线图关注和分析，所以我强烈建议你将这个排行榜作为学习识图的好方法，同时领军股排行榜也会对排名前列股票的买入和卖出信号做出提醒。

结果

以下举例说明使用领军股排行榜对你的收益产生的帮助。

表 7-1 2012 年第一季度领军股排行中领军股的表现

-10%~0	0~10%	11%~20%	超过 20%
谷歌（-9.3%）	硬币之星公司（0.2%）	美国营养保健公司 GNC（11.3%）	拖拉机供应公司（29.1%）
卡特彼勒（-7.1%）	达乐公司（1.2%）	VMware 工作站（11.4%）	布法罗鸡翅烧烤（34.3%）
康秋资源（-2.8%）	迈克尔科尔斯公司（2.0%）	拉美商业服务公司 MercadoLibre（11.8%）	托管服务公司（34.4%）
Tangoe 公司（-2.1%）	汽车地带（3.7%）	万事达卡公司（12.8%）	价格在线（35.6%）
泛图公司（-1.5%）	源火公司（3.7%）	德州资本银行（13.1%）	太阳风（38.3%）
	安德玛公司（9.8%）	帕纳拉面包公司（13.8%）	微传感器公司（48.5%）
		新基医药公司（14.7%）	
		露露柠檬（15.0%）	
		直觉外科（17.0%）	
		洲际资源（17.2%）	